諮詢的理論與實務

第二版

鄔佩麗
黃兆慧　著

題獻給

鄔佩芬女士
鄔佩英女士

目錄

理論篇

技術篇

應用篇

附錄

圖表

作者簡歷

鄔佩麗

學歷

國立政治大學心理學系理學士，國立臺灣師範大學輔導研究所碩士，美國紐約州立大學（水牛城）諮商心理哲學博士，美國聖地牙哥州立大學訪問學者。

經歷

國立臺灣師範大學教育心理與輔導學系教授、副教授、兼任學生輔導中心主任，國立臺北護理學院兼任教授，國立臺灣大學兼任副教授，東吳大學兼任講師，輔仁大學兼任講師，光武工專講師，行政院青年輔導委員會委員，板橋地方法院性侵害案件審判諮詢工作之專家，內政部家庭暴力目睹兒童輔導小組委員，臺北市政府教育局青少年輔導計畫諮詢顧問，臺北市政府教育局校園事件諮詢小組委員，教育部輔導工作協調諮詢委員會召集人，中華民國社區諮商學會理事長，臺灣EMDR學會創會理事長，財團法人犯罪被害人保護協會臺灣臺北分會委員，臺北中崙聯合診所心理衡鑑與諮商中心諮商心理師與創辦人，臺北縣勞工局性騷擾申訴審議委員會委員，教育部性別平等教育委員會委員，國防部海軍總司令部官兵權益保障委員會委員，臺北縣青少年輔導計畫專業督導教授，臺北縣性別平等委員會委員。

現任

頂溪心理諮商所所長。

著作

1. 輔導原理與實務（二版）。臺北：雙葉書廊。2017。

2. 危機處理與創傷治療（二版）。臺北：學富文化。2008。

3. 輔導與諮商心理學。臺北：東華。2005。

4. 高級中學公民（合著）。臺北：三民。2000/2005。

5. 建置校園危機關懷系統輔導手冊——以 SARS 防疫為例（合著）。教育部編印。2003。

6. 性別與諮商——女性主義者的治療觀點。載於潘慧玲編，性別議題導論，第六章。臺北：高等教育。2003。

7. 危機與契機——校園問題行為輔導手冊。臺北：幼獅。2000。

8. 性侵害防治專責人員工作手冊（編）。行政院內政部性侵害防治委員會編印。1999。

9. 兒童性侵害防治教師手冊（編）。行政院內政部性侵害防治委員會編印。1999。

專題研究

1. 性侵害被害人保護方案之初探研究。行政院內政部家庭暴力與性侵害防治委員會委託計畫。2002。

2. 家庭暴力處遇模式研究計畫。行政院內政部家庭暴力與性侵害防治委員會委託計畫。2001。

3. 青少年心理發展與適應之整合性研究——教師與學生家長之合作關係與諮詢角色之研究。國家科學委員會 NSC86-2413-H-003-007-G10。1999。

4. 性侵害被害人心理重建輔導人員訓練方案發展研究。行政院內政部家庭暴力與性侵害防治委員會委託計畫。1998。

5. 從失落經驗看單親家庭因應策略之研究。教育心理學報，第三十卷，第一期，第 23-50 頁。1998。

6. 校園暴力行為之預防及處理策略模式研究。教育心理學報，第二十九期，第 137-176 頁。教改叢刊 BB28。1997。

7. 校園暴力行為之診斷與處理策略研究。教育心理學報，第二十九期，第 177-214 頁。教改叢刊 BB28。1997（與洪儷瑜共同發表）。

8. 禪坐的時間及省察度與個人自我覺知、自主性的關係研究。輔導與諮商學報，第一期，第 79-98 頁。1993。

（餘不列舉，詳見筆者網站 http://web.cc.ntnu.edu.tw/～t05017/）

榮譽

2016 獲選國立臺灣師範大學優良導師。

2005 獲得傅爾布萊特研究學者赴美獎助。

2004 獲得行政院三等教學服務獎章。

2003 獲得教育部頒發協助 SARS 防治方案有功人員獎。

2003 受邀於總統府擔任志工訓練講座。

2002 受邀於總統府講授「危機管理與預防」（與國際危機處理專家邱強博士共同發表）。

2000 獲得教育部頒發九二一震災有功人員獎。

1999 獲得國家科學委員會甲種研究獎勵。

黃兆慧

Chao-Hui Sylvia Huang, PhD, MA, MEd

E-mail: chhuang@uabmc.edu

學歷

國立中興大學植物病理系學士，國立臺灣師範大學教育心理與輔導學系諮商心理學組碩士，美國阿拉巴馬大學臨床心理研究所碩士及博士，美國阿拉巴馬大學伯明罕分校醫學系博士後研究。

經歷

國立臺灣大學工商管理學系研究助理，國立臺灣師範大學心理測驗與研究發展中心研究助理，臺北市立中興醫院（現臺北市立聯合醫院中興院區）實習心理師，桃園縣家庭暴力暨性侵害防治中心諮商師，長庚技術學院諮商中心輔導老師，臺北縣立三和國中心理師，臺北地方法院家事法庭心理師。

現任

美國阿拉巴馬大學伯明罕分校醫學系助理教授、緩和支持療護中心心理與諮商服務主任、歐尼爾綜合性癌症治療中心心理腫瘤照護臨床心理學家暨副研究員，心理社會腫瘤學培訓機構計畫主持人。

著作

1. Riba, M. B., Donovan, K. A., Andersen, B., Braun, I., Breitbart, W. S., ... **Huang, C. S**.... & Fleishman, S. (2019). Distress Management, Version 3.2019, NCCN Clinical Practice Guidelines in Oncology. *Journal of the National Comprehensive Cancer Network, 17*(10), 1229-1249.

2. Hendricks, B. A., Lofton, C., Azuero, A., Kenny, M., Taylor, R. A., **Huang, C. S.**, Rocque, G., Williams, G. R., Dosse, C., Louis, K., Bakitas, M. A., & Dionne-Odom, J. N. (2019). The Project ENABLE Cornerstone Randomized Pilot Trial: Protocol for Lay Navigator-led Early Palliative Care for African-American and Rural Advanced Cancer Family Caregivers. *Contemporary Clinical Trials Communications, 16*, 100485. https://doi.org/10.1016/j.conctc.2019.100485

3. Bagcivan, G., Bakitas, M., Palmore, J., Kvale, E., Nichols, A. C., Howell, S. L., Dionne-Odem, J. N., Mancarella, G. A., Osisami, O., Hicks, J., **Huang, C. S.**, & Tucker, R. (2019). Looking Back, Moving Forward: A Retrospective Review of Care Trends in an Academic Palliative and Supportive Care Program from 2004-2016. *Journal of Palliative Medicine, 22*(8), 970-976. DOI: 10.1089/jpm.2018.0410. PMID: 30855204

4. Niranjan, S., **Huang, C. S.**, Dionne-Odom, J. N., Halilova, K. I., Pisu, M., Drentea, P., Kvale, E. A., Bevis, K. S., Butler, T., W., Partridge, E. E., & Rocque, G. B. (2018). Lay Patient Navigators' Perspectives of Barriers and Facilitators in Initiating Advance Care Planning Conversations with Older Cancer Patients. *Journal of Palliative Care, 33*(2), 70-78. DOI: 10.1177/0825859718757131. PMID: 29432705

5. Crowther, M. R., Ford, C. D., Vinson, L. D., **Huang, C. S.**, Wayde, E., & Guin, S. M. (2018). Assessment of Metabolic Syndrome Risk Factors among Rural-dwelling Older Adults Requires Innovation: Partnerships and a Mobile Unit can Help, *Quality in Ageing: Policy, Practice and Research, 19*(4), 251-260. DOI: 10.1108/QAOA-12-2017-0052

6. Rocque, G. B., Dionne-Odem, J. N., **Huang, C. S.**, Niranjan, S., Williams, C. W., Jackson, B., Halilova, K., Kenzik, K., Bevis, K. B., Lisovicz, N., Taylor, R., Pisu, M., Partridge, E., Briggs, L., & Kvale, E. A. (2017). Implementation and Impact of Patient Navigator-led Advance Care Planning. *Journal of Pain and Symptom Management, 53*(4), 682-692. DOI: 10.1016/j.jpainsymman.2016.11.012. PMID: 28062341

7. **Huang, C. S.**, Crowther, M. R., Allen, R. S., DeCoster, J., Kim, G., Azeuro, C., Ang, X., & Kvale, E. (2016). A Pilot Feasibility Intervention to Increase Advance Care Planning among African Americans in the Deep South. *Journal of Palliative Medicine, 19*(2), 164-173. DOI: 10.1089/jpm. 2015.0334. PMID: 26840852

8. Kvale, E. A., **Huang, C. S.**, Meneses, K. M., Demark-Wahnefried, W., Bae, S., Azuero, C., Rocque, G., Bevis, K, & Ritchie, C. (2016). Patient Centered Support in the Survivorship Care Transition: Early Outcomes from the Patient-Owned Survivorship Care Plan Intervention. *Cancer, 122*(20), 3232-3242. DOI:10.1002/cncr.30136. PMID: 27387096

9. Kempf, M-C., **Huang, C. S.**, Savage, R., & Safren, S. (2015). Technology-Delivered Mental Health Interventions for People Living with HIV/AIDS (PLWHA). *Current HIV/AIDS Reports, 12*(4), 472-480. DOI:10.1007/ s11904-015-0292-6. PMID: 26452644.

10. Crowther, M. R., **Huang, C. S.**, & Allen, R. S. (2015). Rewards and Unique Challenges faced by African American Custodial Grandmothers: The Importance of Future Planning. *Aging and Mental Health, 19*(9), 844-852. DOI:10.1080/13607863.2014.967175. PMID: 25345592

11. Kim, G., DeCoster, J., **Huang, C. S.**, & Bryant, A. N. (2013). A Meta-analysis of the Factor Structure of the Geriatric Depression Scale (GDS): The Effects of Language. *International Psychogeriatrics, 25*(1), 71-81. DOI:10.1017/S1041610212001421. PMID: 22929164.

12. **Huang, C. S.** (2012). A Year of Great Learning Experiences as a Mentee: Three Studies on Mental Health Disparities of Asian American Older Adults. *Monograph: The 23rd Annual Southeastern Student Mentoring Conference in Gerontology and Geriatrics.*

13. Crowther, M., & **Huang, C. S.** (2012). Secrets to a Long, Healthy Life: Uncovering Myths about Longevity. *PsycCRITIQUES, 57*(15), Article 2. DOI:10.1037/a0027556

14. Kim, G., DeCoster, J., **Huang, C. S.**, & Parmelee, P. (2012). Health Disparities Grants Funded by National Institute on Aging (NIA): Trends between 2000 and 2010. *The Gerontologist, 52*(6), 748-758. DOI: 10.1093/geront/gns035. PMID: 22454392

15. Kim, G., Chiriboga, D. A., Bryant, A., **Huang, C. S.**, Crowther, M. R., & Ma, G. X. (2012). Self-rated Mental Health among Asian American Adults: Association with Psychiatric Disorders. *Asian American Journal of Psychology, 3*(1), 44-52. DOI: 10.1037/a0024318

16. Kim, G., DeCoster, J., **Huang, C. S.**, & Chiriboga, D.A. (2011). Race/ethnicity and the Factor Structure of the Center for Epidemiologic Studies Depression Scale: A Meta-analysis. *Cultural Diversity and Ethnic Minority Psychology, 17*, 381-396. DOI:10.1037/a0025434. PMID: 21988578

17. Kim, G., Chiriboga, D. A., Jang, Y., Lee, S., **Huang, C. S.**, & Parmelee, P. (2010). Health Status of Older Asian Americans in California. *Journal of the American Geriatrics Society, 58*, 2003-2008. DOI: 10.1111/j.1532-5415.2010.03034.x. PMID: 20929469

一版序

　　筆者自 1992 年進入國立臺灣師範大學教育心理與輔導學系從事教學工作之後，藉由承擔大學部四年級學生的教學實習課程，而與大臺北地區的各國民中學有極為密切的聯繫，並從此等經驗中，深刻地體認到多數的學校輔導老師在工作上陷於心力交瘁的處境。因為每一位輔導老師必須負擔每週十八至二十四小時的教學課程，同時又必須照顧需要輔導的全校學生。為了協助他們化解這個困擾，筆者遂建議學校輔導室能運用諮詢的技巧來面對當前的困境。

　　又自 1993 年開始，臺北縣教育局開始以中小學的輔導團成員為對象，邀請筆者以專業諮詢的角色協助各校推動輔導工作至今。此方案的目的在於讓輔導團的成員能扮演為各校提供諮詢服務的角色。因為，輔導團的成員多數是教學年資較深且從事輔導工作多年的輔導主任或校長，所以，他們可以憑藉其個人的工作經驗，去幫助其他各校推動學生輔導工作，而在此過程中，筆者則扮演協助他們發揮此功能的角色。

　　基於想要幫助學校輔導人員更能發揮專業能力，筆者於 1996 年向國科會申請了一個三年期的諮詢研究方案，希望經由此研究建立起適用於國內的諮詢模式。在此研究中，筆者以臺北市某國民中學的教師與家長為對象，研擬並執行訓練方案。過程中，除了彙整國內外的相關文獻外，也以案例諮詢的模式協助學校教師處理學生的行為問題。

　　到了 2001 年，筆者應臺北地方法院家事法庭彭南元法官所請，以中華民國社區諮商學會的諮商師為主要的成員，組織一個諮詢團體，為進行家事訴訟的家庭成員提供諮詢服務，以使訴訟兩造能在情緒較穩定的情況下，去面對整個訴訟過程，甚至協助他們能進一步去化解當前的家庭危機。此項方案進行的效果迭受訴訟當事人的肯定，因而已將此方

案納入法院的行政作業程序。而筆者以每兩週進行一次為時三至五個小時的團體督導（group supervision）方式，來促進此方案的有效性，同時藉此提升方案服務人員的工作能力。

在從事多年的諮詢工作過程中，筆者不時地聽到許多實務工作者在體驗過諮詢的功效之後，均認為無論是從解決工作負荷量過重之困境，或是從助人者在實際作業上的需要考量，都應將諮詢課程納入助人工作訓練的一環。因此，筆者願意以個人多年的經驗，將諮詢的理論與實務彙整成書，以供助人專業工作領域的學者及實務工作者參考。

本書的第一章與第二章將分別為讀者提供諮詢的概說與歷史發展，第三章則介紹幾個基本的理論學說，第四章到第七章分別敘述四種基本的諮詢類型，第八章則就諮詢的技術層面做詳細的說明，從第九章到第十一章則依使用諮詢技術的場所分章介紹相關的內容，而諮詢技術的倫理規範將為本書的最後一章，提醒讀者在使用諮詢技術時能有所覺察，以維護相關人員的權益。

本書之所以能夠完成，首先要感謝我的博士班學生翟宗悌女士。因為，在進行諮詢研究的過程中，翟女士將所有的資訊提供給我，以做最有效的運用，同時也全力協助筆者在進行諮詢歷程中的錄影工作，並擔負起資料分析等多項事宜。而這本書的附錄多數為她努力的成果，翟女士同時也同意筆者將其撰寫的諮詢案例作為本書的一個案例示範。另外，筆者也要感謝我的碩士班學生黃兆慧女士。黃女士不僅允許筆者將其所寫的案例作為筆者在《輔導與諮商心理學》一書中的諮詢示範案例，此次更是慨允筆者將之放入本書的正文，以增進讀者對諮詢有充分的了解。除此之外，黃女士更協助筆者將本書從頭至尾做全面的潤飾工作，以提高本書的可讀性。當筆者在修改的過程中，很深切地體會到這是一份高難度的工作，因此，筆者將黃女士列為本書的第二作者，以表示內心的感激。

當然，此書之所以能夠出版，最要感謝的就是心理出版社的前總經理許麗玉女士。由於她的信任與諒解，使我能運用較充裕的時間來撰寫此書，也因此讓筆者能在累積較多的實務經驗之後，為讀者提供更具實用性的資訊。

最後要感謝心理出版社的耐心等待，在此向出版社的工作人員致以最高的敬意。本書的撰寫目的在於為助人專業工作者提供一些新思維，以使有心人士能採取更多的有效技術去發揮最大的功能！在撰寫的過程中，筆者力求兼具理論性與實用性，並提供筆者多年的經驗以使此書更能為華人地區的助人者參考。所以，本書除了可供輔導諮商專業工作者使用外，更可供相關系所的同學列入課堂教學的材料，也可提供社會人士在其生活上或工作上之參考，以發揮每一個人最大的功能。由於出版在即，疏漏難免，尚祈讀者不吝指正。

鄔佩麗　謹識
2005 年 7 月於國立臺灣師範大學

二版序

　　根據數十年來的工作經驗所見，筆者越發感受到諮詢技術在助人工作上的必要性。因此，在獲知出版社有意進行二版的作業程序，內心真的是有股莫名的喜悅！在與第二作者黃兆慧博士聯絡之後，我們決定展開二版的修改計畫。

　　筆者將此書的再版理念設定為強調我國本土的資訊，因此，在此修訂的過程中，除了搜尋國內外有關諮詢實務的目前發展趨勢，以略增相關資訊外，並未對理論學說做進一步的介紹，而是將十餘年來透過教學與實務演練的成果呈現給讀者。

　　為了提供讀者在實務操作上的做法，本版的附錄內容做了較大幅度的增添內容，其中除了針對附錄一的案例進行解析外，另外增加了附錄十與附錄十一。由於當前的社會環境，危機事件時時得見，身為助人工作者必須能夠及時發現並採取有效措施，因此，筆者邀請林詩敏與謝未遲兩位心理師撰寫危機處理案例；又因為心理師在實務工作上，每每需要來自資深心理師的協助，以化解個人在專業上的困擾或提升個人在工作上的專業發展，而資深心理師如果具備諮詢的技術，將可使督導的歷程更容易聚焦且發揮功效，因此，筆者邀請陳凱婷心理師為本書提供一個實際的督導案例，以供讀者參考。

　　在二版即將付梓出版之際，筆者要感謝十餘年來對心理諮詢技術有信心，長期跟筆者一起努力經營心理諮詢的訓練與實作的工作夥伴們！我們將此技術運用在家事法庭的諮詢服務中，我們將此技術運用在學校的輔導工作中，我們也將此技術發揮在心理師的專業工作中，真的可以說是無所不在啊！

　　最後要感謝心理出版社為本書所投注的心力！由於筆者不善於電腦

謄寫上的文書處理，因此有勞出版社的工作人員費心進行調整，在此向
出版社的工作人員致以最高的敬意。

鄔佩麗 謹識

2020 年 6 月於頂溪心理諮商所

理論篇

第 **1** 章

諮詢：
心理衛生工作的另一章

　　助人專業工作者或者因為受制於資訊不足，或者是因為缺乏專業技術，或者是因為信心不足，甚至因為受到個人主觀判斷的影響，而使之在助人工作上陷入困境。而諮詢的目的就是在於提供充分的資訊，讓求詢者更能發揮其專業能力，並提升其處理問題的信心，進而促使求詢者足以採取客觀的角度來評估問題，以尋覓更為有效能的解決方案。

　　根據諮詢理論的發展來看，促使諮詢成為助人工作者必備技術的因素之一，在於因應專業人力上的不足所採取的必要措施。有關此歷史溯源，將在第二章做更詳細的說明，而本章內容將為讀者界說諮詢的內涵、歷程、評估與其基本原則，以使讀者在深入了解諮詢這個專業技術以前，能先對諮詢建立起一個基本的概念。茲依序將此四個主題分節說明如下。

第一節 ░ 諮詢的內涵

　　當愈來愈多的人們需要心理上的協助時，就意味著助人者須採取創新的手法來面對社會的需要。例如 Gerald Caplan（1917-2008）於 1954 年在波士頓成立了一個訓練場所，透過他與護理人員等其他各行專業人士的努力下，為波士頓地區的居民提供心理衛生服務，並將此等服務內容命名為**危機諮詢**（crisis consultation）。顯然在此服務過程中，無論是

就案主或者是前來尋求諮詢的助人工作者來說，他們同樣處於一種個人的危機狀態。

最初，Caplan 認為可以透過**預防性精神醫療**（preventive psychiatry）或者所謂的初級預防的諮詢技術來協助專業人士發揮功能（Caplan & Caplan, 1993）。後來又因為所處理的問題不一定均屬危機狀態，Caplan 遂將諮詢進一步延伸到次級預防與三級預防的領域，並且強調在進行諮詢前，要根據**屬性**（salience）與**實用性**（feasibility）兩個要項來釐訂工作目標。也就是說，實施諮詢技術時，應考慮服務對象及場所以研擬相關策略，進而協助尋求諮詢的個人或機構組織能夠有效地運用諮詢服務。

筆者根據個人的工作經驗，有感於此等技術對助人工作者的必要性，所以積極投入相關的教學、服務與推廣工作。因此，本書除了提供諮詢的理論與技術之外，亦將提供筆者二十餘年來在臺灣應用的成果，以使讀者能夠有所參照。

一、諮詢的定義

Caplan 曾就心理衛生專業在社區或企業組織可以發揮的諮詢功能，對**諮詢**（consultation）做出以下的界說（Caplan, 1970, p. 19）：

諮詢是兩個專業人員之間互動的歷程，其中一位是有特殊專長的諮詢師，另一位是求詢者。求詢者為了解決其自身在專業工作上的困境，且深信諮詢師的專長可以幫助他或她紓困，因而主動採取求助的過程。在此過程中，諮詢師將致力於協助求詢者研擬並規劃各項處理策略與方案，進而執行有效的步驟與措施，以解決其所面臨的困境。

所以，Caplan 將心理衛生諮詢（**mental health consultation**）界定為

一種於社區實施的諮詢服務方案，其主要目的在於促進社區民眾的心理衛生，並對心理疾病所採取的預防、處遇與復健的工作（Caplan & Caplan, 1993）。例如，由社區諮詢師進入學校系統，對家長、老師或校方的行政人員提供諮詢服務，協助求詢者在其所屬的角色上，更能發揮效能，使學生能夠得到有助於問題解決的適切幫助（如圖 1-1 所示）。

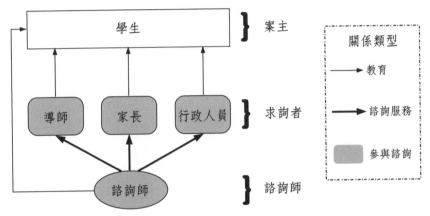

▲ 圖 1-1　學校諮詢關係架構圖

資料來源：引自鄔佩麗（1999）。青少年心理發展與適應之整合性研究：教師與學生家長之合作關係與諮詢角色之研究。圖一，第 35 頁。

O'Neill 與 Trickett（1982）指出，諮詢是一種在社會情境中採取影響系統性改變的介入措施，諮詢師必須對於進行諮詢的社會背景脈絡有所認識，並能掌握文化差異背後的正面意義。因此，諮詢亦可以被界定為：

諮詢師與來自不同背景與文化的組織或個人進行互動的歷程。

受到此一觀點的影響，諮詢強調以下四大原則：(1)**相依原則**（the principle of interdependence），因為在自然界中，所有的生物都是彼此相

互依存的；(2)**適應原則**（the principle of adaptation），此指要能慮及機構單位的特殊情境；(3)**資源循環原則**（the principle of cycling of resources），即採取系統觀的角度將社會資源做有效的運用；(4)**系列原則**（the principle of succession），指變異性或多樣化，能從過往的經驗來解析當前的現況。而策略的運用方面，則提出以下三個建議：(1)策略必須與當前的情境相配合；(2)應慮及因為所採取的諮詢策略所引發的邊際效應；(3)將資源管理與保護視為諮詢的終極目標。換句話說，對一位諮詢師而言，從參與諮詢服務的最初階段，就要能從求詢者所處的狀態與其生存的環境去研判相關問題，因此，諮詢師本身必須是一位對所謂的個人或事件養成系統觀思考的習慣，更要具有寬廣的視野，且能充分地尊重求詢者的社會文化背景，如此方能真正發揮諮詢的效能；反之則將只是製造彼此的挫折感與相互的不信任或衝突而已。

如前所述，**Caplan** 將諮詢依其目標分為初級、次級與三級預防等三個層級。以心理衛生諮詢為例，**初級預防**（primary prevention）是以一般民眾為服務對象，目的在於促進專業工作人員能夠對求詢者推廣心理衛生的觀念，以減緩民眾心理異常的現象發生，此層級的服務也是Caplan最重視的一個諮詢目標；**次級預防**（secondary prevention）是以處於高危險群的民眾為對象，目的在於盡早發現案主的症狀，幫助求詢者採取適當的處理措施，以縮短案主罹患心理異常症狀的時間；而**三級預防**（tertiary prevention）則指諮詢師致力於協助求詢者提高案主預後的效果（Caplan, 1993）。為了能達成這些目標，兩位專業工作者以自願而非督導關係的專業關係來建立彼此間的人際互動歷程，而此歷程也就被界定為是諮詢工作（Meyers, 1981）。

美國諮商學會在 1995 年研擬專業倫理守則時，根據某位學者於 1978 年所下的定義，將諮詢視為是一個專業助人者與另一位求助的個人、團體或社會組織之間的自主關係。以此定義而言，**諮詢師**（consultant）是

指提供協助的人，他將與前來求助的**求詢者**（consultee）共同確認問題，解決求詢者在工作上或伴隨求詢者工作環境的系統而引發的相關困擾。

而美國學校諮商師協會在 1966 年對諮詢所做的定義指出，諮詢被視為是一個人與另一個人或一群人分享資訊與觀念的歷程，在此歷程中，諮詢師將彙整各種相關知識，並與求詢者共同研擬問題解決的各項步驟。簡而言之，諮詢是一種專業服務，諮詢師運用人類行為、群體關係與組織學等多種知識，來幫助求詢者能更有效能地發揮其在工作角色上的功能。

二、諮詢的特色

在述及諮詢的基本觀念時，有兩個名詞常常會出現，一個是合作的觀念，另一個是協同的觀念。為了避免讀者產生困惑，茲就合作、協同與諮詢三者的關係說明之（Idol, Nevin, & Paolucci-Whitcomb, 1987）。基本上，所謂的**合作**（collaboration）是指不分敵我，與他人一起工作，易予人負面的印象；而**協同**（cooperation）則往往是指個人或團體相互依賴，並互相支援，在相同的目標下共同努力，同時分享工作成果；至於諮詢所強調的是指一位諮詢師運用其個人的專業知識或技能與他人一起工作，以促使案主得到更大的利益。因此，諮詢師需要與相關的工作人員合作或協同去完成一個目標。例如，一位教師在諮詢師的協助下，可以採取更有效能的方式來處理學生在教室的行為；或者一位家長在諮詢師的協助下，將更能發揮親職功能，進而幫助其子女解決生活上的困擾；或者是，學校行政系統在諮詢師的協助下，將可充分地發揮處理校園事件的工作角色等。在諮詢的過程中，彼此建立起互相信賴與幫助的合作關係，也將共同分享工作成果。

為了對諮詢建立更清晰的概念，有學者從七個角度來說明諮詢的特色，茲整理如下（Brown, Pryzwansky, & Schulte, 2001; Conoley & Conoley, 1992）：

（一）由求詢者尋求協助

顯然的，諮詢是因為求詢者的需要而建立的一種人際互動歷程。所以，必須是由求詢者主動提出要求而建立的一種關係。當求詢者在處理個案的過程中，發現自己無法突破困境，且為了能夠維護案主的權益，因而希望以諮詢歷程幫助自己更有能力來處理此案例。因此，在諮詢的歷程中，求詢者的態度是積極而主動的。

例如，當某位輔導老師在處理學生的攻擊行為時，發現這名學生在任何時刻均可能對他人施加暴力，但是在老師與學生進行個別會談的過程中，學生的情緒卻極為穩定，令這位輔導老師感到十分困惑，因此向筆者尋求協助，希望能夠有效地降低這名學生對他人施以暴力的傾向。

（二）求詢者擁有完全的自主性

由於求詢者是一個有能力解決問題的人，只是受限於知識不足，或者其他的因素，使之無法妥善地處理當前的困境，因此要仰賴其他有經驗的專業人員（也就是諮詢師），來幫助他能夠客觀地對現況加以評估，以進一步找到解決問題的策略。因此，透過與諮詢師的互動關係中，求詢者將學習到一些措施，以達到解決問題的目標。換句話說，在諮詢的互動歷程中，求詢者擁有絕對的自主性。

例如，當前述的輔導老師向筆者提出要求時，筆者只能夠根據個人的專業判斷，運用諮詢技術來幫助這位輔導老師，了解她所做的努力已達到哪些目標，而在此案例本身，尚有哪些地方可能需要加以注意的。舉例來說，這名學生的情緒似乎很容易被外界的情境所影響，而造成此

結果的原因之一，在於這名學生的心裡已貯存過多的憤怒情緒。由於這位輔導老師能用尊重與接納的態度與他互動，使得這名學生可以平靜地表達自己的想法。然而，當他在諮商室以外的地方，任何一點風吹草動都可能引爆其沸點，因而出現暴力行為。所以，這位輔導老師可以運用一些策略來幫助這名學生宣洩情緒，並幫助他學習一些技巧來控制其個人的情緒，甚至幫助他澄清一些觀念以改變其個人的認知狀態，促使其改變原有的非理性想法，進而能夠用較理性的態度來看待其個人行為與其生活世界。

在此案例中，雖然筆者為這位輔導老師詮釋這名學生的暴力行為，並提供處理的策略，然而，這位輔導老師不一定要全盤採納筆者所提供的建議，仍然可以根據其個人的判斷做調整或修改處理的方向與策略，以使其更能發揮輔導的功能。

（三）諮詢關係是保密的

在諮詢過程中，求詢者所言及的內容或者與案主有關，或者涉及求詢者本身的個人問題，而諮詢師為了能幫助求詢者研擬適當的策略，勢必要能夠了解整個案例的核心部分。所以，諮詢關係應猶如諮商關係一般，應採取保密的措施，以維護案主與求詢者的隱私與利益。

例如，在與前述輔導老師的合作關係中，輔導老師為了幫助筆者了解這位學生在學校的行為表現，因而告訴筆者與此學生有關的其他資訊，則筆者不宜向他人吐露這位輔導老師曾向筆者尋求協助一事，以避免傷及相關人員，並維護這名學生及輔導老師個人的權益。

（四）諮詢關係猶如同儕般的合作關係

基本上，諮詢是兩位專業人員之間的人際互動歷程，兩者是透過討論與分享的方式，共同針對求詢者的需要研擬計畫，以利於求詢者採取

有效的措施與方案，使案主能獲得最大的幫助。由於求詢者擁有絕對的自主性，且求詢者也具有解決問題的能力，透過諮詢師的協助找到解決問題的方向，並且決定採取哪些步驟。而諮詢師則須尊重求詢者的意願，在提供情感與資訊的支持條件下，讓求詢者能採取最佳的措施。因此，雙方的關係是平等與合作的。

在前述案例中，雖然這名輔導老師對筆者以禮相待，將筆者視為其老師般的尊重，然而，筆者仍然將她視為合作的工作夥伴。除了欣賞她的專業表現外，也將她視為是一個有自主能力的人，以平等關係的態度與其交換意見。

（五）諮詢關係能讓求詢者獲取資源

根據諮詢的定義顯示，求詢者可能受限於知識或技術上的不足，以致陷於工作上的困境，所以，求詢者必須仰賴諮詢師提供重要資訊，以幫助求詢者更有能力去處理問題。因此，諮詢關係將可使求詢者能從諮詢師處得到有效的資源，以化解其困境。

如前所述，當輔導老師向筆者表示，對該名學生在班級裡的攻擊行為的頻率沒有減少而感到困惑，甚至因此受到其他同事的指責而備感壓力。筆者會為其解說該名學生的行為模式以及心理需求，幫助這位輔導老師了解自己所採取的態度與處理策略之功能所在，使之能去面對問題而不會因此否定自己的價值，並且能用理解的態度來看待學生的失控行為，不會因此影響到她與學生間原本所建立的良好關係，使之仍有能力與熱情去進行輔導工作。

換句話說，諮詢師要能提供適當的資訊，以幫助求詢者用建設性的觀點看待案主的行為以及個案的發展，而求詢者則可因此學到新的知識與技術，以提升其解決問題的能力。

（六）諮詢關係只處理問題本身

　　既然諮詢的核心工作在於幫助求詢者能夠發揮其專業能力，以期在處理個案時更有效能，因此，求詢者的目的就是能在諮詢師的協助下，找到最有效的措施，以處理個案。所以，諮詢的關係將鎖定在處理問題的焦點，而不過度涉入求詢者或案主個人的自我覺察及其個人發展狀態。換句話說，諮詢歷程的主軸界定在個案問題的事件本身，而非個人的心理狀態。

　　顯然的，當筆者在與該名輔導老師合作時，除了這名學生的問題行為外，筆者不會和她論及與此無關的話題，例如她的未來發展或非關案主行為的生活內容，使討論的內容能夠聚焦在一個目標上，並且使處理策略在短期內就可發揮最大的功效。

（七）以預防為主要的考量

　　基本上，當求詢者前來尋求協助時，對求詢者而言，就是在避免危機發生的可能後果，以防範案主因為不當的處遇措施而受到傷害。所以，諮詢將有效地降低求詢者在處理過程中的風險程度，也可在短期間內就掌握到案主的問題，以避免案主受到較多的痛苦。

　　換句話說，諮詢師將為求詢者提供客觀角度，幫助求詢者提升問題解決能力，增進求詢者因應問題的技術，並擴展求詢者做選擇的自由度，同時透過示範，讓求詢者學習主動與投入的工作態度，及增加運用社會資源的能力。因此，諮詢師的主要責任在於協助求詢者增進處理問題的技術，使之日後面對類似的困境時有能力自行處理，而不僅僅是解決現階段的困境而已（Birney, 1981）。所以，諮詢是一種間接的服務方式，是幫助那些直接面對案主的助人工作者更有能力去為案主提供第一線服務，使案主得到必要的協助。

三、諮詢的類型

在了解諮詢的定義以及特色之後，或許讀者也會好奇，諮詢學說到目前這個階段，已經發展出哪些類型呢？在此，筆者將從求詢者的對象與諮詢的功能兩個方向介紹諮詢的類型。

（一）依求詢者的對象

以接受諮詢的對象來分，諮詢可以分為個別諮詢、團體諮詢，與組織或社區諮詢等三種類型（Gladding, 2000）。所謂的**個別諮詢**（individual consultation）是指一位諮詢師與一位求詢者，以一對一的關係共同針對案主的問題研擬計畫，以使求詢者能夠找出最有效能的實施步驟；**團體諮詢**（group consultation）則是指一對多的諮詢關係，參與諮詢的人員可能是針對某一個議題，由與此問題有關或關心此議題的人士與一位諮詢師共同投入諮詢的歷程，例如一群家長與一位諮詢師共同討論如何增進親子溝通的問題，或者一所學校的數名教職員和一位諮詢師共同針對校園裡已發生的暴力事件探討可行的處理步驟等，均屬於團體諮詢；而**組織或社區諮詢**（organization or community consultation）則是由一名諮詢師和某一社區或組織的成員共同探討社區或組織內所產生的問題，或者是有關社區發展與組織發展的議題。

換句話說，當求詢者是以社區或組織的成員為對象，而探討的問題也是以社區或組織的現象為焦點，雖然也是一對多的團體互動歷程，然而因其所探討的焦點有特定範圍，故後者有別於其他兩種諮詢類型。

（二）依諮詢的功能

若以發揮諮詢的功能來說，可以將諮詢分為危機、補救與發展諮詢三種類型。所謂的**危機諮詢**是指諮詢師與一名身處極為窘困處境的求詢者共同合作的諮詢歷程，也就是說求詢者的案主面臨危機，因此，求詢

者前來尋求諮詢的目的是為了幫助案主解除已經發生的危機，例如案主有自殘的傾向，求詢者需要諮詢師協助研擬一些措施以避免悲劇事件的發生；而**補救諮詢**（remedial consultation）則是指案主的處境雖然尚未危及其人身安全，然而案主所表現的行為令求詢者覺得不易掌握，所以前來尋求諮詢以找出一些策略來因應案主的行為，並防範可能發生的危機。例如某學生曾有毆打教師的行為，此位教師需要諮詢師協助他去處理這名學生的不當行為，並且讓處理過程既能不影響教師教學的情緒，也能達到防範學生再犯同樣行為的目標；至於**發展諮詢**（developmental consultation）可以說是一種預防性的措施，其目的在於創造一個有助於成長的學習環境，因此，所有的措施均偏向於營造學習氣氛或促進學習的歷程，因此是以所有的相關人員為對象，並非只是以特定人物為主要對象，例如，在校園裡安排父母效能訓練或孩童的學習團體均可視為是發展諮詢的型態。

　　整體而言，在諮詢過程中，必須完成兩個主要目標。首先，諮詢師要能與求詢者共同探索解決問題的知識與技術；其次，求詢者要能運用所學，以使案主的困境得以解除。簡單地說，諮詢可以說是一個由諮詢師與求詢者共同參與處理問題的歷程，在其中共同討論資訊、交換觀念，並且透過協調的步驟與縝密的觀察，來研擬行動計畫，以使第三者（即案主）能獲得幫助（Dinkmeyer, 1968; Meyers, Alpert, & Fleisher, 1983）。而諮詢技術又可分別針對學校、機構組織或社區之特性與需求進行規劃，以利於心理衛生工作之推動與發展。

第二節　諮詢的歷程

　　在進行諮詢的歷程中，至少要具備三個要素：(1)能解決問題；(2)有諮詢師、求詢者與案主三個角色介入；(3)能促進改變（Dougherty,

1990）。有學者將諮詢歷程以描述的方式來呈現，而不對諮詢歷程分階段。但多數學者將諮詢歷程依其功能分成幾個階段（例如分為建立關係、確認問題、設定目標、擇定策略、進行評估並做結束五個階段）。在此過程中會去確認要處理的問題內容，然後釐清求詢者所處的境遇，再依據工作目標進行觀察或記錄等動作，並進一步研擬策略和執行此項行動計畫，最後再經由追蹤結果來評估後效。茲依諮詢歷程階段的多寡，分別依序介紹幾位學者的主張，以為讀者具體說明諮詢的歷程。讀者將可從每位學者試圖建立起的核心主張，來了解各學說的特殊之處。

一、Splete 的九階段說

由 Splete（1982）所提出來的觀點中，主張整個諮詢歷程可以分為以下九個階段：

1. **契約前期**：諮詢師要釐清可以運用的技術與範圍。
2. **討論契約並確定工作關係**：諮詢師與求詢者共同討論一個正式的約定，確定求詢者的準備度，與諮詢師可發揮的能力。
3. **訂契約**：簽訂契約，確定相關的事宜。
4. **確認問題**：諮詢師與求詢者共同釐清明確的問題所在，以及希望達成的目標。
5. **進行問題分析**：整理現有的資訊，並判斷可能採取的策略。
6. **回饋與策劃**：針對第五階段所決定的策略進行評估，並衡量成果，同時找出一些其他的可行方案。
7. **執行方案**：求詢者在諮詢師的支持下進行各項步驟。
8. **方案評估**：諮詢師與求詢者一起評估成效。
9. **做結論並結束合作關係**。

　　顯然的，此觀點強調契約簽訂與問題分析兩者，並且對於前置作業有相當明確且具體的步驟。而此等觀念也普遍為其他學者所接受，只是並不特別將這些步驟明列在其諮詢的歷程。

二、Brown 等人的八階段說

Brown 等人（2001）則以八個階段來區分諮詢的歷程：

1. 諮詢師要能突破組織單位的界限，融入其系統中。

2. 建立諮詢關係。

3. 分別對案主特性、求詢者特性與環境條件進行評量。

4. 界定問題與設定目標。

5. 選擇策略。基本上，諮詢師在選擇策略時，最好能把握以下幾個原則，例如：

(1)在採用抑制或緩和的技術前，能先使用正向的技術。

(2)盡可能使用較不複雜的策略，尤其應考慮到，讓求詢者使用他們所熟悉的方法遠比學新的方法要容易得多。

(3)在幫助求詢者學習新的技術前，要確定這些技術是適於在其所服務的場所使用。

(4)盡可能讓此策略在很短的時間內即可達成目標，對環境不會造成傷害，且能發揮功效。

(5)就長遠的觀點來看，要幫助求詢者能在其服務單位運用有效資源或發展新的資源。

(6)盡可能讓所使用的策略發揮最大的功能。

6. 運用策略。

7. 進行效果評估。

8. 結案。

任何的助人工作都需要一個正式的儀式來表示整個助人關係已經結束，以使雙方能夠不再受到此關係的約束。因此，當原來所預定的工作項目已經達成契約中所訂的目標時，諮詢師最好能以祝福與告別的活動方式與求詢者共同完成結束合作的儀式。也就是說，雙方需要在心理上，或者是在工作上做出結束的宣告，以避免日後不當的涉入。

Brown 等人了解到諮詢師在進入一個系統中進行諮詢服務時，會遭到來自組織中的抗拒反應。此點將於第八章再做詳述。

三、系統說

Myrick（1977）將諮詢分為確認問題、釐清求詢者的處境、確認工作目標、觀察或記錄資料、研擬求詢者實施策略的計畫方案、求詢者推動計畫，與追蹤七個步驟。Brown（1985）將諮詢歷程分為建立關係、進行問題評估、設定目標、研擬策略，與進行效果評估及做結束五個階段，此觀點並主張運用團體歷程來研擬策略，因此而提出發展性的團體策略。

抱持系統觀點的學者，會強調個人的行為往往是與其所處的環境與文化有關，所以在解析問題、尋求解決問題時，要能從系統的觀點來看，以利於處理問題（邱強，2001）。

四、Dustin 與 Ehly 的五階段說

更有學者針對教師或家長設計了一個五階段的諮詢模式（Dustin & Ehly, 1984）。在此模式中，第一階段是逐步實施，在過程中採用積極傾聽、自我揭露、同理心等技巧建立信賴關係；其次則為確認問題，目的在於能確定問題所在，並採用複述、真誠、設定目標等諮商技術，以利於問題的澄清；第三階段就是執行方案，在此階段將會確定策略，並研擬一個時間表，以彈性化實施各項步驟，同時處理抗拒或感受不佳等現

象；第四階段用於進行追蹤與評估的工作；最後一個階段則是結束諮詢關係。

相較於其他學者的主張，Dustin 與 Ehly（1984）對於諮詢師所運用的技術做較多的說明。事實上，這也是諮詢成敗的關鍵（關於此點說明，詳見附錄一）。

五、四階段的綜合說

又有學者綜合各家學說，將諮詢分為四個階段（Alpert, 1982; Dougherty, 1995a），茲說明如下：(1)介入期：包括簽訂正式的契約、建立關係，與介入過程，以及對組織單位的需求能有所了解等；(2)診斷期：包括問題如何發生、如何被發現，以及學校或社區對此現象的看法等多項資料的蒐集過程，並設定諮詢目標，尋求可以採取的策略方案等；(3)運用策略期：包括曾做了些什麼，以及為什麼這麼做、結果如何、如何進行策略等決策的技術歷程；(4)評估期：包括對策略進行評估、進行追蹤與關係結束等。事實上，無論是諮詢師的專業能力或其個人的思考架構、求詢者的期待與其原來具備的專業技術，或是仍待釐清的問題或現存的條件等，都將影響到諮詢的歷程與結果。

綜合上述可以發現，在整個諮詢歷程中，諮詢師首先必須有能力判斷案主是誰？並且能了解哪種方式最能達到解決問題的目標（例如每週與一群老師進行諮詢的活動，或者進行親職講座，以促進家長間的經驗傳遞等）。其他諸如進行諮詢的時間與地點、由誰發起？或是採用個別或團體型式？以及是否能維護參加人員的隱私權等？這些問題都是值得關注的地方。而諮詢師亦應考量諮詢過程是否會造成求詢者有所防衛，或者會有過度的罪惡感；且必須顧及諮詢師所做的解釋是否過於複雜，以致使求詢者容易陷入情緒低落，反而使其無法有效發揮解決問題的能

力；同時，諮詢師也可能須對求詢者所採取的措施進行追蹤，以便依實際需要而修改策略，並能在最短的時間內做出判斷。例如心理衛生諮詢模式強調問題解決，所以在過程中會協助求詢者能擴展知識，以提高其解決問題的能力，並且讓整個諮詢本身除了能具備有效的補救措施功能之外，更能發揮預防的效果為宜。

第三節　諮詢的評估

　　根據多位學者所提出來的主張，諮詢的步驟可以簡化為建立關係、確定問題、設定目標、研擬並運用策略，以及評估等五個階段（Brown, 1985）。其中，評估階段格外值得諮詢師重視，以研判諮詢服務是否達成了既定的目標，並作為日後的參考（Unger et al., 2000），或者直接對求詢者進行調查以了解諮詢的結果以觀其效（見附錄七、八與九）。

　　為了提高評估的效能，學者們主張能針對整個處遇過程進行評估，以具備**處遇統整性**（treatment integrity）。本節將為讀者分別從評估的型式、基本原則與歷程三方面說明諮詢的評估層面。

一、評估的型式

　　為了讓諮詢的功能得以充分發揮，諮詢師要對整個諮詢進行評估。所謂的**評估**（evaluation）就是指對諮詢所採取的步驟及效果進行一連串系統化資料蒐集的過程，以了解在此諮詢過程中所做的判斷與決定對求詢者提出的問題所造成的影響，其中包括對諮詢過程進行結構式評估，以及在諮詢結束之後進行整體式評估（Gibson & Mitchell, 1999）。所謂**結構式評估**（formative evaluation）強調的是評估的目的，是對某項工作或策略運用上的效果評估；而**整體式評估**（summative evaluation）則強調評估內容本身，如對某個活動所採取的方案是否仍要持續等進行評

估。評估的功能在於透過相關的驗證以確認或終止後續的規劃，或根據評量成效以建立信度。當然，諮詢師亦可委託其他專業人員進行此等評估，以突顯其可信度。Dougherty（1995a）曾就這兩種評估方式的運用提供了具體的建議，例如以結構式評估對諮詢過程中的每個階段加以評估，而在整體式評估的部分則建議可採用前後測法、團體比較法、時間序列法、個案研究法、自我陳述評量法等多種評估方法。

　　諮詢師在決定採取哪一種評估型式之前，應先釐清個人進行評估的目標是什麼，然後再根據此目標來選擇評估的型式。例如社區心理衛生中心的服務品質會直接影響到社會大眾的生活，因此諮詢師在接受政府委託的情況下，對相關機構所實施的方案進行監督，並對社區心理衛生中心的工作實施評估。

二、評估的基本原則

　　有鑑於評估的進行將有助於提高諮詢的工作品質，因此有必要建立一些準則以供實務工作者有所遵循。根據學者的建議，可參照以下七點基本原則來進行評估（Gibson, 1977）。首先，應對活動的目標要有明確的認識，以提供評估的方向；其次，要能運用適當的評量工具，以使評量結果能符合評量的目的；第三，要適當地使用評量工具，並避免做錯誤或不當的解釋；第四，方案評估應將所有相關的人員或資訊一併納入，以具體呈現全貌；第五，可透過回饋與追蹤的歷程來提高評估的價值；第六，評估應是經過規劃與持續進行的有效歷程，此舉可協助方案執行者能夠及時確認錯誤，並立即進行調整；最後的原則是，評估應強調能提供具有正面價值的參考資料，使方案可以經由調整而具有更高的應用價值。事實上，對於輔導與諮商專業工作者而言，有效的評估將可使助人者經由客觀的資訊來研擬具體並妥當的策略，使案主得到更大的幫助，進而增進案主的利益，有助於突顯專業的本質。因此，有學者指

出，評估本身在此等助人專業工作上具有絕對的價值（Gelso & Fretz, 1992）。

三、評估的歷程

在進行評估之前，首先要決定評估的項目與標準為何？然後決定採取哪一種方法進行評估？最後就是把所蒐集到的資料彙整起來。Dougherty（1995a）認為蒐集資料的對象可以同時包括案主系統、求詢者、諮詢師，以及其他有興趣的成員或群體，並建議諮詢師與求詢者可以在簽訂契約之時就能確定會採用哪種型式的評估，使此評估更易於進行。他同時也針對評估諮詢服務的歷程提出以下幾點說明。

（一）決定評估的項目與標準

有關評估的項目可以包括就案主或案主系統中已經發生何等變化？有多大的改變？諮詢師是否能與求詢單位建立起真誠的合作關係？有哪些改變是透過諮詢所造成的？在契約中所訂的目標有多少項目已經達成？執行的時間表是否與預定計畫相符？所採取的策略是否真正地發揮作用？諮詢師與求詢者的合作關係是否理想？就成本效益而言，是否值得花費諮詢所需要的時間、人力與經費等多個項目。

諮詢師或求詢者可以針對當初建立契約之時，了解諮詢服務所產生的效益來決定評估的項目，而諮詢的工作內容則可作為評估項目的參考資料。

（二）決定評估的型式

如前所述，評估型式有兩種，其中，結構式評估在於對某項工作或策略之運用上的效果進行評估；而整體式評估則強調對某個活動所採取的方案是否仍要持續進行評估工作。所以，前者多半是在諮詢服務的後期進行，可以用量表調查或觀察等較正式的方式進行（如見附錄七、

八、九），也可採用非正式的討論方式以蒐集資訊；而後者則多數會自
諮詢服務的初期即開始進行，一直到諮詢服務結束，經由進行諮詢前後
比較、團體比較、序列比較等方法，以探討諮詢服務所產生的影響與效
益。

　　例如，Parsons 與 Meyers（1984）曾設計一份結構式評估的評量工
具，讀者可參考此量表的架構，設計出符合自己所需要的量表或問卷以
進行效果評估（見附錄八）。

（三）彙整資料並撰寫報告

　　諮詢師在蒐集了各種資訊之後，必須就此諮詢服務能否達成既定的
目標提出報告。除了向求詢單位提出書面報告之外，諮詢師或諮詢小組
也需要針對工作內容進行檢討，並檢核服務的成果，其中包括所投入的
人力與資源是否妥當等自我檢視的項目，作為日後的參考或改進的努力
方向。

第四節　諮詢的基本原則

　　一般而言，諮詢往往被視為一種間接式的助人型態，能大量擴增接
受幫助的對象，同時也可使專業人員在諮詢師的協助下，能更有效的發
揮直接助人的功能。為了使此功能發揮到最高極限，諮詢應重視與求詢
者或案主有關的情境因素。例如要能從案主生活的環境來了解問題的真
實層面，或藉由組織內的人際關係來尋找社會資源，以探討更有效的解
決方法。因此，有學者提出兩點基本假說（Brown, Pryzwansky, &
Schulte, 1991）：(1)諮詢師、求詢者，以及案主之間的關係，是在行為、
內在人格與環境等因素產生互動的結果；(2)諮詢師的目的就是要促進這
三個因素之間的平衡狀態，讓求詢者有能力去解決現在的困境，甚至能

將此等能力進而發揮到類似的情境。根據此一理念，Caplan 等學者遂研訂出如下的諮詢基本原則，以提供實務工作者有所遵循（Caplan & Caplan, 1993）：

一、諮詢須在對案主周遭環境有所了解的條件下進行

在諮詢的初期，諮詢師在聆聽求詢者的困擾時，要能關懷求詢者的情緒與期待，並且能夠幫助求詢者了解自己所採取的策略或方案對案主有何幫助，進而對自己的能力產生信心。

事實上，當求詢者敘說處理個案的過程中，由於諮詢師所表現出來的接納與信賴態度，將使求詢者更願意，也更有能力為諮詢師提供有意義的訊息，以利於諮詢師對個案的狀態做出最佳的診斷。反之，如果諮詢師對個案的狀態缺乏充分的認識，則將影響到診斷的結果，而使其所採用的策略不利於案主的問題解決。因此，諮詢師必須與求詢者建立良好的信任關係，以蒐集足夠的資訊，並給與求詢者必要的協助。

二、要依諮詢契約而為

諮詢師在接受委託進行諮詢工作初期，首先要與求詢者共同針對雙方的期待與專業準則研擬契約，並且在雙方均同意的情況下進行諮詢。因此，諮詢師可以依契約的要求，對求詢者提供必要的協助，而求詢者也可依契約的要求，請諮詢師維護求詢者與案主的權益，如此，將有助於諮詢的成效，也使諮詢工作本身更具有專業性。

Dougherty（1995a）認為訂定一份好的契約將可減少因角色衝突、雙重關係與抗拒反應所帶來的問題。他建議契約的內容應涵蓋諸如說明諮詢目的、時間表、諮詢師的責任、求詢者的責任、諮詢師的界限，和合作過程中的安排事宜等基本項目。至於契約的撰寫並無標準的格式，唯內容必須包括雙方的簽名與簽約的日期，以作為正式的文件。

三、諮詢是合作的關係，沒有地位高低之分

由於諮詢是由諮詢師與求詢者兩位助人專業工作者所形成的關係，且求詢者本身是有能力解決問題的，只是因為受限於知識或技術，或者因其個人主觀因素而阻礙了其處理問題的能力，所以，求詢者在工作上具有獨立自主的條件，而諮詢師則是從旁提供專業的協助。因此，諮詢師與求詢者兩者是共同朝向解決問題方向的夥伴，雙方的關係建立在合作的基礎上。由諮詢師為求詢者提供客觀的資訊與建議，而求詢者本身具有做決定以及是否要執行的權力，在此關係中，不涉及位階高低的問題。

四、以求詢者為中心

諮詢是因為求詢者的需要而建立的專業關係，其目的在於協助求詢者找出解決困境的最佳決策，因此，諮詢過程中將以求詢者為主要考量的核心。換句話說，諮詢師除了要了解求詢者所關心的焦點之外，更要熟知求詢者的專業能力，並且尊重求詢者的決定，以使求詢者在諮詢師的情感支持下更能發揮自己的功能，進而解決其當前的困擾。

五、避免任何型態的心理治療

諮詢的本質就是以問題解決為導向的一個間接與短期的助人歷程。因此諮詢師的功能在於：以求詢者所面臨的處境及求詢者的專業能力為關心的主軸，進而提供適當的資訊與協助。至於求詢者個人內在的心理狀態則非諮詢師工作的重點，所以在諮詢歷程中，諮詢師只要針對問題所在，並考量求詢者的工作能力以提供專業的建議與協助即可，毋須與求詢者建立涉及心理治療等直接助人的長期互動關係（見附錄十一）。

六、要有順序

諮詢的過程有一定的先後順序。例如，諮詢師在諮詢初期要能從求詢者的困境中去剖析哪些事務具有急迫性？哪些是必要的工作？以及邀請哪些人員參與工作等。一般而言，首要步驟在於諮詢師能與求詢者建立信任關係；之後，在充分了解資訊的情況下，諮詢師能對問題進行評估與診斷，並幫助求詢者逐漸釐清各項工作的實施計畫與步驟，使求詢者能循序漸進地解決困境；同時針對過程中所發生的問題提供處理的策略與有效措施的建議；最後，追蹤結果以確定成效。

七、採用適於大眾角度的參考架構

基本上，諮詢是一個重視社會情境的專業技術。換句話說，在諮詢的理念中，組織中的人際關係與社會環境的條件將影響到諮詢的歷程、策略與技術的運用。因此，諮詢師將採取能為社會大眾所接受的參考架構來研擬方案與計畫。

八、諮詢師必須接受適當的訓練

諮詢師必須接受適當的訓練，以具備發揮諮詢功能的技術與能力，進而協助求詢者在助人工作上更有效能。而一位諮詢師若要將其諮詢服務的功能發揮到極致，應在平時就學習擴展其個人的視野，能以全面性而非局部化的眼光來看待所發生的現象。如此一來，勢必更能迅速且精準地做出有助於解決問題的判斷。

本章針對諮詢的基本觀念提供一個簡單的說明之後，將於第二章敘述諮詢學說的發展史，以協助讀者能從此歷史上的發展來了解諮詢的理論架構。

第 2 章

心理衛生諮詢的發展

Caplan（1961）將社區心理衛生定義為一種投注於提升社區居民心理衛生層次，並降低罹患心理疾病人數的活動過程。在此工作中，心理衛生專業人員的角色就是去扮演行政部門與政府單位的諮詢師與督導的角色。而**心理衛生諮詢**則是Caplan就**社區精神醫療**（community psychiatry）的角度所推廣的預防性心理衛生工作。此一工作模式也被稱為**心理諮詢**（psychological consultation）或「Caplanian 諮詢」，以與其他諮詢模式加以區分。本章共分四節，首先從心理衛生諮詢的發展來介紹諮詢學說的演變與發展。其中除了做歷史性的回顧外，也將針對諮詢與其他相關的助人名詞做比較，同時也將就諮詢師的訓練與諮詢技術的運用等方面做說明，使讀者能對諮詢建立整體的觀念。

第一節　發展起源與發展趨勢

有關諮詢學說的發展起源，可以追溯到 1920 年，然而，直到 1950 年代左右，諮詢的應用才受到重視，至於理論發展則遲至 1980 年期間方有較大的突破（Aponte, 1987）。Parsons（1996）認為諮詢服務是心理衛生工作的革新指標，而 1954 年的戴爾會議更將諮詢正式列入學校輔導工作的要項之一。因此，有關以學校為本位的諮詢實務發展也就更為蓬勃，甚至凌駕於其他的學說之上（Erchul & Martens, 2002）。茲詳述此專業的發展起源與趨勢如下：

一、發展起源

　　二次世界大戰期間，Caplan 與其助理九人於 1949 年受到 Youth Ali-yah 此一單位的邀請，回到 Caplan 的故鄉以色列，為當地一萬六千名以色列新移民家庭孩童的心理衛生工作者（約一千名）進行督導工作。在這些孩童身上常見的問題行為包括了一般的違紀行為、尿床，與學習上的問題。根據 Caplan 對孩童行為的了解，他認為這些孩童並未罹患轉介單位所指陳的心理疾病，並發現孩童的行為問題與成人的過度反應有關。

　　Caplan 認為，整個問題的緣由與各單位的工作者不知如何處理孩童的行為有關，並非完全來自於孩童本身的問題。換句話說，他認為這些機構的服務人員都有所謂**氣質性敏感**（idiosyncratic sensitivities）的現象，例如，這些服務人員似乎會根據他們個人的主觀或偏見對孩童的行為做出錯誤的判斷。因此，他和助理們就將處理的焦點放在幫助這些服務人員能用正向的態度來看待孩童的行為問題。所以 Caplan 藉由確認與修補母親和嬰兒的異常關係為例，說明師生之間經常存在的類似現象（Caplan & Caplan, 1993）。

　　由於人力不足，Caplan 就採用間接處理個案問題的理念，讓已接受過基本助人訓練的學校專業人士直接處理個案，而 Caplan 與九位助理則協助他們能採用適當的策略，以降低或減緩孩童不當行為表現的頻率與程度，如此一來，不但使得各校能夠依學校的特性發展出他們處理問題的技術，另一方面也降低直接處理的個案量。顯然的，這樣的處理機制也減緩了 Caplan 團隊的工作壓力。在 Caplan 所規劃的諮詢工作模式下，就孩童而言，他們可以得到正確的照顧；就機構的服務人員而言，他們可以放心地去採取有效的措施，並且提升其對工作的信心；就提供諮詢服務的 Caplan 等人而言，他們也可以發揮到專業人員最大的功效。所

以，製造了一個三贏的局面。

　　1952 年，Caplan 重返美國，並任職於哈佛公共衛生學院。當時為了要幫助鄰近學區處理青少年的問題行為，Caplan 將昔日在以色列的經驗與眾人分享，很快地獲得當地學者們的認同。於是 Caplan 與 Erich Lindemann（1900-1974）等人合作，開始規劃一些方案，在魏斯理人際關係中心發展出心理衛生諮詢的工作理念。他們認為透過教學或團體諮詢將足以提高求詢者的專業知能，並同時開始建構諮詢的理論學說。

　　當時，這些學者們曾就諮詢的理念提出三個重要的主張，此等主張並成為日後各家諮詢學說的主要依據（Brown, Pryzwansky, & Schulte, 2004），茲分項述之：(1)諮詢師與求詢者兩者之間的關係必須維持在平等的關係，雖然諮詢師協助求詢者擴展知識，讓求詢者更有能力承擔他的工作責任，但是，求詢者擁有自主權，可以決定是否接受諮詢師所提供的建議或協助；(2)諮詢師的主要功能之一在於協助求詢者能**降低主題干預**（詳見本書第八章第二節）的干擾程度，也就是說，由於求詢者過去的經驗會干擾到他所做的判斷，使之在解決問題上的能力無法發揮，而諮詢師可以幫助求詢者將此等影響降低到最小的程度；(3)諮詢師可以依現實上的考量，在**案主中心個案諮詢、求詢者中心個案諮詢、方案中心行政諮詢**，以及**求詢者中心行政諮詢**等四種型態（詳見本書第四至七章）當中，擇用其一或綜合的模式來研擬及執行方案。

　　隨著社會對助人專業的需要有逐日增加的趨勢，諮詢理論的發展也因為專業人員的投入而更為豐富。例如，美國於 1963 年通過的《整體社區心理衛生服務法案》（Comprehensive Community Mental Health Services Act）中，明訂諮詢為社區心理衛生中心的主要服務項目之一；而加州也在同年為有學習障礙的孩童訂定政策（後期如 Disabilites Education Improvement Act, 2004），使教師們能在專業諮詢的服務下，幫助孩童突破學習上的困境。此外，哈佛大學亦設置社區精神醫學的課程，多

位學校心理學家如 John Bergan 與 Joel Meyers 等人更是大力推動諮詢學說，希望能將心理衛生諮詢廣泛地運用在校園之中（如後期 Every Student Succeeds Act, 2015）。在諮詢學說的發展過程中，諮商心理學家、學校諮商師、社區心理學家等相關領域的學者，也積極地將其經驗與觀點彙整成冊，使諮詢理論的架構更趨於完備。

二、發展趨勢

Caplan 在 1970 年出版 *Mental health consultation* 一書撰寫諮詢的發展，此書對諮詢工作後來的發展具有深遠的影響，尤其對心理衛生諮詢的發展帶來極大的貢獻，茲將其貢獻分為三方面說明如下：

1. 提供專業人員之間合作的理念，因此諮詢被視為是兩個專家之間平等溝通的過程，而不是給予建議的角色。
2. 建議採用間接技術，例如降低主題干預（見第八章第二節）等方法，以避免因為直接的面質造成求詢者的抗拒反應。
3. 將諮詢模式分為案主中心個案諮詢、求詢者中心個案諮詢、求詢者中心行政諮詢與方案中心行政諮詢四種類型（見第四章至第七章）。

西元 1962 年，Caplan 曾與公共衛生的護理人員進行降低主題干預策略的評估研究，之後又於 1964 年在哈佛醫學院的社區精神醫療實驗室進行教學與研究。並與其女一同對機構人員做團體諮詢。為了避免將諮詢的觀念受限於社區，所以將心理衛生諮詢改稱為**群眾取向**（population-oriented）的精神醫療或心理學。而其主軸則圍繞在心理衛生諮詢團體與心理衛生合作兩個核心觀點上（Caplan & Caplan, 1993）。

除了 Caplan 之外，諮詢專業得以快速崛起，許多學校心理學家、諮商心理學家與社區心理學家等專業人員的努力也是不容忽視的。例如有的學者將心理衛生諮詢或組織發展的觀念運用在學校（Brown et al.,

2001），有的則企圖進一步闡釋諮詢服務（如系統觀與 Adler 的理念等），或者從事推廣與發展的工作，因而造就了諮詢的專業發展。尤其是在多位社區心理學家的努力下，促使諮詢朝向專業化的發展，進而開始推廣演變至今。

　　由於美國心理衛生工作者普遍地意識到諮詢技術已成為助人者的重要技術之一，所以，**諮商與教育相關課程鑑定委員**（Council for Accreditation of Counseling and Related Educational Programs, 1988）將諮詢列入諮商研究所的必修課程之一；而美國學校諮商師學會（American School Counselor Association, 1986）也將諮詢技術列入中學學校諮商師必備的技能之一；同時美國**諮商師教育與督導學會**（Association for Counselor Education and Supervision）積極地出版相關的書刊（Brown, Kurpius, & Morris, 1988; Kurpius & Brown, 1988）。除了美國以外，也有愈來愈多的國家隨著現實上的需要，開始實施諮詢專業理念，如瑞典等地（Hylander & Guvå, 2004）。

第二節　諮詢與諮商的比較

　　諮詢與諮商兩者之間有何差異？又有何類似之處？顯然的，諮詢與諮商同樣都強調預防的功能，也同樣是重視人際互動的歷程，然而如何分辨兩者的差異呢（另見鄔佩麗，2005）？以下將從兩者的專業關係、主要功能與基本特性三方面比較其間的不同之處。

一、專業關係

　　基本上，諮詢與**諮商**（counseling）兩者間的專業關係可以從三方面來加以區辨。首先，在諮詢過程中，求詢者是一名專業人士，與諮詢師同樣擔任助人者的角色，他們探討的對象是求詢者所協助的案主，也是

在諮詢關係中的第三者。因此，諮詢所建立的是一個三角關係，其中包括諮詢師、求詢者與案主；然而，在諮商過程中，案主是求助者，需要專業人員幫助他去處理自身的問題，而扮演助人者角色的諮商師，是藉由兩人之間的互動歷程，讓案主能釐清自己的角色與處境，並且從諮商關係中培養與他人相處的能力。在諮詢中，諮詢師與求詢者兩人是採用系統觀的思考角度來探討問題，並建立起以問題討論取向為主的關係，較不涉及個人深層的經驗；反之，諮商師與案主兩人於諮商中所建立的則是一個以涉及個人深層經驗為主的兩人關係。

其次，諮詢與諮商所建立的關係性質也有所不同（Faust, 1968）。諮詢師與求詢者所建立的是一種同儕合作關係，諮詢師雖然會幫助求詢者提高處理問題的能力，但是並不負責執行計畫，而由求詢者去執行有助於問題解決的相關活動。換句話說，在合作關係中，諮詢師將力持客觀的角色，以維護求詢者的專業職權。諮商師和案主所建立的則是一種具有心理動力的關係，就案主而言，諮商師將滿足案主在現實生活中無法獲得的心理需求，甚至扮演著案主生命中某一個重要他人的角色，案主在情感上對諮商師有相當大的依賴。因此雖然諮商師與案主都具有獨立自主的能力，雙方的關係也是一種合作關係，然而，由於案主的心理狀態是脆弱的，雙方的關係也就無法完全平等。

簡單地說，諮詢的專業關係是以討論問題為主的問題取向，不涉及人際間的關係，而是以水平式的方式，針對當前的問題進行處理。諮商的專業關係則是人際取向，強調雙方的人際互動歷程，以及透過關係建立來達到助人的目標。因此，諮商較重視案主的內在需求而非以問題解決為導向，主要強調從過去到現在的垂直式處理。根據Caplan的經驗，多數的諮詢工作是在機構中進行，而非如諮商情境般是在助人者的辦公室，藉此，諮詢師將透過實際的觀察去蒐集到豐富且真實的資訊，此點與諮商完全根據案主的陳述來蒐集資料的方式具有相當大的差異。

二、主要功能

　　根據 Caplan 的觀點，求詢者在工作上面臨難以脫困的瓶頸時，其原因或可歸咎於知識不足、缺乏技術、缺乏信心，以及不夠客觀四大因素。所以需要藉由另一位專業人士為之拓展知識並對現象進行評估，讓求詢者具備更多的專業技術，以提高其處理問題的能力，在強化求詢者處事的信心下，使之相信自己有能力去面對問題。最重要的是，諮詢的目的在於幫助求詢者降低主題干預的程度，以使之能用客觀的態度來了解並評估問題的每一個角度，進而使求詢者自現有的困境中找到解決困難之道。因此，在諮詢過程中，求詢者將能因為諮詢師的協助而更有能力，更有效能地在工作上發揮求詢者原本就有的專業能力。

　　相反的，諮商的功能則是讓一位在日常生活上的功能有所不足的個人，在諮商師的協助下，能學習一些有效的技能，以便重新建立起自信，並且有能力成為獨立自主的個人。在進行諮商的過程中，求助的案主將在諮商師的情感支持下，願意去面對內在的自我。由於在其面對內在自我的當下，案主是一個脆弱的個體，因此，諮商師必須小心地因應案主因心理掙扎所帶來的行為表現。換句話說，諮商師與案主間的關係中有著極為複雜的人際動力關係，諮商師的角色就是在運用此一動力，協助案主成為有自主能力的主體。

　　因此，諮詢不是諮商，更不是一種心理治療。諮詢是讓原本有能力的人在工作上更能發揮自己的功能；而諮商則是讓生活功能上有些不足的人，能重新建立或找回生活上的功能。所以諮詢師與求詢者可以成為合作且互依的夥伴關係；諮商師與案主卻有著猶如醫生與病人的關係，諮商師擁有絕對的專業權威，並且對案主的權益有絕對的責任。

　　然而，無論是諮詢或諮商，助人者均須對求助者提供情緒上的支持，並且引導求助者能做理性思考，同時藉由促進助人者了解求助者的

現況，進而掌握最佳的處遇結果。而箇中滋味則有賴讀者從實際的工作中去體會，以分辨兩者間的異同點。

三、基本特性

　　諮詢有其所依據的理念、價值系統和倫理守則，於是諮詢有其既有的獨特性（Gallessich, 1985; Kurpius & Fuqua, 1993a, 1993b; Newman, 1993）。首先，諮詢是以內容為主軸，諮詢師關心的焦點是在問題本身，而非求詢者本身的行為，因此與案主所表現的行為相關的內容才是諮詢師的關心之處，而諮詢師豐富的知識更是諮詢過程中處理問題的基礎；反之，諮商師則是以案主的行為作為關心的焦點，所以，他與案主是以兩人之間的動力為主軸，而不是問題本身。

　　其次，諮詢是以目標為導向，它有既定的方向，所以每一個步驟都是可行而客觀的，並且與此工作內容息息相關；然而，諮商是以案主的心理狀態演變，因此，隨著治療關係穩定，案主對諮商師的信賴提高，案主原本不顯的心理困擾逐漸暴露出來，所以，諮商是以人為導向，其間的動力變化難以做事前的評估。

　　第三，在諮詢的歷程中，常會顧及多種角色與人際關係的規則。在諮詢進行的動態歷程中，諮詢師必須隨時蒐集資訊、建議紓困方案，並且給予求詢者情感上的支持。又由於諮詢師常常是來自與求詢者不同的單位所組成的專家，因此，可以用更客觀且沒有個人偏見的身分提供專業協助；然而，在進行諮商的過程中，諮商師所關注的焦點在於案主的心理狀態以及雙方的互動歷程，因此，雙方的情感聯繫益加重要。

　　最後，與諮商相較，諮詢很明顯的是一種間接式的助人過程，求助者是求詢者，而助人者是諮詢師，並且還有案主這個第三者介入其中，因此，是一種系統導向的助人歷程（Kurpius, 1986, 1988）；反之，諮商雖然也是一個人際互動的歷程，然而，諮商是一個直接助人的歷程，求

助者是案主，而助人者則是諮商師，所以沒有第三者的存在。

第三節　諮詢與督導的比較

　　諮詢與**督導**（supervision）兩者均是協助助人專業工作者在其工作上能發揮更高功能的重要途徑。其中，督導被界定為是**督導者**（supervisor）以增進**被督導者**（supervisee）的專業能力為目標的一種有位階且強調人際互動的關係。而諮詢則是諮詢師與求詢者共同合作，朝向解決問題的方向而努力的過程。所以，表面上看來，諮詢與督導都是在幫助一位專業人員更有能力去做好他們的專業工作的人際互動關係，然而，實質上，兩者之間有很大的差異。

　　首先，在督導關係裡，是奉行上位者與下位者的關係，督導者將扮演評估的角色，且對於諮商師所執行的專業能力，督導者必須承擔監督的責任，因此，督導者對諮商師採取的諮商歷程具有決定權，且此關係是強制執行的一種固定聚會的型式；反之，諮詢師與求詢者的關係則是平等且合作的關係，雙方一起從事計畫並執行工作，並無上下之分，且諮詢師沒有評估求詢者能力的角色，更是依求詢者的需要而安排的短期且非固定聚會的型式。

　　其次，在諮詢過程中，諮詢師一如督導者一般，會針對某一個焦點探討，然而兩者之間所採取的互動型態是不同的。例如，在社區裡為有學習困難的孩童的父母提供諮詢服務，或者當教師與家長共同面對學生的問題時，雙方的關係是平等與合作的，彼此都能提供對方一些意見以為參考。所以，在此關係中，沒有評估與監督的功能，更非強制執行的長期關係，而是合作、討論與自主的短期關係。

　　為了協助讀者能將此兩者有所分辨，筆者將 Caplan 針對諮詢師與督導者兩者之間的差異所提出的五點說明分項列出如下（Caplan & Caplan，

1993），並建議專業人員能從中掌握自己的角色，以釐清諮詢與督導兩種專業的功能：

1. 督導者往往是同一單位或相關領域中的資深專業人員，而諮詢師則不一定是在同一個領域裡的專業人員。

2. 督導者必須要承擔行政責任，督導者致力於對被督導者提供在知識或技術上的正面鼓舞，同時也要維護案主的權益。

3. 督導關係是持續且長久的，是兩人之間的關係，而諮詢則是一種暫時的關係，且是三者之間的關係。

4. 督導者的地位高於被督導者。

5. 督導者具有教導的角色，且也是被督導者的**引領者**（tutor）。

事實上，讀者們必須了解，諮詢與督導這兩個專業工作各有其學說與理論，本書將為讀者詳述各家學說的理論與運用，而有關督導的學說之理論與運用，限於篇幅，在本書並不加以介紹，請讀者另行查詢相關的資訊，以對諮詢與督導兩者間的差異建立更明確的認識與判斷。

簡單地說，在諮商師的專業發展上，諮商師必須要固定地接受督導者的專業協助，所以，督導者將針對該諮商師的個人特質與工作對象提供專業上的引導，使諮商師的專業能力能逐日提升。由此可見，督導是一種長期維繫的兩人關係。然而，當諮商師在其工作中遭遇到困難，或者因為沒有督導者的協助，或者是在其現存的督導關係中找不到有效的方法，甚至是因為諮商師必須仰賴其工作場所中的其他人共同參與，而需要邀請一位能幫助諮商師或其工作團隊尋求解決方案的諮詢師提供專業引導時，就是諮詢服務型態。因此諮詢是一種為了解決目前困境所建立的一種短期的合作關係，且是由三人以上所組成的。顯然的，督導與諮詢兩者也因此形成不一樣的權力關係，並且使督導者和諮詢師承擔了不同的責任。

諮詢師的角色與專業訓練

　　諮詢本身是一種轉變與創新的歷程，而諮詢師就是促進轉變的代理人。當求詢者進入一個諮詢關係裡，在此關係中，諮詢師將提供、促進或催化需要調整的處境，所以，諮詢將維護某個系統或案主的權益，並將對此系統有所影響（Parsons, 1996）。舉例來說，諮詢師的責任在於協助求詢者減緩來自工作上的壓力，並提供適當的支持以陪伴他們面對個案的困境，但是，諮詢師不得在此諮詢關係中為求詢者提供諮商或治療，應將處理過程聚焦於協助求詢者在個案處理有所發揮的功能上。為了能充分發揮諮詢的功能，諮詢師應以學習的態度去看待社會系統中所發生的變化或事件，並以求詢者為學習的對象。

一、諮詢師的角色

　　基本上，諮詢師所扮演的角色，是在幫助求詢者提升專業的敏感度，擴增求詢者的專業知識，讓求詢者具備更有效能的專業技術，並且使求詢者能保持客觀的立場，提供案主必要的協助，或促進社區組織或服務單位的人際關係，此等工作方向皆與諮詢的主要目標是一致的（Caplan & Caplan, 1993）。為了達到這些目標，諮詢師必須因應當下的需要調整其角色。例如當案主的處境是在危機狀態時，諮詢師需要以專家的姿態，對當前的狀況加以診斷，並提出紓解的方案；如果案主的處境並非是危機狀態，則諮詢師可以扮演觀察者的角色來幫助求詢者逐步釐清問題，共同探究有效的措施。

　　有關諮詢師的角色，除了專家的姿態外，常見的角色有辯護諮詢者、訓練者／教育者、合作者、資訊提供者，與過程分析家等多種類型。其中，所謂**辯護諮詢**（advocacy consultation）指的是諮詢師會說服

求詢者去做諮詢師認為重要的事，以促進一個社會系統的改革，讓這個社會的正義得以伸張（Conoley, 1981）。而**過程分析家**（process analyst）則往往抱持組織發展諮詢論的觀點，其目的在於透過員工訓練，以使組織的發展朝向民主化的方向，因此，諮詢師協助的對象是一個群體而非某一個人，此時諮詢師將積極地催化團體的互動過程，讓這個群體能學習一個有效的技術，以共同處理組織中所發生的問題。

而諮詢師在提供求詢者建議，或者規劃行動計畫時，則可遵行以下幾個原則：

1. 評估求詢者可以吸收的程度。
2. 先幫助求詢者覺得自己有功能再提供一些方法，如此求詢者便覺得他去尋求幫助並無損其自尊，又可以得到方法來解決問題。因為對自卑的人給建議或意見，會讓他覺得自己很糟糕；對有自信的人給建議，他會覺得很有幫助。
3. 幫助求詢者看到案主可貴之處，並助其能夠解讀案主的行為，如此將可增加求詢者求助的動機，並能了解行動計畫背後的理念。
4. 諮詢師要讓參與諮詢的每個人都有效能，找到每個人可以發揮功能的角色，諮詢師再彌補其他成員未能完成的部分。

顯然的，諮詢師就是在扮演一名催化者的角色，一方面鼓勵求詢者能發展出他們自己處理問題的行為模式，另一方面則協助求詢者能確定他們自己的行事準則。所以，諮詢師會協助求詢者探索他們自己的準則，並以此準則設定努力目標，同時將提供求詢者訊息，讓求詢者有練習的情境，並透過回饋與示範來幫助求詢者學習。

二、諮詢師的專業訓練

近幾年來，諮詢訓練在各諮商心理相關科系受到愈來愈多的重視。曾有學者指出，在符合美國心理學會認可的學程中，約有三分之二以上

的科系已將此課程列入必修學分（Gallessich & Watterson, 1984）。例如1983 年的研究指出，五十九個參與調查的諮商心理學系中，在 95%回應的問卷裡，約有 43%表示將諮詢訓練方案列入實習項目之一（Brown, Spano, & Schulte, 1998），甚至高達 50%以上的諮商心理學家在其工作中從事諮詢服務（Fitzgerald & Osipow, 1986）。由此可見，諮商心理學家投入在諮詢工作上的精力可能遠超過個別諮商、團體諮商、研究、督導，以及一般的行政事務（Gelso & Fretz, 1992）。根據筆者的經驗，在助人專業服務的過程中也出現同等的趨勢。

　　諮詢專業能力可分為專業知識、行為技術與專業判斷三項主要內容。例如在學校進行諮詢工作時，除了要了解學校系統外，亦須具備諮詢的溝通技術，以及幫助學校教師具備處理學生問題的技術，因此，以學校為主要服務對象的諮詢訓練方案應強調個案研究、診斷技術、方案評估技術，以及學校心理學的理論與實務等多項觀點（Caplan & Caplan, 1993）。有學者便曾以一年為期，每週一次，與二至三位教師會晤，讓教師們學習如何觀察學生在教室的行為表現，同時學習評估效果的技巧，使教師們可以與學生建立良好的關係，並能適當地運用策略，然後再透過個案研討、家長會談，或其他各項訓練活動來幫助教師們更能發揮教育的功能（Lambert, 1983）。筆者也曾長期與數所中小學採取此等合作的模式，根據合作的單位表示，此種模式不僅可以幫助學校教師更能發揮教育功能，對教師的專業成長也提供了具體的方向，是一個值得推廣的專業訓練方式。

　　至於諮詢專業的訓練，可分為臨床取向、求詢者中心取向、行為取向、組織取向四種模式（Dougherty, 1995a），亦可視情境或問題之需求混合運用之。在訓練過程中，則應針對諮詢中常見的問題，例如主訴問題、抗拒改變、時間安排、多重技術的訣竅、面對挑戰、促進學習氣氛等進行討論。除此之外，更要幫助成員澄清角色、釐訂工作項目，以雙

方都覺得舒適的方式進行，使之具備基本的技巧並可針對問題提出解決的方案，以降低衝突（Dougherty, 1995b）。又根據學者的經驗指出，在訓練中常會出現不知如何介入、對專業知識的不足、諮詢師與求詢者態度無法一致、關心的領域不一、對諮詢有困惑、與學生的關係模糊等困境。所以，可以採取角色扮演、督導、確認問題、協調場所、講授、小團體等技術實施（Brown et al., 1991），並以課程教導、示範、行為練習、立即回饋、延後回饋、現場練習等方式進行訓練活動（Ford, 1977, 1978; Kuehnel & Kuehnel, 1983a, 1983b）。

至於要根據哪些原則來規劃訓練方案？基本上，可以就課程內容、訓練目標與評量方法等項來研擬。茲分項說明之。

（一）課程內容

在諮詢訓練的課程內容方面，有學者建議能從各個角度來研擬訓練主題。例如，提升對學校文化與改變歷程概念化的技術、發展諮詢策略以增進處理學生問題的能力、發展評鑑技術、發展諮詢模式的理念、發展適當的理論以進行個案分析並研擬策略、發展個人的諮詢模式、發展促進問題解決的技巧、發展聆聽與回饋的技巧、具備建立關係與結束關係的技術、具備提供諮詢服務的能力、具備預防性心理衛生策略的設計與執行、具備診斷或設計及執行與評估的能力、能覺知個人因素在諮詢中的影響程度，以及具備多種評量與處理策略的技術（Conoley & Conoley, 1992）。

在規劃工作坊時，可以依安排訓練、執行計畫、評估成果三個步驟依序進行。例如在安排訓練部分，應先將時間表規劃出來，並且將受訓者的需求列入考慮，以助於學習效果，最後做一個計畫摘要說明；至於執行計畫部分，則須慮及要提供多少資訊，要能配合訓練的目標修正訓練計畫或方法，使用視聽器材，準備講義，讓成員能參與活動中，有幽

默感，能運用肢體或各種方式吸引聽眾等；對於評估成果部分，應注意所使用的工具，並且追蹤效果。尤其是在第一年的工作期間，應以小團體的方式來幫助初學者學習有效地運用各項諮詢技術，以使之能更精確地掌握諮詢的角色與功能，會面時間則以每週一次為宜。

而為了因應各專業機構的要求，可以採用嚴謹教學或實務訓練的方式，但是都必須以督導來提升成員的諮詢能力。除了以交互決定論為立論基礎的交互關係模式，強調社會學習論的觀點外（Brown, 1985），亦可統整諮詢與督導兩者進行訓練的活動（Conoley, 1981）。

（二）訓練目標

訓練目標在於幫助成員於進行諮詢工作時，具備提升求詢者處理問題的能力，並提升求詢者的自主性且達到發揮自我效能的目的，同時要能有效運用社會資源、發揮家庭功能、具備技巧與能力、培養合作的精神、共同負責的態度，與建立夥伴關係。換句話說，基本的訓練目標則可分認識諮詢情境、運用有效的助人技巧、運用問題解決技術、發展評估策略，以及具備專業倫理的態度等方向（Rosenfield & Gravois, 1993）。

所以，有學者建議，在訓練方案中應強調十二種助人態度：(1)用關心、溫暖和鼓勵的態度；(2)以肯定的態度提供協助；(3)讓求助者擁有做改變的決定；(4)提供適於案主生活環境的方式；(5)提供解決問題的方法要與求助者的思考習慣一致；(6)所提供的協助方法要顧及獲利程度大於付出的程度；(7)提供的幫助是可以反覆使用的；(8)能立刻有效；(9)能促進家庭使用社會支持網絡；(10)以合作與共同負責的態度來滿足需求並解決問題；(11)促進獨立與自我照顧的能力；(12)幫助案主意識到他或她是主動、負責、能改變的主體等（Dunst & Trivette, 1987）。

（三）評估方法

透過評估的過程，將可使諮詢師對案主的行為背景有充分的認識，以提高處理的效果。因此，是訓練過程中不可或缺的一環。評估內容可以包括起點目標、干擾因素、介入策略、諮詢結果等四個項目（Gallessich, 1982），並輔以求詢者在態度、知識與行為上的變化。有效的評估方法將可幫助諮詢師對案主的困境有更清楚的認識，以設計能夠符合求詢者與案主處境的策略方案（請見附錄六）。

例如，藉由評估可以發現，對在家中受到父母過度保護，以至於在生活上被過度縱容的孩童而言，他們往往無法控制自己在肢體上的動作，或者對社會禁忌的判斷能力較低，以致容易在和他人相處時引發肢體上的衝突，或者表現具有爭議性的行為；相對來說，一個同時對孩童施予過度保護與過度控制的家庭，其子女往往容易表現出言行拘謹的良好行為，但是與人的關係卻又過於黏結的現象。

三、諮詢師的有效特質

基本上，諮詢師在人格特質上應有持續尋求成長以突破自我限制的傾向。Dinkmeyer（1987）指出，具備完整的諮詢理念與人類行為知識、有良好的溝通能力與傾聽技巧，以及擁有諮詢的基本技術與豐富的實務經驗，這三種是諮詢師最重要的基本特質。而一位有效能的諮詢師則應具備下列的實務工作能力（Dinkmeyer & Carlson, 2001）：

1. 能同理並了解其他人的感受與其生命經驗。
2. 能夠以有效行為與孩童或成人建立關係。
3. 能敏於他人的需求。
4. 對人類的心理動力、動機與行為均能有所覺察。
5. 對團體動力有所認識，並能了解它在教育上的價值所在。

6. 能建立相互信任與相互尊重的人際關係。

7. 能夠掌握與危機有關的重要議題。

8. 能為助人關係設置必要的條件。

9. 能表現出具有鼓舞性的領導力。

換句話說，當一位諮詢師能夠發揮助人者的基本特質，並能以其個人的專業所長來提供具體的協助時，便能發揮諮詢的基本功能。

至於在進行諮詢的過程中，諮詢師應如何建立個人的專業形象與服務效能，則可藉由把握以下幾點原則來逐步提升：

1. 諮詢師要能夠直指人心地呵護求詢者的需要，如此諮詢師就不一定得靠專家姿態或身分來使人信服。

2. 諮詢師要能看到自己本身的整體資源為何，包括自己的專業身分、地位、當前的處境與氣氛、求詢者如何看待自己等。如年輕的諮詢師進入校園，企圖影響教師去協助學生中輟問題，而適逢該校輔導人員與訓導人員出現無法協調情勢等狀況，諮詢師要能綜合內外在條件，以決定要採取哪些策略為宜。

3. 若求詢者已經信服某專家的說法，諮詢師若質疑此專家的建議，雖然可藉由強調自己的專業身分，使求詢者思考其他的可能性，但此法是一帖猛藥，使用時必須考慮可能產生的負面影響，例如影響此諮詢關係，或較為不易達成既定的目標等。因此，諮詢師可詢問求詢者執行前位專家所提建議的感想與後果，藉此表示對求詢者的接納，從中找到諮詢師可以介入的切點。

4. 諮詢師須多擴增自己的多元性與獨特性，製造不斷學習的機會。能夠去欣賞求詢者的優點與其生活世界，也是諮詢師滋養自己的妙法之一。（Ingraham, 2016; Newman & Ingraham, 2016）

　　顯然的，身為一位諮詢師，為了要滿足各階層或各專業的需求，除了從多種方法來提升其個人的專業技術外，更應讓自己在知識上力求精進，以因應現實所需。更重要的是，能夠去扮演整合人力資源的角色，使有助於諮詢效果的相關人士或學有專長者都能貢獻他們的一份力量。所以，諮詢師是一個很有挑戰性的工作角色，必須扮演整合系統間各種力量的關鍵人物，同時也要能夠具備客觀與超然的人際態度。事實上，在整個諮詢過程中，諮詢師所扮演的就是一個能了解人、能關心人，願意貢獻所長又不會阻礙他人發展的專業角色（見附錄十與十一）。

第 **3** 章

諮詢理論學說

　　有關諮詢的理論，至今並未發展較為理想的整合或分類架構（Brown et al., 2001）。原則上，諮詢理論可分為 Caplan 的**心理衛生諮詢**、Bergan（1977）和 Russell（1978）的**行為學派諮詢**（behavioral consultation）、Lippitt 與 Lippitt（1986）以及 Meyers（1978）的**組織發展諮詢**（organizational development consultation）三種模式。雖然此等分類未能涵蓋現有的諮詢理論，但此架構仍普遍為學者所接受。

　　當諮商心理學家以諮詢師的身分與教師、督導者、父母、醫生或其他專業人士共同合作，以協助他們更有能力去處理他們的學生、員工、病人的事務，在此諮詢過程中，涉及了諮詢師、求詢者與案主三者，因此有學者以**三角諮詢**（triadic consultation）名之（Dustin & Blocher, 1984）。在前述的三種模式中，心理衛生諮詢模式與行為學派諮詢模式均屬此類。本章將分節介紹心理衛生諮詢模式、行為學派諮詢模式與組織發展諮詢模式三者，最後則另闢一節說明其他未列入此三模式的學說理論。

第一節　心理衛生諮詢模式

　　此模式以 Caplan 為首，Caplan 於 1989 年將心理衛生諮詢定位為群眾取向的精神醫療或心理學，此舉的目的在於強調以民眾為主體，避免受到既有的社區區域觀念所限制。因此，他曾將諮詢技術廣泛地運用在教會、和平組織、職業安置單位、反貧窮方案、法院系統、醫療、教

育，與社福單位等處運用。Caplan 以能力與社會支持兩者來建構其學說。所謂「能力」是指一個人內在與生俱來的條件，其中包括**自我效能**（self-efficacy）和**免疫力**（invulnerability）兩個要素，此等條件使人類有能力去面對生命中的苦難；而「社會支持」則是一種外在機制，使人類在他人、群體及社區機構的協助下，能去調整壓力並掌控其個人的生活環境。

一、基本觀念

　　心理衛生諮詢是兩個專業工作者（諮詢師與求詢者）進行問題解決的過程（Meyers, 1981），此模式強調求詢者內在的感受（Meyers et al., 1983）。其基本假設是：(1)諮詢師可以改變求詢者的觀念；(2)求詢者若在觀念上有所改變，將使其行為也受到影響；(3)求詢者的行為改變將影響到案主的行為；(4)求詢者的學習經驗將能類化到其他的事件等。例如，在學校進行諮詢工作時，求詢者往往是一般的老師或行政人員，而諮詢師則由外聘的專家學者擔任，以協助求詢者探索解決問題的方向與策略，發揮教育者的功能。因為諮詢師將協助求詢者對案主的社會情緒發展做最好的引導，一旦此關係有效，則求詢者將有能力採取更敏銳的態度面對其目前或未來的困境。

　　Caplan認為心理衛生諮詢的目的在於提升求詢者的知識與技術，以採取預防或補救措施，並促進心理衛生工作（Gallessich, 1982）。以著名的「**我怎麼了？**」方案為例，諮詢的目的在於幫助醫療人員能緩和病人的情緒，以使之能面對手術。例如，當病人會因為一個小手術而情緒失控，諮詢師在觀察病人接受手術前後的行為後，建議護理人員在執行手術期間，可藉由調整一些程序，來降低病人的焦慮程度。由於此方案的成效顯著，此等以求詢者為中心的心理衛生諮詢模式，遂逐漸演變成為一個以方案為中心的心理衛生諮詢模式，使得外科醫生、實習醫生、

住院醫生與護理師會意識到來自病人的分離焦慮，以及由於病人對其治療本身缺乏應有的資訊，因而影響到病人的情緒，甚至可能會降低治療效果。而因為實施此等措施方案，醫療人員在術前會幫助病人能先了解其即將接受的手術，此等作為不僅有效地緩解了病人的不安情緒，並因此提高了病人的痊癒率。

二、理論學說與發展

Caplan 以心理動力論作為其建立心理衛生諮詢模式的理論基礎，強調行為改變的內在力量。就 Caplan 的觀點來說，當求詢者的內在衝突會引發其與案主工作的困境時，諮詢師要以間接的手法（而非心理治療的直接方式）來協助求詢者化解這些衝突，不能只是讓求詢者在行為上有所調整而已。

在進行諮詢的過程中，諮詢師要能預期所有可能產生的問題，並採取有效的因應策略。根據此一觀點，Caplan 從兩個角度將諮詢型態予以分類。第一個角度就是諮詢師關心的焦點是個人，還是行政系統中的問題（例如心理衛生方案）；第二個角度是諮詢師是要為求詢者提供建議，還是要幫助求詢者提升處理問題的能力。在此等考量下，Caplan 將心理衛生諮詢模式分為案主中心個案諮詢、求詢者中心個案諮詢、方案中心行政諮詢，以及求詢者中心行政諮詢四種型態（Caplan & Caplan, 1993）。其中，**案主中心個案諮詢**（client-centered case consultation）模式適用於求詢者的資訊不足，處理方向以案主問題為焦點的時候，其執行步驟分為求助、問題評估、撰寫報告三個過程。在評估問題時，諮詢師必須同時對案主問題進行評量，並且評估求詢者可用的資源，在求詢者確認下撰寫諮詢報告；**求詢者中心個案諮詢**（consultee-centered case consultation）模式則強調加強求詢者處理個案的能力，因此是以求詢者的技術、客觀性與自我評價等問題為處理的焦點；至於**方案中心行政諮**

詢（program-centered administrative consultation）與**求詢者中心行政諮詢**（consultee-centered administrative consultation）兩種模式均是以行政單位為諮詢的對象，其間的差別在於處理的焦點放在方案設計或者是求詢者的需要。

顯然的，在這四種諮詢型態中，它們各自強調的重點有所不同，目標也不一樣，因此所運用的策略會有所不同，而諮詢師的角色與責任也有些差異。茲將此四種型態依以下幾個主要向度進行比較（如表 3-1 所示），使讀者能對此四種型態有更明確的認識。

隨著時勢所趨，Caplan 所倡導的心理衛生諮詢模式也逐漸地在其他學者的投入下有所改變（Dougherty, 1995a）。例如，運用的對象（即求詢者）擴及非專業人員；不再強烈反對運用面質的技術；調整主題干預的觀點；鼓勵採取團體諮詢的方式；提倡運用辯護諮詢模式；由個案諮詢走向組織發展諮詢等，並且發現各組織單位也蓬勃地發展出許多不同型態的同儕諮詢活動方式。顯然的，諮詢服務已不再受限於問題解決的單一目標，而朝向情感支持與增能求詢者的方向。

事實上，根據臨床經驗，諮詢師最好能彈性地運用此四種模式，以免錯失處理時機。為了使諮詢功能有效，初期最好以求詢者的態度與行為為主要項目，等到求詢者具有功能再以案主中心取向為進行的模式。當求詢者能自諮詢師獲得協助與支持，在工作上更有信心並更有能力，且能針對新的困境找出問題解決的策略時，就是一個成功的諮詢。至於技術部分，可以運用多重的技術進行診斷工作、消除主題干預，以及建立關係，並採用如隱喻等間接面質的技術，以避免因直接面質而引發的負面效應。為了能充分說明此四種諮詢模式，本書將於第四至七章對心理衛生諮詢模式的四種類型分章詳述，並舉例說明之。

▼ 表 3-1　Caplan 四種諮詢型態的比較

	一 案主中心 個案諮詢	二 求詢者中心 個案諮詢	三 方案中心 行政諮詢	四 求詢者中心 行政諮詢
重點	發展一個方案計畫以幫助某個特定的案主	改善求詢者在特定個案上的專業效能	對方案或政策加以改進	改善求詢者在特定方案或政策上的專業效能
目標	提供求詢者有關處理案主的建議	透過求詢者對當事人工作所遭遇的問題,來教育求詢者	協助發展新的方案或政策,或是改進現有的方案或政策	協助求詢者改進問題解決的技巧,以處理目前組織的問題
實例	學校心理學家被請來診斷某位學生的閱讀問題	學校輔導老師尋求協助,以應付學生的毒品問題	看護之家的主任尋求協助,好發展新進人員的定向方案	警察局長尋求協助,發展持續性的計畫,以解決資深與資淺警官間的人際問題
諮詢師的角色	通常會與求詢者的案主會面,以協助診斷問題	從不、或是很少與求詢者的案主會面	企圖正確地評估問題,而與團體或個人會面	為了能幫助求詢者發展問題解決的技巧,而與團體或個人會面
諮詢師的責任	評估問題並對行動過程做出指示的責任	必須能夠找出求詢者的困難來源,間接地處理其問題本身	必須正確地評估問題,並提出行政上的行動計畫	必須能夠找出組織困難的來源,扮演行政人員行動的催化劑

資料來源:Brown et al. (1991, p. 39).

三、實施步驟與策略

　　心理衛生諮詢模式的實施包括評估、資料回饋或討論問題、確定問題、探索處理策略、做決定,與評估後效六個步驟。茲依序分述如下:

（一）評估

當一位諮詢師介入求詢者的問題時，他首先要能對問題現況進行評估，了解整個環境所呈現出來的問題所在，以及可以運用哪些資源，同時也必須能釐清求詢者的期待，並透過諮詢服務來發揮解決問題的功能。

顯然的，在進行評估的過程中，諮詢師個人的經驗與溝通能力扮演了很重要的角色。因為當一個組織或個人在發展過程有所停滯時，往往也涉及周遭的環境因素，而一個學有專精又有豐富經驗的諮詢師，能在較短的時間內了解問題本身和事實的真相，進而研判問題形成的來龍去脈，以衡量解決問題的可能性與實質意義。

（二）資料回饋或討論問題

蒐集資料的範圍，一方面取決於求詢者的期待，另一方面也需要經由評估來決定採用哪一些方法來進行資料蒐集。同時，諮詢師應與求詢單位討論如何使雙方合作的工作項目聚焦在解決問題上，據此擬出工作藍圖，並將相關人士的責任範疇予以界定清楚，以利於在合作過程中進行討論。

有關資料分析的部分，有學者建議能將分析的內容分為**概念模式**（conceptual model）與技術性問題兩者來加以探討（Nadler, 1977）。事實上，在決定要用何種方式來蒐集並分析資料以前，諮詢師便須與求詢者建立雙方都可接受的概念模式，因為，資料分析本身就需以諮詢師對問題所提出的假設與理論架構為依據，而所運用的分析方法亦將在此架構下決定。在諮詢師與求詢者檢驗資料的同時，有關問題的假設性概念也會益加明確並且更為精緻。

（三）確定問題

在蒐集資料之後，就要開始進行資料分析，並且確認需要處理的核心問題。

在確認問題的過程中，宜以全面性的思考角度來衡量問題，因為一旦確認了問題，後續的處理計畫就要依據此問題研擬策略，並且開始行動，因此不可不慎思。

為了能使諮詢服務具有功效，Osterweil（1987）指出，諮詢師與求詢者可依據以下三個條件來衡量問題本身：

1. **合理程度**：是指諮詢師與求詢者都覺得合乎邏輯的程度。

2. **可行程度**：是指所界定的問題在實際上可以執行的程度。

3. **意願程度**：是指求詢者願意在此問題上投入心力的程度。

換句話說，經由討論使求詢者了解到問題本身是否需要處理，處理之後能否達到其所期待的目標，以及決定是否願意投入時間、精力與經費來改變現況。而諮詢師在提出說明與建議之後，將可依據求詢者的決定來進行後續的處理步驟。由此可見，諮詢本身就是一個諮詢師與求詢者一連串合作與互動的歷程。

（四）探索處理策略

在確認所欲處理的核心問題之後，諮詢師與求詢者就要開始探索所有可能的解決策略。所謂的策略或**介入**（intervention）是指能達到預期目標的所有措施或行動。此等措施或行動多半必須有其系統性，以能逐步朝向解決問題的目標。所以，諮詢師要能夠充分了解求詢者的需求與其所處的環境，來協助求詢者發揮創造力，以尋求最能夠讓其得到效益的各種處理策略。

Egan（1994）主張應運用各種資源來幫助求詢者發揮創造力，例如，可以請教其他人的看法、置身於一個放鬆的情境、從事其他的活

動，或參考其他組織的計畫或方案等。另外，在催化人類的創造力方面，可運用多數心理學家所推崇的**腦力激盪法**（brainstorming），這是一個能夠激發人類想像力且具有爆發力的方法之一。為了達到此一目的，腦力激盪法的進行需要秉持幾個規則，讓人們能在不具約束的情況下展現創意，例如：(1)在進行過程中不得對任何人的想法有所批評；(2)在一定的時間內盡量提出意見或想法；(3)可以突發奇想，沒有禁忌等。

例如，筆者在與臺灣電力公司進行有關協商技術的課程時，為了幫助現場的員工探索有效的策略以因應社會大眾的抗拒聲浪時，筆者每每以此方法來協助他們去發掘可以實施的因應行為。由於每年參與此課程的成員不同，多年以來，也發展出許多富有創意的多元化因應策略，這些策略都是因為員工曾身歷其境，因而在腦力激盪法的誘發下，創造出各種與他們的工作角色有關的策略。換句話說，經由這種方法所催生的策略才是他們在實務上可以派上用場的方法。經由此一腦力激盪的探索過程，也擴展了筆者原來的視野，因此願意多次投入此等有趣且富含意義的訓練課程中。

（五）做決定

由於求詢者發現有多種可供使用的策略，因此，會面臨選擇上的困境。而諮詢師的責任便在於幫助求詢者從可用的多種策略中，找到最省時、最省力、又最適合求詢者採用的一個，也就是協助求詢者從多個向度來考量不同策略的利弊得失，然後選擇其一或其二。

基本上，任何一個策略都有其使用的價值，但是，諮詢師最好能夠根據以下幾個原則來協助求詢者做決定：(1)能夠維護案主的利益；(2)負面效應最低者；(3)求詢者的能力；(4)符合現實環境條件等因素。在做決定的過程中，將可促進求詢者的決策能力，使求詢者能夠展現自主性，對其案主負起工作上的專業責任。

（六）評估後效

在求詢者做出決定後，即開始採取預定的計畫以進行各項策略，同時，也需要前來與諮詢師一起探討實施的成效，並據此調整原來不妥之處。而諮詢師也可從求詢者所運用的策略以及後續影響去檢視可能會產生的問題，以防患於未然。

事實上，諮詢雙方所建立的是一種合作關係，可以讓彼此之間的互動成為良性的循環，也使求詢者能建立起一個專業的支持網絡，以助其面對工作上或生活上可能要面對的瓶頸。

第二節　行為學派諮詢模式

行為學派諮詢模式是在諮詢過程中運用行為技術的一種諮詢型態。採取此種模式的諮詢師必須對 Burrhus F. Skinner（1904-1990）與 Albert Bandura（1925-）的行為理論學說與技術相當熟練，方可發揮此模式的效能。本節將從此模式的基本觀念、理論學說與發展，以及實施步驟與策略三方面闡述此模式，茲分述如下：

一、基本觀念

行為學派諮詢模式以行為學說為其立論基礎，但也同時包括認知、社會與發展心理學說的觀點。此說所強調的三個主要觀念，第一個是對行為採取科學化的觀點，因此對所有的行為都界定為是可進行實驗處理，並予以操作的；其次是將焦點放在對目前行為所造成的影響，而不去探究過去所發生的事實；第三個則是主張行為有其規則性，故行為改變也可依此規則而行。因此，行為學者會強調運用強化物、處罰、消弱、漸進與示範等會對人類行為產生影響的幾個重要原則。

　　由於這是一個強調行為改變與學習問題解決的諮詢模式，因此在過程中，對所有的問題都會做具體的描述，以利於進行量化的評估。在實施方面，則分為問題描述、對問題的前因後果進行功能分析、選擇標定行為、釐訂行為目標、研擬並執行行為改變方案，以及評估行為改變方案等幾項基本步驟（Dougherty, 1995a）。

二、理論學說與發展

　　在行為學派諮詢模式中有兩種理論，一個是以操作條件作用為核心觀念的模式，另一個則是以社會學習理論為核心觀念的模式。前者較強調諮詢師的主控性，以提供訊息、改變行為為重點，並不特別著重諮詢關係；而後者則以平等態度來看待諮詢關係，並重視改變觀念。雖然有此差異，但兩者都是以問題解決為主要目標，主張諮詢師的角色在於促進求詢者更有能力，讓案主的行為在求詢者的影響下達到改變的目的，以解決案主的困境；而求詢者也將透過諮詢歷程來拓展自己的知識，以提升助人的效能，進而邁向預防的最高目標。

（一）操作條件作用模式

　　此模式最初是由Bergan（1977）提出，後來又經過多位學者的修訂而成（Bergan & Kratochwill, 1990）。其特色在於諮詢過程是採取系統性的問題解決型式，並將進行確認問題、蒐集資料、選擇策略等步驟。由於此模式將焦點置於具體的行為改變上，因此，Erchul 與 Schulte（1996）根據研究報告，將此模式喻為最有效能的一種諮詢模式。

　　簡單來說，此模式採取問題解決的理論架構，以操作條件作用之制約學習進行確認問題、分析問題、執行策略，與問題評估四個步驟（Bergan & Kratochwill, 1990），並將諮詢定義為：諮詢師與求詢者建立合作關係以進行問題解決的間接服務，而諮詢師將針對求詢者的問題提供資

料，並為求詢者說明運用資料的原則。換句話說，在此模式中，諮詢師與求詢者的關係並未受到特別的重視，且整個諮詢過程完全由諮詢師所掌控。

基本上，諮詢師將採用場面構成、澄清技術、對資料做具體化等技術，促使求詢者接受諮詢師的建議。諮詢的內容包括：改變案主的行為、調整求詢者的行為，以及促進系統內的溝通並解決問題等內容。諮詢師會根據求詢者所呈現的訊息，如案主的背景資料、案主行為發生的場所、案主的行為細目、案主的特質、曾採用或預備採取的計畫，以及有助於問題解決的其他相關資料等進行判斷，並為求詢者提供以下的協助：(1)以具體的用語描述問題；(2)決定計畫方案來處理個案的問題；(3)執行計畫案；(4)督導案主的行為等。所以，諮詢師在此過程中將發揮誘導者與傳達者這兩種角色（Brown et al., 2001）。

曾有一位學者針對學習遲緩的七年級學生設計**比薩閱讀方案**（Pizza Reading Project）的諮詢模式（Bergan, 1977），幫助老師處理學生有破壞行為且不願參與學習活動導致學習表現不佳的情況。在此方案中，諮詢師首先必須幫助這位老師將學生的行為做量化評估，並且預估改變目標（如讓孩子多讀五分鐘，或者能將閱讀能力提高到某個程度等），然後由老師來量化學生的行為，製造能讓學生表現良好行為的機會，並且選擇能鼓勵學生的強化物，使學生能持續表現符合目標的行為。顯然在此過程中，諮詢師將扮演一個專家的角色，藉由教導老師一些有關行為管理的原理原則，提高老師的教學能力。

（二）社會學習理論模式

此模式是以社會學習論的交互決定理論為主要的依據，強調人類的功能是由行為、環境，與某些認知變項間產生互動關係所造成的結果（Bergan, 1977; Keller, 1981; Russell, 1978）。雖然與心理衛生諮詢同樣

採用問題解決的工作取向，但此模式以社會學習論為依據來探究問題，不去探討人類的潛意識，並且是以案主為關心的焦點。整個諮詢過程分為確認問題、問題分析、設定目標、研擬處理策略，以及評估與追蹤五個階段。首先，諮詢師會對問題進行具體分析，然後協助求詢者蒐集資料，並決定問題處理方向，確認可採用的各項策略，最後評估處理效果。在諮詢過程中，諮詢師將扮演催化者的角色（Brown et al., 2001），強調溝通、領導才能、人際關係等互動因素，並會運用學習原則或角色扮演、回饋、家庭作業等技術。例如，有學者以問題解決、社會影響力，與支持和發展三個主要觀念提出一個完整的學校諮詢的模式（Erchul & Martens, 2002）。

為了能做有效的諮詢，做好問題評估是第一要件。在進行問題評估時：(1)就案主評估部分，諮詢師要能了解案主所處的環境，及事件發生的前因後果，同時找出因此引發的正面效應與負面效應。此外，更要對案主的人際關係與家庭氣氛有所了解，據此判斷出有助於增強案主行為的有效強化物，以促進案主更能表現求詢者所期盼的行為；(2)就求詢者評估部分，諮詢師要能了解求詢者的認知狀態和所處的環境，及其遭遇困難時所能夠運用的技能，以達到幫助求詢者提高自我效能的目的。

三、實施步驟與策略

基本上，行為學派諮詢模式的第一個步驟就是對案主的系統進行評估，然後在整個諮詢過程中運用行為理論，並朝向問題解決的方向研擬策略與方案，最後再對所運用的策略進行驗證性的評估。

所以，諮詢師會先界定問題、了解案主的系統，並對此系統進行評估，以確定工作的目標；然後針對需要改變的行為做操作性的界說，並對問題進行分析，以量化的描述，列出當前行為的基礎點以及所欲達成的目標行為，作為促成改變的具體努力目標。在具體化所欲調整的行為

類型或程度之後，即根據行為學說來研擬和執行策略；最後則就策略實施的成效進行驗證性的評量與資料分析。

| 第三節 | 組織發展諮詢模式 |

第三節　組織發展諮詢模式

組織發展諮詢模式的起源要追溯到 1965 年間，一個由多位組織發展專家學者組成的行政小組所創建的諮詢方案。來自九所大學負責教學和研發工作的學者，為了能夠有效地規劃該地區的二十三個學區組織，採用教師訓練進行系統內部改造，並在過程中提供諮詢與調查回饋。由於此方案的成效顯著，因此其所創立的諮詢模式為後人所仿效（Jerrell & Jerrell, 1981）。本節將依序說明組織發展諮詢模式的基本觀念，與組織發展諮詢模式的理論學說與發展，最後並介紹組織發展諮詢模式的實施步驟與策略。

一、基本觀念

組織發展諮詢模式企圖說明組織本身所存在的樣貌，及組織是如何運作的，還有為什麼會採取這樣的運作模式，並且致力於協助組織能夠充分發揮功能。

為了使諮詢能夠達成使組織發揮功能的目標，諮詢師必須對組織本身有所認識，並了解如何能幫助組織裡的成員思考或有所表現。值得注意的是，每一個機構組織都有它既定的目標、工作分配與合作關係，以及領導階層的特性，因此，若要使一個組織能夠有所改變，必須有能力掌握某些關鍵性的原則（Brown et al., 2001）。例如，要能了解組織系統性的變數、要能建立一套策略、要能掌握抗拒的反應、要能慮及組織內外的相關因素、要能發揮領導者的角色、要能運用強化原則，以及採用系統性的觀點等。其中，會對諮詢造成影響的相關因素，可分為以下兩類：

1. **內在因素**：包括團體常模、正式與非正式的權力結構、組織目標、組織中的角色、求詢者特性與工作說明等。

2. **外在因素**：包括認證單位、工會契約書、合法性、社區壓力團體、社區的政治組織、任期效力、民事法規等。

與其他諮詢型態不同的是，組織發展諮詢將焦點放在組織發展與系統理論方面，諮詢師必須用更廣泛的理論觀點而非單一的理論模式來看待問題，並將當前的問題視為組織本身存在現象的一種反映。換句話說，諮詢師在與機構接觸的過程中，必然會跨越該組織既有的界限，而引發組織內部整體的動力改變。因此，諮詢師要能預見改變對於組織內外所造成的雙重影響，同時須了解機構成員對於諮詢師所提供諮詢方向的觀點，據此評估組織氣氛與該機構的文化特性（邱強，2001；Conoley, 1981）。

簡單地說，在進行諮詢時，諮詢師除了要慮及案主的問題與求詢者的困境外，也必須充分了解求詢者的工作情境，以協助求詢者在其工作中發揮最大的效能。由於組織中的工作者，通常是同時置身於組織內與組織外的兩個系統中，諮詢師在提供諮詢時，往往會發現到自己很難不去進行組織諮詢的工作。因此，諮詢師進行組織諮詢時，必須同時關注以下三個重點：組織本身的複雜性、組織的大小程度、引發改變的相關技術性問題（Dougherty, 1995a）。

二、理論學說與發展

組織發展的理論與實務之研究指出，個人的行為表現是受到其所處組織系統中的氣氛、結構與互動歷程所影響（Parsons, 1996）。因此，**組織發展諮詢模式**採用系統理論的觀點，提出以下假說：(1)包括溝通不良、個人特質、價值衝突、缺少資訊、組織內部的目標衝突、決策技巧等因素所產生的人際衝突，將對組織功能的發揮形成阻礙；(2)當員工的

心理需求能夠不被組織內的官僚體制所忽略而受到應有的重視，組織的發展才有利益可言；(3)重視人際關係取向的組織，其發展優於重視專制取向的組織。此模式即是根據這三項主要假說，作為建構理論的基礎（Brown et al., 1991），並將整個諮詢過程分為介入期、診斷期、研擬策略及執行計畫期，以及評估期四個階段（Argyris, 1970a; Bennis, 1970; Lippitt, 1982; Schein, 1969）。

　　此模式以社會心理學理論為基礎，強調組織發展理念與問題解決取向，多半使用於組織系統（邱強，2001），諮詢的目的在於研擬促進組織計畫或政策能夠有所改變的方案，而不是聚焦於處理人際關係。諮詢師在提供諮詢的過程中，面對的是整個團體，而非單一的個人，因此須扮演催化團體成員進行溝通的角色，以有效促成組織內部互動型態的改變。例如，某單位之人事主管，委請諮詢師針對員工高離職率且抱怨沒有發展空間的現象提出改善計畫，在蒐集了員工的意見之後，諮詢師以此結果與人事主管進行討論，協助主管能夠採取適當的措施，提高員工的留職率與擴增員工發展空間的諮詢模式，即屬於組織發展諮詢。

　　有鑑於組織發展諮詢強調以系統觀點看待組織所遭遇的問題，本節將先介紹系統理論，然後再介紹幾個相關的觀念，以協助讀者對於組織發展諮詢的理論能夠有所認識。

（一）系統理論

　　大多數的組織發展諮詢模式均以系統理論為基礎（Borwick, 1986; Friedman, 1986），此舉與家庭諮詢採用家庭系統觀來思考並研擬方案的觀點十分相似。然而，兩者間仍存有一些明顯的差異，首先，兩者的不同之處在於：家庭是長久存在的系統，組織則多半是暫時存在的系統；其次，家庭是一種血親關係的組合，組織則是為了達成工作目標所組成的單位。然而，無論是在家庭或在組織中，都存在著由不同高低位階所

組成的**階層**（hierarchy）系統，這些階層涵蓋了有關生存、角色、權力分配，與**界限**（boundary）等重要的成分。事實上，社會心理的次系統本身就是組織中的文化要素，諮詢師可根據藉由評估組織運作的型態是屬於開放式或閉鎖式的系統，來解讀組織的整體文化。

Schein（1990）將組織文化定義為：(1)具備組織如何運作的基本假說；(2)由一群人所推動與發展；(3)能夠因應系統外在適應與內在統整的相關問題；(4)能夠運作良好；(5)能給予新成員具體的教導和指引；(6)能有方法糾正與系統問題有關的觀念與感受。由此可見，組織內的次系統是彼此相互關聯與依賴的，即使組織在分化的過程中，這些次系統會自然地形成各有特色的面貌，然而由次系統所組成的整體結構卻是以動力型態緊緊相連，可謂牽一髮而動全身。例如，在一家醫院的會計部門所發生的問題可能源於：(1)方法失當；(2)領導不彰；(3)溝通不良；(4)工作人員的道德操守不佳；(5)病人人數減少；(6)包括兩個以上前述原因的多重因素（Brown et al., 2001）。

由於組織內的次系統間存在動態的動力關係，而其發展又常常與環境有關，所以，任何一個問題都不會只有一個解決方案（Brown et al., 2001）。當然，適應良好的組織必須具備活化而有彈性的開放系統，方能有效因應系統內外的變化，同時避免陷於毫無章法的鉅變或一成不變的極端作法。

（二）組織發展諮詢

目前已有包括 Argyris（1970a）、Schein（1969）、Bennis（1970）、Lippitt（1982）、Kurt Lewin 及 Carl Rogers 等多位社會科學領域的學者，針對組織發展建構出不同的諮詢模式。當中又以 Lewin 及 Rogers 的貢獻最受矚目，以下茲就其主要假說分述如下（Brown et al., 2001）：

1. 組織內的人際衝突必然會影響組織運作的成效。引發此等衝突的原因包括：溝通不良、人格特質因素、在個人或群體間的價值系統有衝突、資訊不足、組織目標有衝突，或者是經理人缺乏做決策的能力等。

2. 當工作人員的心理需求能被優先考慮，而不是以官僚制度施壓於工作人員時，組織將能因此獲利。換句話說，唯有當工作人員的心理需求能夠得到滿足，組織的生產力與效益才能有效提升。

有關組織發展諮詢的歷程，本節以三個模式為例說明之（Brown et al., 2001）：

1. Kurpius、Fuqua 與 Rozecki 的六階段論

此模式將整個諮詢歷程依序分為六個階段（Kurpius, Fuqua, & Rozecki, 1993）：(1)前置作業期：外聘諮詢師可依據此期所蒐集的資訊，判斷是否要接受機構的委託；(2)建立關係期：此時諮詢師須與機構針對問題進行討論並研訂契約；(3)設定工作目標期：此時除了繼續蒐集相關的資訊外，尚須界定何者為需要解決的主要問題，並和機構再次確認合作的目標；(4)探尋解決方案並選擇適當的策略；(5)針對問題解決的成效進行評估；(6)結案。

2. Schein 的模式

Schein（1969, 1989, 1990）主張，諮詢是幫助求詢者覺察和了解對其所處的狀態，並能採取行動的一種處遇措施，諮詢師所扮演的角色絕非僅是一個專家角色而已，他的工作是在幫助求詢者更有能力從事助人的工作，而不是企圖解決他們目前的問題，或僅僅給與一些專家的建議（Schein, 1978）。因此，一位有效能的組織發展諮詢師需要具備蒐集統整與組織成員有關的所有資訊的能力，包括：溝通、角色關係、領導力、做決策能力、團體互動、次系統與組織本身的常態架構等訊息。

　　Schein 採取發展性學習的觀點來建構其組織諮詢的模式，其工作目標在於協助組織成員學習有效的技術，而非針對個人問題解惑。整個諮詢的歷程可以分為：解凍期、改變認知期與凝固期三個階段。例如，某中途之家的主管表示該機構採三班制的值班制度，然而各班人員不僅對於其他時段的工作人員時有抱怨，並且出現非常高的離職率，因此希望諮詢師能協助其改善組織內的人事問題。諮詢師首先藉由與每一位員工進行個別會談並參與員工會議（即解凍期），建立起一個安全的氣氛，讓員工能夠信賴諮詢師。而根據資料蒐集的結果發現，此機構的主要問題來自於成員缺乏群體合作的觀念，時常在不知如何分配工作的情況下衍生衝突與不滿的情緒。諮詢師於是建議由他為員工舉辦每週一次，每次九十分鐘的在職成長方案（即改變認知期）。此方案實施六週後，員工便有能力自行安排個案討論與促進團隊合作的活動。一年後，這個機構持續為員工提供在職訓練，並且聘任更多的心理專業人員，而進入了諮詢的凝固期。藉由諮詢師的介入，為組織內員工的角色以及互動關係注入了新的觀念與力量，並且使機構有能力去改善其所遭遇的問題。

3. Brown、Pryzwansky 與 Schulte 的四階段論

　　此模式強調在進行諮詢前，應先經由四個階段來提升諮詢效果。首先，諮詢師須對該組織所呈現的問題進行調查，並了解該組織所期待達成的目標為何？然後，針對所了解的內容與機構進行協商，確認合作的機制；第三，就有助於達成改變的可用資源（如經費、時間與人力等）做進一步的確認；最後，擬訂合作契約（Brown et al., 2001）。

　　換句話說，此模式特別重視診斷（diagnosis）的工作，希望藉由診斷來正確評估引發組織問題與脫離困境的相關因素。雖然諮詢師本身的臨床經驗很重要，但是在每一次提供諮詢服務時，諮詢師仍然會將自己視為一個追查線索的科學家，並將運用系統性的蒐集資料與分析的過程

來做診斷。而在診斷報告中所需呈現的資料應包括以下四類：(1)基本資料，例如有關歷史性資料、會議資料、內部備忘錄與其他的資料；(2)現況描述資料，例如組織圖示、人事規劃系統、獎酬制度、薪水、設備與辦公間的安排等；(3)過程資料，例如溝通系統、決策歷程，以及其他與解決問題有關的活動；(4)解釋性資料，例如對組織現況及組織內非正式關係的觀點，而有關系統性的組織分析，更應針對運作效率、組織成果，以及組織健全程度等三項重點提出解釋（Beer, 1980）。

　　此模式對於如何進行組織的系統分析，提出以下八個步驟，供諮詢師參考：(1)對該組織進行初步的了解，內容包括界定區域與功能性、確認生產過程、確認產品三個部分；(2)確認輸入與輸出的範圍，並列出輸入與輸出的項目；(3)確認該組織的目標，並對目標進行操作性的界定，使目標與輸入和輸出的範圍能夠有所關聯；(4)確認總體目標以及其下的分項目標，並根據重要性依序列出各個分項目標；(5)描述外在支持系統，將與該組織有關的所有環境因素加以詳細列舉，例如律師或其他社會上的有力人士等；(6)描述生產過程，將整個過程與輸入及輸出的機制結合；(7)確認回饋機制，並分別列舉外在的感應機制與內在的回饋機制；(8)將該組織所受到的各類限制分別歸類，其中包括外在限制及次系統本身的內部限制等。

三、實施步驟與策略

　　在了解組織發展諮詢的觀念與學說之後，本節將就如何運用此諮詢模式做進一步的說明。顯然的，進行組織發展諮詢時所用的策略，應強調以溝通來解決衝突，而過程中可依以下幾個步驟進行，茲分項敘述如下。

（一）了解求詢單位的期待

為了使諮詢服務能順暢有效，諮詢師在提供服務之前，應先了解組織對於諮詢的期待，評估可以善加運用的有效策略，並可透過雙方的討論，釐清各自的工作角色。此外，諮詢師也應協助求詢單位破除不切實際的期待，使組織所欲改善的問題，在雙方的努力下能夠成為切實可行的工作目標。

例如，邱強（2001）曾接受 7-Eleven 公司的委託，協助該公司評估是否應延長便利超商的營業時間，將服務對象擴及夜間活動的民眾，以爭取更廣大的市場和獲利空間。基於前段所述的理由，邱強首先針對一般民眾進行市場調查，了解其日常生活習慣與特殊需求。調查結果顯示，7-Eleven 公司對於民眾夜間消費需求所提出的假設不但是正確的，同時還發現夜間營業的服務模式將能吸引龐大的消費群眾。因此，7-Eleven 公司接受了邱強所建議的方向，開始積極爭取投資人加入此拓展市場的計畫方案，並於德州開設了第一家二十四小時營業的便利商店，而此種全年無休的營業模式後來果然成為席捲全球的主流趨勢。

簡言之，了解求詢單位的期待並以此作為諮詢的工作目標，是諮詢服務的第一步。此過程可以透過多次的電話聯繫或會面討論的方式進行，盡量找到雙方能夠共同努力的目標，並促使雙方能夠根據此段期間的相互了解，決定是否要建立諮詢的合作關係。

（二）建立初步的合作關係

在建立合作關係的初期，諮詢師要能確認自己在整個服務過程中所應扮演的角色，並能經由協商對雙方所承擔的責任有清楚的界定，據此來擬訂契約，使雙方能在有共識的情況下發展合作關係。由於合作關係的良好與否，將絕對性地影響到後續工作的發展，因此諮詢師必須能夠審慎地把握此一階段。基本上，諮詢師要能展現出對求詢者的尊重與關

心，並且能以專業與客觀的態度表達其個人之判斷，使求詢者能對諮詢
師的專業能力建立信心；也就是說，諮詢師須在建立合作關係時，適度
地展現專業權威，使求詢者願意提供充分的資訊，幫助諮詢師做有效的
診斷。

在筆者多年的諮詢服務經驗中，絕大多數的求詢單位均會對於諮詢
師是否真能了解其組織困境而感到質疑，此時，諮詢師可以運用傾聽的
技術來化解求詢者心中的疑問（如附錄一），並就求詢者所提出的問題
給予明確的答覆。有鑑於諮詢師對於求詢者的真誠與尊重，往往能有效
增強求詢者繼續投入諮詢關係的意願，因此，欲與求詢單位在短時間內
建立起良好的合作關係，真誠關懷與相互尊重的人際態度絕對是不可或
缺的要素。

（三）實施階段性的策略

在進行諮詢的過程中，諮詢師需要從求詢者所提供的資訊來研判後
續的步驟。例如，是否蒐集更多的資訊以利於進行診斷？在目前的狀態
下，是否有必要立即進行的工作，以防範日後的負面效應等。因此，諮
詢師從第一次與求詢單位接觸開始，就已經在對所有可能發生的現象進
行評估並做出判斷。Dougherty（1995a）指出，最常用於解決組織問題
的諮詢策略包括過程諮詢、調查回饋與行動研究、旁系組織，與策略性
計畫等。以下就這些策略的一般程序詳細說明如下：

1. 進行診斷工作

諮詢師的工作是將組織視為一個整體，協助組織能由個人、團體與
次系統等角度來增進運作效能，因此，在進行問題診斷時，就必須從這
三方面來蒐集相關的資料。為了能夠得到最客觀的資料，諮詢師有時必
須進入組織系統中，實地觀察整個組織的運作，了解各次系統之間互動
網絡。在此過程中，諮詢師要針對所需要的資訊來蒐集資料，並且不斷

地確認問題所在，據以確定諮詢的重點工作，最後提出因應的策略。因此，在採取策略之前，以所蒐集到的資料對問題本身做出研判的過程，就是所謂的診斷工作。

顯然的，諮詢師所做的判斷將為整個諮詢工作指出具體的方向，而此研判是否準確則端賴過程中所蒐集到的資訊是否充分，以及諮詢師本身的專業能力與工作經驗是否豐富。諮詢師須具備篩選有用資訊的能力，並能建立不同資料間的脈絡關係，以尋求問題的解答及指出對症下藥的方向。Tichy（1983）認為，諮詢師可以採用以下三種診斷型式來了解組織中複雜的問題層次：

(1) **雷達搜尋式診斷**（radar scan diagnosis）：以快速搜尋的方式，對組織中所存在的問題進行檢測。

(2) **症狀聚焦式診斷**（symptom-focused diagnosis）：聚焦於檢視與問題現象有關的資訊。

(3) **深度診斷**（in-depth diagnosis）：系統化進行詳盡的組織分析。

就實務層面而言，組織中常見的問題包括往往同時涉及道德層面、工作量過高、行政支持或鼓勵不足等多種（Dougherty, 1995a）。因此，若問題所涵蓋的現象愈複雜，所應採取的診斷方法也須愈多樣化，以充分提供診斷所需的資訊。在進行問題診斷時，諮詢師也應將求詢者的特性、案主的系統特性，與環境的特性等影響因素同時納入考量。然後，諮詢師可以針對此等阻礙組織發展的現象提出建議，以舒緩因為此等問題所帶來的負面影響。

2. 成立處理小組

在完成初步的診斷工作之後，諮詢師應就問題的複雜性或涉及範圍的大小之需要，組織一個處理小組，以協助資料蒐集、了解現象、資料

分析、問題評估，甚至研擬或採取有效策略。諮詢師可以邀請求詢單位的工作人員加入處理小組，此舉不但有利於增加來自組織內部的觀點，並能針對問題提出更有意義的資訊，同時也可提高合作的意願，促進問題解決。

3. 促成團體間的接觸

當組織所面臨的問題與組織內部各個次團體的對峙和衝突有關時，諮詢師可以藉由促成團體間的接觸來化解組織中的困境。多位學者指出，組織發展諮詢的技術十分適用於學校系統，能夠有效協助校方處理持續變化的組織問題（Birney, 1981; Cooper & Upton, 1990; Fine & Holt, 1983a, 1983b; Frederickson, 1990; Holmes, 1982）。例如，在附錄四的案例中，一位新到任的校長對於校內資深與新進教師間僵持對立的局面感到心力交瘁，因此聘請校外的諮詢專家進入該校，以幫助學校找到問題解決的方向。諮詢師於是應用組織發展諮詢的技術，先與校長進行個別諮詢，藉由了解校長的困擾，釐清學校目前的狀態，以及新舊教師間的歧見所在，從中幫助校長找到自己可以使力之處，使其對於教師的工作能夠更有效能。之後，諮詢師再與教師會的委員代表進行會談，一起討論教師意見調查的結果，協助這位委員對資料做出合理的研判，使這位委員能在委員會裡發揮功能，促成新舊教師團體的接觸，因而使得團體間長期對峙的局面得以舒緩，化解了教職員內部分裂的危機。

4. 進行調查以了解現象

諮詢師可使用設計問卷實施問卷調查，或以訪談的方式來蒐集與求詢問題有關的資料。在進行系統化的資料分析後，諮詢師即可依據調查所得的結論，研判求詢者的處境與組織中的問題現象。

事實上，在整個諮詢的過程中，諮詢師必須持續地蒐集資料，同時借重與組織問題有關的研究資料來進行評估，以研擬最佳的策略，例如

視情況為組織安排員工教育訓練活動、轉介諮商，或擬定生涯規劃等。

5. 進行過程諮詢

過程諮詢（process consultation）為 Schein（1969, 1988）所發展的一種組織諮詢方法。在諮詢的歷程中，諮詢師將協助求詢者確認、了解並改進組織運作的過程，例如，組織中的成員如何與其他成員溝通？由哪些人去與哪些人溝通？他們溝通的頻率有多少？哪些問題已獲得解決？為了更進一步解決問題，組織成員已做了哪些決定等。而諮詢師就扮演催化互動的角色，藉由協助求詢者釐清組織運作過程中的問題，及增進其解決問題的技巧，幫助組織因應未來發展的需要。

6. 組織建立友善關係

在進行組織發展諮詢的過程中，諮詢師必須了解大多數的組織在面臨改變時都會產生抗拒的反應。Parsons 與 Meyers（1984）指出，組織抗拒改變的原因包括：(1)組織本身期望維持既有的運作模式；(2)諮詢師被組織視為外來者；(3)組織以負面觀點看待任何的新改變；(4)某些組織成員期望維護現有的利益而反對改變。對組織而言，諮詢師的到來可能象徵著原有運作方式是有問題或有瑕疵的，因而對整個系統造成威脅。因此，組織的抗拒表現應被視為一個可預期的自然現象，而諮詢師也須透過友善的態度來表達對系統原來行事方式應有的尊重。

面對組織中的抗拒，諮詢師除了要能秉持真誠尊重的心態來化解組織內部的不友善氣氛，更要展現出足以令人信服的專業素養，協助組織成員體會到，此等改變不但不會威脅到他們目前的處境，反而能使其本身的能力得到充分的發揮。此外，諮詢師也應敏覺於組織對諮詢師的反應，例如不願提供充分的資訊、質疑諮詢師的專業能力，甚至採取不合作的態度等，而藉由良好關係的建立，降低來自系統中的抗拒強度。

7. 設計活動與確定目標

　　諮詢師在完成資料蒐集與研擬處理策略後，須與求詢者共同設計促成組織改變的計畫與相關活動，並確定所欲達成的目標。接下來，便由求詢者根據討論出的計畫採取實際行動，以化解組織中的困境。此時，諮詢師的責任在於確認每一位計畫執行者都能了解其工作的內容與價值所在，使其能盡全力完成任務。為了確保所設計的策略活動能確實發揮功效，並適時因應組織於改變歷程中所遭遇的新狀況，在實施計畫的過程中，諮詢師與求詢組織間的充分討論也就益形重要。

　　前述三種學派的諮詢型態，由於所植基的理論不同，而發展出獨特的工作目標與處遇重點。例如，源自於精神分析理論的心理衛生諮詢，重視的是求詢者潛意識的內在動力；源自於行為理論的行為學派諮詢，必然將焦點放在求詢者的外顯行為；而源自於社會心理學的組織發展諮詢，則會關注組織中人際系統的互動歷程。然而，無論這些學派其在理論或技術上存在哪些差異，都會強調「合作性」、「教導性」與「問題解決」等三項諮詢的基本原則，並且在當代重視均等關係與多元文化的思潮下，也將「良好諮詢關係」與「文化敏感度」視為必要的諮詢元素（Caplan & Caplan, 1993; Conoley & Conoley, 1992; Meyers et al., 1983; Parsons, 1996）。

第四節　其他理論分類

　　除了前述的分類外，亦有學者將諮詢理論分為診斷與慣例、員工發展與訓練、個案管理，與歷程四個取向，分別介紹如下：

一、診斷與慣例取向（diagnostic-prescriptive approach）

此取向包括重視早期發展的諮詢理論，諮詢師的責任在於協助求詢者分析處境或問題，進而給與建議或處方。

二、員工發展與訓練取向

（staff development and training approach）

此取向包括為缺乏技術的實務工作者所設計的相關理論，關注如何提升求詢者在知識、技術、信心、客觀程度等層面的能力（Caplan, 1970）。

三、個案管理取向（case management approach）

此取向的理論側重於單一個人的問題解決，經由確認問題與目標、蒐集資訊、釐清關鍵事件、研擬計畫、執行計畫，及評估結果等步驟，幫助求詢者解決其個人問題。

四、歷程取向（process approach）

此取向適用於非單一個人的系統問題，主要的工作方向在於協助求詢者提高對系統的敏感度與問題解決的能力，使其有能力與系統進行有效的溝通。

顯然的，由於各種理論學說都有其核心的理論哲學，以及依此所發展出來的策略及重要假說，因此，讀者可以自各理論的核心觀念與思考脈絡做進一步的比較，以決定其個人的偏好。

技術篇

第 **4** 章

案主中心個案諮詢

　　案主中心個案諮詢是最常見的一種諮詢模式，其主要目的在於協助求詢者設計一個幫助案主的方案，同時藉由討論的過程，達到促進求詢者學習的教育功能，以增進其在未來處理類似問題的能力。根據筆者的觀點，此模式雖屬間接的助人工作，然而由於諮詢師所面對的是求詢者，而非案主本身，因此，在採用此模式提供諮詢服務時，應注意避免讓整個會面的歷程過於偏重在對案主的了解，而忽略了求詢者的內在需要。

　　本章將根據此一「關注案主也關注求詢者」的理念，分別為讀者介紹案主中心個案諮詢的內涵與實施步驟，並提供一則示範案例，為讀者說明此模式的實際應用。

第一節　案主中心個案諮詢的內涵

　　案主中心個案諮詢的主要功能，是藉由諮詢師與求詢者的互動和溝通，使求詢者的案主得到有效能的幫助；而附帶的效益，則是透過諮詢的歷程，提升求詢者在專業處遇上的知識與技術。以下分就諮詢師的角色與功能、求詢者的立場，與諮詢技術之運用三方面，說明此項服務的內涵。

一、諮詢師的角色與功能

　　在進行評估的過程中，諮詢師將扮演專家的角色，在不需要直接見

到案主本人的情況下，根據求詢者提供的相關資訊，進行**檢核評量**（screening assessment），以診斷案主的問題（Caplan & Caplan, 1993）。同時，諮詢師也要能夠深入了解求詢者所具備的能力與不足之處，為其提供適當的處遇建議，協助求詢者突破工作上的瓶頸。

二、求詢者的立場

在案主中心個案諮詢模式中，諮詢師和求詢者間是一種同儕的關係——求詢者被視為具有問題解決能力的專業人員，而諮詢師是以豐富的專業知識與實務經驗，提升求詢者的處遇技巧與思考問題的能力。由於諮詢師必須藉由求詢者所提供的資訊來了解案主，所以，求詢者對案主所做的評估及曾經使用過的策略，均會被諮詢師視為具有價值的重要資訊。而求詢者可以自行決定，是否要全然採用諮詢師所提供的建議，或是將諮詢師所提供的建議做修正使用。雙方的關係不會因為求詢者採納諮詢建議與否而受有任何負面的影響，諮詢師亦須尊重求詢者所做的決定。

三、諮詢技術之運用

為了促進諮詢的效果，諮詢師要主動與求詢者建立良好的合作關係，並與求詢者共同協商工作的目標，同時協助求詢者釐清雙方的角色，在此等互相了解與信任的氣氛下，蒐集與案主有關的資訊。原則上，諮詢師必須將所蒐集到的資料以書面報告的型式出示於求詢者，並且透過面對面的討論，促進求詢者對書面資料所提供的資訊，做建設性的了解與運用。

值得注意的是，在蒐集案主資料的過程中，諮詢師也須小心檢核案主的現況是否需要特殊的專業協助，以及案主所處的情境是否會對案主造成不當的干擾。在考量案主需求與社會脈絡的情況下，與求詢者討論最適合案主的處遇方案。

案主中心個案諮詢的實施步驟

　　本節以 Myrick（1977）的個案諮詢模式為例，說明案主中心個案諮詢的實施步驟。並請讀者查閱附錄二的案例，藉由相互對照的方式，掌握應用的要訣，進而能有較明確的認識。

步驟 1：確認問題

　　為了了解求詢者的困擾所在，諮詢師首先要能聆聽求詢者的心聲，以充分把握住求詢者的感受及想法。在此過程中，更要協助求詢者能將其個人長期以來對其問題的體會與見解盡情地宣洩出來，使雙方的關係能建立在具有情感支持的合作角色上。

　　在雙方已建立起相互信任與合作理念的前提下，諮詢師應試圖確認求詢者需要協助的問題所在，使諮詢服務有具體的目標。因此，在進行諮詢的初期，確認問題是諮詢工作的第一個步驟。

步驟 2：釐清求詢者所處的情境

　　在確認問題之後，諮詢師必須了解求詢者目前的處境，以評估在進行諮詢的過程中，求詢者本身的主客觀條件對於諮詢服務可能帶來的影響。基本上，諮詢師可根據以下幾點方向來了解案主的現況：

　　1.聆聽求詢者與案主的感受。

　　2.了解求詢者與案主的特定行為。

　　3.了解求詢者對目前情境的期望。

　　4.了解求詢者到目前為止曾採取什麼措施？

　　5.了解求詢者所抱持的積極態度與建設性的行為。

步驟 3：設定目標並預期結果

在釐清求詢者的處境之後，諮詢師可以協助求詢者詳細列舉可以觀察到的各種現象或有關的行為表現，及此等現象或行為對求詢者所帶來的影響。設定目標的步驟將聚焦在有哪些活動方式可以有效地解決或減輕已經產生的問題現象，換句話說，就是找出要改變的標定行為。而預期結果則是指採取了一些行動之後，諮詢師預期將可以產生何等效果。

設定清楚可觀察的目標將使諮詢服務有一個具體的工作方向，而諮詢師與求詢者也可據此來設計有效的解決方案與策略。Egan 與 Cowan（1979）認為，最好能以創意的手法來找尋工作目標，例如運用發散思考、腦力激盪、敘事與想像等方法，逐漸發掘各種有價值的標定行為。

此外，由於求詢者本身的價值觀將會很自然地反映在其所設定的目標上，諮詢師必須預見此等價值觀的影響力，使求詢者的價值傾向與諮詢師、案主以及整個環境所主張的價值系統間不會有所牴觸。

步驟 4：觀察並記錄行為

為了掌握案主在諮詢前後的行為表現所產生的質量變化，諮詢師必須花時間蒐集案主過去與目前的行為表現資料，以協助求詢者擬定案主行為改變的基準點，並能據此資料對日後所採取的策略進行效果評估。

在實際的作法上，諮詢師可以與求詢者一起討論與案主行為有關的議題（如上課表現或人際關係），並針對案主的標定行為研擬評量表（如附錄六所示），以利於求詢者或其他觀察者能對案主進行觀察記錄，作為諮詢師和求詢者共同研擬有效策略方案的參考資訊。

步驟 5：發展行動計畫

由於諮詢師對求詢者的困擾已有深入的了解，且找到努力合作的方向，接下來便能根據求詢者本身的特質來研擬能夠引發改變的行動計

畫。例如，與求詢者一起探討可以採用哪些介入策略？為了使介入策略更有效能，求詢者首先應該採取哪一個步驟？要如何開始實施？可以運用哪些資源或技術？所預期可能得到的結果為何等具體議題。

　　此步驟是諮詢師與求詢者針對將要採取的行動做全面性的討論，也就是所謂的沙盤推演，使求詢者能有充分的信心去處理其工作上或生活上的困擾。

步驟 6：求詢者展開計畫

　　當求詢者在諮詢師協助下，對案主行為有所了解，並且找出可以採取的策略或方案後，求詢者就可以依其個人的準備度來決定何時展開行動計畫，並在計畫實施期間，適時修正原定策略，以符合案主、求詢者與當時情境的條件。

　　所以，求詢者可以發揮其既有的能力與創意去展開各項計畫，而不必固守在諮詢過程中所討論的結果。如此一來，求詢者的自信程度也將因而提高，並且更願意用開放的態度與諮詢師一起評估工作成果。

步驟 7：追蹤

　　為了幫助求詢者在諮詢師的協助下能更有效地發揮其個人的專業能力，諮詢師除了協助求詢者化解困境，更將促使求詢者進一步發掘自己的潛能所在。所以，整個諮詢過程對求詢者而言，是一個專業成長的歷程。

　　然而，求詢者在實施計畫策略與方案的過程中，也可能再度因為各種因素而陷入新的困境，而需要與諮詢師會晤與討論突破之道。因此，在追蹤的階段，雙方將針對求詢者的表現與計畫實施的成果進行評估，以了解諮詢的後續效應，並據此對未來類似案例的處遇提供實用的參考架構。

第三節　案例示範

黃老師是某國中九年級技藝教育班的導師，學生原先來自不同班級，為了參加技藝教育而重新組成一班。因為學生出現不少行為問題，特別是和任課教師起衝突，使黃老師大傷腦筋，因此求助於輔導組長。以下簡稱輔導組長為「C」（諮詢師），黃老師為「T」（求詢者）。（本案例由翟宗悌副教授提供。）

第一次諮詢	技巧解析
T：組長，我有件事想麻煩您一下。 C：別客氣，您儘管說，這一個小時都是保留給您的。 T：就是昨天秋美又跟理化老師起衝突，小哲的服裝儀容不整被留在訓導處，還有一些學生蹺課沒有去上技藝教育的課程。我昨天整天都在忙著處理他們的事。	
C：帶這個班真的很不容易。	同理支持
T：可是別人卻不是這樣想，訓導處對於我不能搞定他們似乎很不滿意，其他老師則認為我不會帶班，特別是我們班的學生和他們的學生起衝突時，他們都認為我對學生太放縱了。	
C：除了學生的問題之外，其他老師的眼光也讓您很有壓力。	同理支持
T：對啊！當初都沒有人願意接這個班級，甚至還把他們帶不來的學生盡可能地往這邊推，我接了這個班，卻變成我一個人的問題。	
C：看來接這個班真的是項很困難的任務，您當初為什麼願意接這個班呢？	蒐集資料同時找出黃老師的內在力量

（續下表）

（承上表）

第一次諮詢	技巧解析
T：因為我認識的幾個學生想要進這個班，我知道他們只是不喜歡唸書，可是他們很希望可以多學些東西，而且只要有人關心他們，他們就會更愛惜自己，表現得更好。所以我願意帶他們。	
C：哇！我真的很佩服您，您真的很想要幫助這些孩子，孩子們有了您真是他們的福氣。	增能技巧
T：還好啦！我只是盡可能做我所能做的，因為他們平常能夠得到的真的很少。可是我沒有想到後來狀況會變得這麼糟，已經不只一個老師在抱怨，甚至家長都告訴我，他們的孩子進了這個班愈變愈壞，他們考慮讓孩子轉班，我真的不知道該怎麼辦？	
C：喔！您的壓力愈來愈大。不過您指的狀況很糟是什麼意思？	同理、澄清問題
T：就是他們上理化課及數學課時不但不專心聽，還會聊天講話，老師制止他們時還會跟老師頂嘴，甚至演變成吵架，驚動到別班甚至訓導處。平常則是遲到、蹺課、服儀不整，每週的秩序競賽分數都因此扣光光，敬陪末座。	
C：真的是很傷腦筋。有沒有什麼時候狀況會好一點？比如上其他課時？	蒐集資料、找出例外狀況
T：上我的國文課，還有其他公民課、技藝方面的課，表現的就好一點，比較不會那麼吵。	
C：他們似乎很給您這個（T）面子，您是怎麼做到的，讓他們上課可以比較專心？	肯定黃老師並蒐集資料
T：嗯……我不是很清楚，只是我很少對他們疾言厲色，我也叫他們不可以對其他老師不禮貌，可是他們還是做不到。	

（續下表）

（承上表）

第一次諮詢	技巧解析
C：我覺得除了他們很在乎您之外，一些他們聽得懂的課 或是操作的課比較能吸引他們的注意。	點出學生的需要
T：對！沒錯，這些課他們比較不會排斥。	
C：看來理化和數學對這些學生來說是有些困難。	
T：不只是有些困難，是十分困難。	
C：怎麼說？	具體化技巧
T：他們來自不同班級，有些學生原先程度還有中等，有 些則是很差，所以理化老師曾經跟我說過，他覺得他 們的個別差異很大，很難教。	
C：喔！這對老師的教學也是一大挑戰。	不把教學困境推到某
T：是啊！可是我現在最頭疼的是他們的行為問題，我真 的覺得我自己很失敗，我在考慮要不要辭（T）？換 一個（T）會不會比我好？	一方身上
C：您有點灰心，但是您今天會來找我，顯示您還不想放 棄。	澄清技巧
T：唉！是啊！	
C：他們這些問題行為當中，您最傷腦筋的、最想處理的 行為是什麼？	確定目標
T：就是上課插嘴講話，老師制止又不聽這件事。	
C：是大部分的孩子都這樣，還是主要有幾個學生會帶頭 呢？	澄清問題並蒐集資料
T：其實最主要是秋美、玉村、宏明跟嘉雲會跟老師對 嗆，還有一些同學會附和。	
C：我想您應該試過很多方法來處理，我們何不從您曾用 過的方法中找些點子？您要不要說說看您用過的方 法？	蒐集資料並評估過去 方法的成效

（續下表）

（承上表）

第一次諮詢	技巧解析
T：只要有老師來告訴我，他們上課講話又制止無效，我就私下把講話的人找來，跟他談，要他們有點兒上課應該有的樣子，不要干擾老師。他們會跟我辯說，是老師的不對，但是會好個一兩堂課，不久又發作了。	
C：他們很直接爽快。我覺得您私下找這些學生來談，這方式很好，保全了學生的面子，也不會讓學生覺得任課老師跟你告狀。	肯定學生與黃老師，點出求詢者做得有效之處
T：學生多少會知道是老師告訴我的，但是起碼不會故意去挑釁老師。	
C：從您剛才所說的，我感覺到您和學生的關係很好，學生聽得進您所說的話，所以您可以作為學生和其他老師間的潤滑劑。但是您希望找出可以長期有效的方式來解決學生的課堂問題。	肯定黃老師，指出可行的方向，確認目標
T：沒錯，特別是他們接二連三發生師生衝突之後，其他老師也會不諒解我，所以我希望可以澈底解決這個問題。	
C：您真是處在夾心餅乾的狀態之下。我想我先整理一下我們到目前為止所討論到的。就是貴班的學生在上理化課、數學課時會不聽講、聊天說話，老師制止也不聽，導致師生衝突，特別是秋美、玉村、宏明和嘉雲會帶頭起鬨；但是在國文課、公民課及藝能課時，這些狀況就比較少發生。還有他們滿信任您的，會聽您的話。	摘要與增能技巧
T：沒錯！大概就是這些。	

（續下表）

（承上表）

第一次諮詢	技巧解析
C：除了我們剛才提到國文、公民與藝能課，學生聽得懂或是可以操作，所以比較能專心之外，您覺得這些老師的上課方式有什麼比較特別的地方，可以吸引住學生呢？	蒐集資料並拓展資源
T：我知道他們滿喜歡公民的劉老師，但是我不知道他們是怎麼上課的。	
C：嗯……我有些想法……不曉得您覺得怎麼樣？我想先去貴班了解學生上課的情形，好找出解決師生互動的辦法；我會坐在教室後面，不介入他們的上課。然後下個禮拜我們再一起討論，這樣好嗎？	光聽黃老師的描述，還是無法知道實際的師生互動情形，故諮詢師打算親自去觀察
T：我的課沒有問題，那麼這個禮拜我要做什麼嗎？	
C：可不可以請您告訴學生，說我要去看他們上課，請他們就像平常一樣就好？而您就照平常的方式來對待他們，這樣我們比較能夠知道平日的真實情形。另外，我會先去知會其他任課老師，告訴他們我會去教室觀察。	
T：嗯！我有些緊張，不曉得結果會怎樣？	黃老師對於諮詢師的直接介入感到有些不安，所以諮詢師先安撫黃老師，並指出諮詢需要數次的時間，但從黃老師接下來的反應，可知他很願意和諮詢師一起投入去解決這個困境
C：的確，換做是我也會覺得如此。不過讓我們一步一步來，我們可能要花個幾次的時間，一起想出個好方法。	
T：真的很謝謝您。因為已經有不少人告訴我應該要怎麼帶這些孩子，卻沒有人願意跟我一起實地去了解到底發生什麼事。	
C：就讓我們一起試試看。	

　　這一週輔導組長分別從國文課、公民課、數學課及歷史課，各隨機抽一節，入班觀察師生的互動情形，這些課皆由不同的老師所教導。輔導組長採取密集觀察，約五分鐘記錄一次當時的師生互動狀況。

第二次諮詢	技巧解析
T：這個禮拜可能是因為您來教室觀察，所以倒是沒有發生師生衝突。	
C：的確。他們似乎挺在乎我這個陌生人的看法。	點出學生在乎他人的看法
T：沒錯，他們還問我，您覺得他們怎樣？	
C：他們很可愛，我也看到您跟他們相處得很融洽。	增能技巧
T：我真希望他們上別的課也可以稍微收斂點。	
C：我們要從何看起呢？從國文課的觀察紀錄開始好嗎？	拉入正題，黃老師應該急著知道自己的上課狀況。諮詢師讓黃老師自己去找出他所在意的部分
T：好啊！我真的很好奇。	
C：您可先看一下我的觀察紀錄。	
T：好！	
〔（T）閱讀國文課的觀察紀錄。〕	
C：這有讓您想到什麼嗎？	
T：嗯……我的課好像有很多人插嘴。這是我以前沒有注意到的。	
C：幾乎所有人都有聽講，這點是在別科上課時所沒有的，每個人似乎都想發表意見，只是他們的意見並不全都有關於課文內容，但您都會注意到並回答他們。	先肯定黃老師，同時也指出黃老師在增強學生的打岔行為
T：對啊！我很希望照顧到每一個人。	
C：這點很好，沒有人會被您忽視。我也看到他們每個人也很在乎您，很努力在爭取您的注意力。我們來看看他們用什麼方式在爭取您的注意力？	肯定黃老師，不否定黃老師的付出，透過觀察紀錄讓黃老師面對實情；黃老師發現自己無益的介入行為，感到有些不安
T：好像……（尷尬地笑）做一些誇張的事，比如大笑、問一些五四三……還有晚進教室我也會多注意到他們一點兒，跟他們講講話。	

（續下表）

（承上表）

第二次諮詢	技巧解析
C：嗯……的確，我在教學時也會有這樣的情形，不由得去注意那些打岔的學生，他們真是爭取老師注意力的高手，他們發現與其當乖乖牌卻不被老師注意，還不如做些搗蛋的事，讓自己得到老師的關注。不過我觀察到秋美似乎會特別花力氣爭取您的注意，您花了不少時間在照顧她。	讓黃老師不覺得被指責，並解釋學生的行為
T：是啊！因為秋美在家得不到溫暖，她的確有許多行為上的問題，甚至會蹺課蹺家，但是我希望透過我對她的關心，可以將她導向正途；而且硬著來會讓她十分反彈，比如掀桌子什麼的。	
C：您上次也提到這些孩子需要大人的關心，您很願意把他們帶起來。特別是像秋美這樣會採取激烈手段的孩子，您希望動之以情，讓她感覺到您的關愛。	支持肯定
T：是的，沒錯，所以我會盡量看她好的部分，也會讓她知道。	
C：的確，您也經常讚美全班的同學。您可以從觀察紀錄中找到您和秋美互動的例子嗎？這些例子有讓您想到什麼嗎？	強調黃老師須注意到全班同學，讓黃老師從紀錄中看到互動的結果
T：嗯……她插嘴時我都會回應她，順著她的話去講，甚至讚美她，即使她講的東西跟上課內容沒有關係；而且我發現當我回應她之後，接下來玉村、嘉雲還有其他人也跟著會打岔，我好像在鼓勵他們打岔或做些干擾上課的事。	黃老師逐漸能正視自己無益的介入

（續下表）

（承上表）

第二次諮詢	技巧解析
C：秋美變成地下班長，而且學生會彼此模仿，甚至競爭，他們發現最能吸引老師的方法便是打岔，但是因為他們知道您十分關心他們，所以他們很在乎您的感受，上您的國文課時還是很能專注，而且您不會因為他們打岔而生氣。但在其他課時，他們的打岔便會打斷老師上課的步調，也會阻礙其他同學的學習，特別是像數學這些亟需專注的學科，老師便會很生氣，秋美這個地下班長便帶頭和老師起衝突了。這是我的想法，您覺得呢？	諮詢師並未指明黃老師對秋美的特殊待遇是秋美變成地下班長的原因，但透過解釋師生衝突的來由，或可使黃老師注意到這點
T：我沒想到居然會是這樣……，我想您說得很有道理。我現在要怎麼辦，才能改變這個狀況？	
C：看來上課打岔似乎是我們要處理的目標？	再次確認黃老師想要改變的決心與目標
T：應該沒錯，因為他們若無法專心上課，常常打岔，不但學不到東西，也會造成師生衝突，到後來也演變成我和其他老師間的衝突，家長也會埋怨我。	
C：我很同意您的看法，我們再來想想他們為什麼會打岔？這樣才能對症下藥。這兩次我們好像一起想到了幾個可能原因。	肯定改變會帶來的益處，強化信心，並思考解決策略
T：上次有提到上課聽不懂，還有這次提到的，他們想引起老師的注意。	
C：的確，根據我的觀察，雖然數學老師已經簡化教材，但是還有三分之二的學生聽不懂，所以大部分的學生都在睡覺，或看窗外，甚至和教室外的學生談話。	以觀察結果印證之前的推測
T：是啊！他們跟數學老師的衝突也特別多。	

（續下表）

（承上表）

第二次諮詢	技巧解析
C：至於公民課，學生還滿能參與，因為劉老師的教材很 生活化，能吸引學生的注意，他還讓每個學生都有事 做。或許這些老師們的經驗，都可以供我們做參考。 您還有想到什麼可以用來改善他們的上課秩序嗎？特 別是您有很豐富的帶班經驗，您過去會如何讓學生專 心聽課？	尋求資源與解決方法
T：嗯……我會和他們事先說好，我希望他們專心上課， 如果他們做得到，我通常會給他們一些獎勵，比如這 週的自習課就可以自由活動，或是去操場打球等等。	
C：這是個不錯的作法。至於學生上課打岔這個部分，您 過去是如何處理呢？	協助黃老師去發掘解 決之道
T：課很趕的時候，我就不會理他們，繼續上課，他們就 自討沒趣了。	
C：或許對這些同學便得用上這樣的功夫，就是忽略他們 的打岔，但對於能夠照著規矩來，舉手後得到您同意 才發言的學生，便可以好好地讚美他，讓所有的同學 都知道您比較欣賞這樣的行為，特別是他們非常在乎 您的看法。	提出策略
T：（笑）我過去卻反其道而行，只注意到我覺得需要幫 助的學生，可是忽略了守規矩的學生。我想我得讓他 們知道，從現在開始我有不一樣的作法了。	黃老師已經能坦然地 正視問題，而能夠幽 自己一默
C：您和全班都有很好的關係，您經常肯定全班同學， 這是一個很好的起點，如果您現在有些新措施，我想 全班同學都會願意配合。	肯定黃老師
T：很謝謝您，我會試著做做看。	

第三次諮詢

　　黃老師告訴輔導組長，國文課的上課秩序已經有所改善，他希望其他課也能有所調整，特別是大部分學生都聽不懂的課程，師生都需要調整。因此輔導組長和黃老師討論之後，決定請所有技藝班的任課老師一起來商討，彼此交換上課的心得，以共同研擬有效的教學及管理的辦法。

第 **5** 章

求詢者中心個案諮詢

　　求詢者中心個案諮詢模式的主要目的，在於促進求詢者更有能力發揮助人功能。在進行諮詢的過程中，偏重於協助求詢者因應其專業上的不足。由於這是一個以求詢者為關注焦點的諮詢模式，因此必須考量適當的使用時機，例如當求詢者的案主正處於危機狀態時，就不適於採取此等模式。

　　本章將分節說明此模式的內涵與實施步驟，並且將在第三節以一個案例作為此模式的示範，以祈讀者更能把握此模式的精髓。

第一節　求詢者中心個案諮詢的內涵

　　求詢者中心個案諮詢強調諮詢師與求詢者間應建立一個沒有階級、不給藥方的助人關係，使求詢者能夠有效地發揮專業功能。本節將從諮詢師的角色與功能、求詢者的立場、諮詢技術之運用來說明此模式的主要內涵。

一、諮詢師的角色與功能

　　在求詢者中心個案諮詢的服務模式中，諮詢師扮演的是探索者、專家與教育者的角色（Dougherty, 1995a）。因為，諮詢者要能以積極傾聽的技術，並以適當的提問來了解求詢者在認知上和情緒上的困擾，而其心理衛生專家與教育者的角色則可促進專業性的討論，並對求詢者提供解決問題的資訊及方案。

就此模式而言，諮詢師幫助案主有所改善只是附帶的結果，其核心目標在於提升求詢者處理案主的能力，幫助求詢者能修補其現階段專業上的不足，使求詢者能對其他處於類似困境的案主發揮助人的效能（Caplan & Caplan, 1993）。為了避免資料完全來自於求詢者而無法看到問題的全貌，諮詢師除了要能從求詢者的談話中覓取客觀的資訊外，有時也必須藉由其他途徑蒐集可供參考的資訊，以對案主的情況做出正確的判斷。

值得注意的是，諮詢師應盡量避免直接給求詢者建議，最好能與求詢者共同討論，去探索各種有效的策略，以尋覓一個有效的解決方案。

二、求詢者的立場

求詢者之所以會有困擾，往往是因為受限於個人的經驗、專業訓練上的不足，或者在解讀案例的視野上不夠豐富所致。所以，當諮詢師運用適當的提問技巧，使求詢者能夠以更寬廣的眼光理解個案，甚至發掘出其他有效的策略時，求詢者就能因此學習到如何拓展個人的視野，以使其專業能力得以提升。

雖然諮詢師在此過程中會協助求詢者探索可能的解決方案，但是，求詢者可以自行決定是否要採用經過討論的決策，並對自己所採取的動作負完全的責任。

三、諮詢技術之運用

Caplan根據其實務經驗發現，求詢者所遭遇的困境通常可以分為以下四種類型，諮詢師可藉此作為了解求詢者的參考架構，並運用適當的技術來協助求詢者在其困境上有所突破（Caplan & Caplan, 1993）：

（一）知識上的不足

所謂知識上的不足，是指求詢者因訓練不足或因問題所涉及的範圍

超越了求詢者本身的專業領域，使求詢者對相關資訊的理解不夠深入，因而無法採取有效的措施。

　　因此，當發現求詢者面臨知識不足的困境時，諮詢師應針對求詢者所需要的知識給予適當的補充，使求詢者能夠在具備充分知識的情況下，採取適切的處遇措施。顯然為了讓自己具備足夠的專業知識，以及讓自己的能力得以與社會的實務需求接軌，進修對每一位專業人士而言，都是不可或缺的學習態度。

（二）技術上的不足

　　所謂技術上的不足，是指求詢者雖已具備足夠的專業知識，但卻缺乏適當的技巧去解決問題。所以，當諮詢師診斷出求詢者的困境與此有關時，諮詢的方向就可以從增進求詢者的技術著手。由於此等技術上的不足，常與文化因素有關——例如，求詢者不知道如何與成長背景或社經階級和自己經驗相距甚遠的案主互動，因此，在諮詢的過程中，諮詢師就需要運用技術，擴增求詢者對於不同文化案主的理解，使其能以多元文化的觀點，尋求問題解決的策略。

（三）自信上的不足

　　自信不足的困境，往往與求詢者的個人因素有關，例如年齡較輕而經驗不足，或者由於工作過於勞累而導致健康狀況不佳等因素，都會使求詢者容易陷於自我懷疑或焦慮的狀態中，擔心自己的能力不足以勝任工作中的挑戰。此時，諮詢師應將諮詢的焦點放在給予求詢者足夠的心理支持，並協助求詢者找到其生活周遭的社會支持系統。

　　而為了避免使諮詢師與求詢者兩者間呈現不平等的關係，諮詢師最好避免運用**再保證**（reassurance）的技巧來提升求詢者的自信，最理想的方式乃是協助求詢者在其工作中找到同儕的支持，如此才能使求詢者的自信在被長期滋養的情況下真正發展出來。

（四）專業客觀性的不足

專業客觀性的不足，多半與求詢者在助人歷程中，因過度認同案主，或與案主關係過於緊密，而使其失去專業判斷有關。當然，訓練不足、認知扭曲、情感轉移、主題干預以及個人未能解決的**未竟事務**（unfinished business）等因素，也將使求詢者容易陷入過度主觀的困境。事實上，不夠客觀是專業人員最常為人所詬病的現象之一。多數的求詢者都是因為無法跳脫其個人既有的思維模式，而在面對個案時，未能保持專業上的客觀角度來進行思考與判斷，以致無法施展應有的專業能力。此時，諮詢師就要協助求詢者，採取新的角度去解讀案主的情況，使求詢者能夠突破困境。

Caplan-Moskovich 與 Caplan（2004）主張，為了更有效地發揮諮詢功能，諮詢師必須把握以下兩大方向：(1)抓對問題——諮詢師可根據其專業上的知識，對案主的心理狀態做出正確無誤的判斷，並協助求詢者面對他們所承受的壓力，避免因處理不當對案主造成**醫療性傷害**（iatrogenic harm）的可能；(2)具有可行性——諮詢師要能幫助求詢者了解諮詢師所提出的建議，並確認求詢者有能力執行。

第二節　求詢者中心個案諮詢的實施原則

針對如何有效運用求詢者中心個案諮詢的模式，Lambert（2004）提出了以下的九項原則：

1. 求詢者中心個案諮詢是諮詢師與其他專業人員解決其工作問題的途徑。
2. 所有的諮詢方案都包括諮詢師、求詢者與案主三個角色，也都是對發生問題的生態或組織系統進行探究。

3. 諮詢服務的內容應受到正式或非正式的合約所規範，當中亦須明訂諮詢師與求詢者相互合作的責任範疇。

4. 諮詢的型式是在進行諮詢的歷程中逐漸形成的一種解決方案。

5. 諮詢中總是同時存在著認知、情感與動機的要素。

6. 求詢者有絕對的自主權去接受或拒絕諮詢師所提供的建議方案。

7. 諮詢的重點，在於解決求詢者專業工作上的困擾。

8. 諮詢師須從求詢者、案主與系統等角度來考量解決問題的方向。

9. 諮詢師必須同時具備教學與實務的專業訓練，並須定期接受督導。

第三節　案例示範

　　宇明是一個國二男生，他的個性安靜，不會惹大麻煩。但是他的生活散漫，在班上的成績不好，人緣也不佳。由於宇明在班上和隔壁的同學起衝突，導師（數學老師）告訴宇明的媽媽說是因為宇明把擤鼻涕的衛生紙丟在抽屜裡，座位髒亂，讓隔壁的同學受不了，幾乎要打起來。和導師談完後，宇明的媽媽表示很想知道要怎麼做才可以幫助宇明改善他的生活習慣。經過導師的介紹，一向很關心宇明情況的媽媽前來學校輔導室，尋求輔導老師的協助。在以下的諮詢情境中，簡稱輔導老師為「Ｃ」（諮詢師），宇明的媽媽為「Ｔ」（求詢者）。（本案例由黃兆慧助理教授提供。）

第一次諮詢	技巧解析
C：妳好！妳一定就是林太太吧！很高興見到妳！請坐！	拉近關係
T：老師妳好！我就是宇明的媽媽。謝謝妳！	
C：妳願意主動來找我談關於宇明的事，我可以感受到妳是一個很認真關心小孩的家長。我和妳一樣很願意關心宇明的情況，但是我還不太了解整個的情形，可不可以請妳告訴我宇明怎麼了？	
T：宇明很乖，但是就是生活習慣不好，回家只愛打電動，也不肯做功課，成績一直不好。此外，就是班導師告訴我有同學抱怨他老是把擤鼻涕的衛生紙丟在抽屜裡，看起來很噁心，沒有人要跟他坐。還有，他的房間也是亂七八糟的。	開始問題的陳述
C：聽起來，宇明是一個滿乖巧的孩子，但是他的生活習慣不太好，同學也排擠他。	確定、摘要
T：對啊！宇明是滿乖的，我是指，他沒有什麼特別不良的行為，不會去和人打架，也沒有抽菸什麼的。但是他像是一部拖不動的牛車一樣，什麼都要別人唸他才動一下，生活亂七八糟，已經國二了，還這樣子，真是讓我傷透了腦筋！	
C：嗯，對大多數的家長而言，教導正在成長中的青少年，幫助他們學會對自己的生活負起責任來，是一件很不容易的事。聽起來妳很關心宇明的生活和學業，但是他的表現卻讓妳很頭痛。	支持、正常化
T：嗯，是真的頭痛。	
C：真是辛苦哦！喔，對了，宇明還有其他的兄弟姊妹嗎？他們會像宇明一樣讓妳很操心？	同理、探詢媽媽的其他經驗

（續下表）

（承上表）

第一次諮詢	技巧解析
T：宇明還有一個妹妹，但是她會照顧自己，比較不讓我操心。我比較擔心宇明。	
C：妳是說宇明的妹妹很獨立，而妳很自然地花比較多的心力在宇明的身上？	
T：是啊，我和妹妹的相處沒有太大的問題，可是，我就是拿宇明沒辦法。	
C：可不可以請妳說說看，妳和宇明相處的情況？	
T：我平常沒有上班，所以都在家裡忙來忙去的。宇明早上常賴床，都要我去叫他。唉，他的房間一團糟、書包也是又亂又髒，我們家裡的其他人都很愛乾淨，不曉得宇明怎麼會這樣子？	到目前為止，媽媽曾經做了什麼？
C：聽起來教導宇明是件很吃力的事，妳猜想困難在哪裡？	
T：我也不知道，我只知道不管我怎麼說都沒有用，所以我就跟他生氣。但是他也會生氣，還會用手用力地打牆壁，連我看了都會怕。	
C：做一個青少年的母親的確相當不容易，妳花了不少力氣，但是也很挫折。	同理媽媽的感受
T：是啊，現在我比較需要知道問題在哪裡？怎麼樣我才可以和宇明好好地溝通，我需要知道怎麼樣宇明才可以學習負責任地生活？	
C：聽起來，妳已經很清楚自己的目標了。首先，妳想知道是什麼原因造成宇明無法負責任地生活，有好的生活習慣。其次妳也想學習怎樣和宇明有好的溝通，讓他知道妳是關心他的，不是來找他碴的。還有，妳也想了解怎麼樣才能有效地幫助宇明學習長大，過一個負責任的生活。這是妳的意思嗎？	確認問題、澄清媽媽的期望

（續下表）

（承上表）

第一次諮詢	技巧解析
T：嗯，沒錯。	
C：那麼，在這些目標中，妳最想要先達成哪一個？是了解宇明為什麼沒法養成好的生活習慣呢？還是改善妳和宇明的關係、幫助他成為一個負責任的國中生？	呈現問題解決
T：這些都是我想要達成的，但這似乎需要一段時間？嗯，我其實很想知道為什麼宇明會是今天這個樣子，這麼被動？	
C：妳剛剛說到女兒比較不讓妳操心，似乎女兒比較主動，可不可以多談一點妳是怎麼教育妳的女兒？聽起來妳把她教得很主動？	重點放在媽媽的成功經驗，由此引導出可能的作法
T：喔，是啊，跟她哥哥比起來，我的女兒是比較懂事啦。她會管理她自己，很主動，不用我凡事去催。我想，我比較信任她。	
C：聽起來妳很放心這個女兒，而總是擔心兒子？	摘要
T：對，從他們小時候就是這樣子。因為女兒從小身體健康，比較不讓我操心，倒是宇明狀況百出。	
C：宇明從小身體不好？	
T：對，宇明是個早產兒。小時候體弱多病的，讓我很操心。	解釋
C：從以前到現在，妳對兩個孩子的信任，似乎有一段差距，妳自己覺得呢？	
T：對，是這樣，我以前怎麼沒有仔細想過呢？	
C：在我的周遭，有一些朋友的大孩子，和宇明有類似的情況，總是不太能把自己照顧好，老讓別人為他擔心。我的猜測是，通常家裡的老大，特別是男孩子，很受家裡的重視，好像焦點都擺在他一個人身上，而	重新詮釋孩子的行為

（續下表）

（承上表）

第一次諮詢	技巧解析
其他的孩子，可以比較自由地發展。但是隨時受到別人注意，特別是大人的關注，是一件很有壓力的事。有時候孩子長期處在壓力下又達不到要求，就乾脆放棄。	
T：嗯，這倒是真的，我實在是太緊張了，我很看重宇明，總是擔心他會發展的不好，這讓我很有壓力，也讓他很有壓力。	找到問題的可能原因
C：妳剛剛說到妹妹就比較主動，會把自己照顧好，會不會是因為妳比較放心她的緣故？妳覺得呢？	分析
T：對，我想通了！因為我放心她，所以她就知道要表現得讓我放心？而宇明一直長不大，一直有那些散漫的行為，是因為我們沒有把他當成一個大人看待。宇明一直散散的，因為我一直等在他的後面幫他擦屁股。	確認問題成因
C：聽起來妳已經有點清楚宇明為什麼沒有辦法負責任了，是不是因為妳已經幫他負完所有的責任了？	增強母親、引導、解釋
T：原來如此，我想我該放手了，我想如果我不要為宇明那麼擔心，情況應該會好一點。	
C：嗯，或許妳可以回家試試看，當妳對宇明表現出比較信任、比較少的操心時，宇明的狀況會變得怎麼樣？	產生行動計畫
T：好，讓我試看看。	
C：今天的時間已經差不多了，可不可以我們先談到這裡，下個禮拜的這個時間，我們再一起來看看宇明的狀況有沒有改善好嗎？	
T：好，謝謝老師，那我下個禮拜再來請教妳！	
C：不客氣，別說請教，我們是一起來關心宇明啊！	合作的關係
T：呵呵，謝謝！	

第二次諮詢	技巧解析
C：林太太妳好，這個禮拜的情形怎麼樣？	確認目標及結果
T：喔，很不錯，宇明很高興我不再跟在他的身後唸東唸西的，他看起來比較快樂，雖然他的生活習慣看起來還是沒什麼大的改善，但是我自己覺得我們的關係比較好了，他不會對我那麼反彈，有一天下了課，還主動跑來告訴我他們上課的趣事呢！	
C：聽起來好像你們的關係變得很不一樣，距離拉近了。妳做得很棒耶，可不可以說說看妳是怎麼做到的？	鼓勵、增強
T：是啊，我發現自己放輕鬆一點，對自己和孩子都好。不過我還是不知道怎樣可以幫助宇明變成一個負責任的人？每天放學後他還是照常黏著電腦遊戲，並且不肯收拾自己的房間。	
C：嗯，這是妳上次提到想要達成的目標，是嗎？	檢核目標及結果
T：對，但這是一個我覺得很無能為力的目標。我們已經長期抗戰很久了，好像每天重複一樣的事情，我感到很累。	
C：妳真的很希望宇明能學會挑起自己的責任，雖然已經心力交瘁，還是很願意找到一個辦法，能夠幫助他。那麼，我們就一起來看看能夠怎麼樣來幫助他，好嗎？	
T：嗯，好！	
C：可不可以說說看妳以前都是怎麼教宇明學習負責的？	了解媽媽曾經做了些什麼
T：呃，我想想……，以前宇明小的時候，我在銀行上班，把他送給保母帶，下班後再把他接回來……。我不太記得我怎麼教他要學習負責的，好像就是他小的	

（續下表）

（承上表）

第二次諮詢	技巧解析
時候，我會幫他收拾，後來他唸小學了，書包總是髒亂的，功課也一直拖延，我看到了會去唸他，一直提醒他。	
C：我好像看到了一個機器人，他不會自己動，總需要別人跟在後面給他壓一下按鈕，才會做一個動作。	幽默、比喻
T：呵呵，對啊，我的孩子就像一個被動的機器人。而我就是那個跟在他後面一直按按鈕的人。	
C：嗯，妳好像已經聽懂我說的了？	
T：呵，對。	
C：那麼妳認為我們可以怎麼樣來幫助這個機器人自己動一動呢？	呈現問題解決
T：幫助機器人自己動好像很難，問題是我的兒子應該不是一個機器人，他是一個人啊，應該可以自己動的。	
C：妳相信他真的可以自己動，不需要妳時時刻刻擔心他？	確認媽媽的真實感受
T：這個我以前沒想過，但是現在我是這樣覺得。	
C：那麼妳想到了妳可能可以怎麼做，來幫助宇明嗎？	
T：嗯，我想我可以試著放鬆一點，就像上個禮拜一樣，不要時時緊盯著宇明，給他一點自由，多信任他一點。	
C：很好，好像開始有一點方向出來了。妳開始發現自己可以做什麼了，不會像之前那麼無力。	鼓勵、增強
T：嗯，感覺好多了！	
C：還有呢？有沒有想到什麼是比較具體、可以做的？	列出計畫目標

（續下表）

（承上表）

第二次諮詢	技巧解析
T：我想到宇明似乎很怕我，我的意思是，只要我靠近他，他就以為我要唸他了。所以我想讓宇明不要對我那麼緊張。	
C：嗯，聽起來真不錯。妳想改善你們之間緊繃的氣氛，有沒有想到可以怎麼做呢？	
T：以前我會帶宇明和他妹妹去外面吃飯，但是好像也是吃得很緊張。我想這次我會找個時間，單獨帶宇明出去好好吃個飯，但是在吃飯時不提學校功課的事，也不唸他。	
C：哇！真不錯，妳很有親子關係的概念喔！	
T：呵，是啊，這些是我從一篇報紙副刊上看來的，但是之前我很挫折，也放不下對他的擔心。但是現在我可以去試試看。	
C：那麼宇明的爸爸呢？有沒有想到爸爸這邊可以做什麼來幫助宇明？	增加關係角色的功能
T：喔，我先生他最近幾年都在國外工作，大概一個禮拜打一次電話回家吧。我不知道他可以怎麼樣幫助宇明？	
C：妳剛剛提到自己會用吃的方法，拉近和宇明之間的距離。妳認為爸爸呢？他可以用什麼方法？	
T：是啊，讓我想……。以前他爸爸都會寫信回來，小孩子都很愛看他的信，但是最近他比較少寫了，用打電話的比較多，但是電話裡又講不到什麼。或許我可以請宇明的爸爸寫信給宇明，多鼓勵他，也讓宇明知道雖然爸爸不在身邊，但是爸爸是愛他的，沒有忘記他。	讓父親一起參與行動計畫

（續下表）

（承上表）

第二次諮詢	技巧解析
C：嗯，聽起來真的很不錯，爸爸也可以一起來幫助宇明，讓宇明知道爸爸媽媽都關心他、鼓勵他！除了改善親子關係以外，妳還有沒有想到什麼其他的方法，可以幫助宇明建立一個好的生活習慣？	產生策略
T：大概就是坐下來訂目標吧！就是要求他先從小的地方做起，再一步一步改吧。	
C：有沒有想到妳會怎麼樣帶宇明坐下來訂目標？以前有這麼試過嗎？	策略具體化
T：沒有試過耶，因為我總是一直唸他。	
C：那麼現在當妳邀請宇明和妳坐下來談一談，一起訂生活目標時，會不會有什麼困難？	釐清困難之處
T：我想，不是很容易耶。我想，可能我會找一個機會，可能是單獨帶他出去吃飯之後，和他聊一聊，知道他在想什麼，為什麼喜歡拖延，不喜歡整齊。為什麼要生活整齊、不拖延很困難？	
C：妳是說妳會先了解宇明的狀況，知道他心裡在想什麼還有他的困難，才會去和他一起訂計畫？	摘要
T：對啊，似乎這樣比較有可能，要不然他大概也不會理我。	
C：我好驚訝喔，媽媽，妳似乎變了一個人，變得很知道從孩子的角度看事情。	增強母親
T：是嗎？呵呵，可能是我已經太挫折了吧，已經掉到了谷底，再掉也掉不下去了，也就不怕了。和妳聊一聊，我反而有一些新的 idea 和力量。	
C：太好了。那麼，妳可不可以說說看，妳打算回去後怎麼做？	發展行動計畫

（續下表）

（承上表）

第二次諮詢	技巧解析
T：我想，我今天會先帶宇明去吃晚餐，安慰安慰他一天上課的疲勞，然後不要唸他。之後，再和他談談為什麼不喜歡收拾東西，拖延的感覺好嗎？這一類的話題。就是和他說說心底話啦！	
C：那麼宇明的妹妹呢？妳今天不用陪她？	幫助媽媽找出可能的困難，以回到現實中落實計畫
T：喔，因為她今天放學後會直接去她老師家補習，所以會到九點半才回來，晚餐她會和同學一起吃，那我會幫她帶一些她喜歡吃的消夜回家，這樣她才不會覺得我偏心。	
C：嗯，好像妹妹的部分很OK，沒有太大的問題。	
T：對，所以我今天晚上就會陪宇明，和他多聊聊。那回家之後，我會請他看看自己的房間，問他想從哪一個部分改起。一天一天來吧。	
C：很好啊。那麼在功課的部分呢？有沒有想到什麼方式可以幫助宇明不要拖延？	策略具體化
T：好像就是每次當他一回家的時候，就會打開電視，開始打電動。或許我可以和宇明有一個約定，就是先吃飯、寫完功課後，再打電動。	
C：這樣宇明可以配合嗎？	探詢實行的可能性
T：可能有一點難，因為他習慣了。但是我會和他談一談吧，現在已經是國二的學生了，我看他每天回家就打電動，然後到了晚上就愁眉苦臉的，這樣的習慣不改，對他自己壓力也很大啊。	
C：所以妳會幫助他有自覺囉，讓他自己有動力去改？	摘要、引導
T：對啊！	

（續下表）

（承上表）

第二次諮詢	技巧解析
C：好，那麼這個禮拜，就請妳用剛剛想到的方法回家試試看，下次我們見面時，再來看看宇明的情況有沒有改善？ T：好。謝謝老師這麼幫忙，陪我一起看宇明的問題。 C：不客氣。	

第三次諮詢	技巧解析
T：老師好！	
C：林太太妳好！妳看起來很高興。是不是有什麼新的進展？	拉近關係、確認目標及結果
T：對啊，很謝謝老師上次跟我談呢。上次我回去後，就帶宇明去吃他最喜歡吃的日本料理，我沒有逼問他有關功課的事，也沒有唸他說制服看起來髒髒的，結果氣氛很好。	
C：嗯，難怪妳看來這麼高興！	同理
T：呵，還有啊，我有在前天晚上他妹妹去補習時，和他在家裡好好的坐下來談一下，我問他對自己每天的生活喜不喜歡，結果他對我大吐苦水，說他壓力很大，但是又沒力去改變。	
C：那妳在聽完之後，怎麼辦？	引導
T：我覺得宇明好可憐，因為過去我們太注意他了，一直要求他，都沒有讓他有機會說出自己的想法，其實他已經長大了呢！	
C：妳是說妳覺得宇明已經有能力開始負起自己的責任了嗎？	確認

（續下表）

（承上表）

第三次諮詢	技巧解析
T：對，我現在已經這麼想了。所以我也鼓勵他，說媽媽不會再跟在你的身後一直督促你了，我告訴他我相信他可以把自己照顧得很不錯，但是有需要媽媽幫忙的地方，我還是很願意陪他一起努力的。	
C：聽起來這個禮拜妳做了很多很棒的事。	增強母親
T：對啊，我很努力去改變我自己，也提醒自己不要一直用唸的、一直擔心孩子，也有多鼓勵他。	
C：宇明的爸爸呢？妳有請他一起幫忙嗎？	觀察關係角色的功能
T：有啊！我上次回去的那個晚上就有打電話，告訴他我們談的內容，請他一起來關心宇明。我有請他分別寫信給宇明還有他妹妹，多鼓勵孩子一點吧！那天晚上，爸爸也有叫兩個孩子來跟他說話，我覺得經過提醒之後，講電話的氣氛有好一點，比較溫馨啦，不會像以前一樣就是你好不好、妳乖不乖，要聽媽媽的話就結束了。	是否符合目標行為
C：看起來全家都動起來了喔！	增強全家的功能
T：對啊，比較有活力一點，不會那麼死氣沉沉的。	
C：那關於宇明的生活習慣，妳自己覺得有一些改變嗎？	了解行為改變的狀況
T：我那天跟宇明談完後，有跟他說他可以想一想自己的生活目標、還有功課目標。我有試著把它列下來。宇明說自己想要讓房間不會那麼髒臭，書桌可能要重新整理一下，希望功課可以不要一直拖。那我想到以前一直沒有在他的房間裡面擺一個垃圾筒，所以他都懶得出來丟他房間裡的垃圾，所以就去幫他買了一個垃圾桶。也陪著他在週末把房間清了一次，現在看起來	

（續下表）

（承上表）

第三次諮詢	技巧解析
乾淨多了，而且他也會把衛生紙啦、吃的零食的袋子啦丟到垃圾桶中，不會再到處亂丟，弄得床上、桌上、地上到處都是的。	
C：真是不容易喔，有這麼大的改變。	支持、鼓勵
T：是不錯啦，剛開始喔，希望能持續下去才好。	
C：現在你們已經有了一個新的開始，我想這樣的互動方式很不錯，讓宇明主動，而妳則是看他的需要幫助他，不再像過去一樣地完全是妳主動、他被動。	增強、摘要
T：是啊，他看起來已經不像是個需要我在旁邊一直按鈕的機器人了！	
C：嗯，很棒。那我們來看看功課的部分，妳剛說宇明自己也認為拖是一件很痛苦的事，想要自己能早點完成作業？	觀察行為改變的狀況
T：是啊，他是這麼說的。只是要他一回到家就馬上做功課、讀書實在有點難。	
C：可不可以說說看當宇明每天放學回家時，妳都在做些什麼？	了解媽媽過去的行為模式
T：我以前是會忙東忙西的啦，要不就是坐在沙發上看電視。這個禮拜我有比較注意到每次宇明回來的時候，就會直接去打開電視開始玩電動，所以我就先把電視遊樂器收起來，也先買好點心在桌上，他回來的時候我就叫他來吃點心，這個方法不錯，因為宇明很喜歡放學後有一點小東西吃，那他吃完之後我就跟他說今天先不要打電動吧，我們一起來面對現實，看看今天有多少書要讀，哪些功課要寫，晚一點再打電動吧！	
C：結果呢？宇明怎麼說？	追蹤計畫的實行

（續下表）

（承上表）

第三次諮詢	技巧解析
T：小孩子嘛，好像餵飽了就比較開心呢，他有想了一下，後來還是進房間了，一直到晚上吃飯的時候才出來。那我問他剛剛在做什麼？他說他在寫數學作業。	
C：嗯，所以在功課的部分，這個禮拜宇明也有很不一樣的表現！	摘要
T：不錯啦，好像打仗一樣，每一天都要稍微注意一下，但是又不能太關心。	
C：聽起來妳似乎已經抓到自己可以站的那個位置了？妳在點頭，妳想到了什麼？	增強母親、立即性
T：對啊，現在我覺得輕鬆多了，不會整天煩啊煩的，也比較有時間想想我自己，做我喜歡做的事，也比較會把時間分出來，去看看妹妹的情況。	
C：妳找到了自己可以站得好、又可以使力的位置了，妳覺得呢？	
T：是啊，真的很不一樣。	
C：我們已經談了三次，看起來也有一些很不錯的進步。要不要談一下，對我們談的過程，妳自己覺得怎麼樣？	評估整個計畫和改變
T：我覺得很有幫助，事情變得具體多了，我知道自己可以怎麼做，也試著去做，結果小孩的生活習慣的確有改善，也比較能負責任地做功課，而不是一直拖延。	
C：那麼，我們是不是就先談到這裡。大約一個月之後，我們再聚一次，看看宇明的情況有什麼其他的進展好嗎？	
T：好，非常謝謝老師！	

第四次諮詢	技巧解析
C：好久不見，林太太妳好，已經一個月過去了，妳覺得宇明現在的情況怎樣？妳自己呢？妳自己還好嗎？	拉近關係
T：老師妳好，宇明現在已經有很多的進步了，這一個月來，每個週末我會陪他一起整理房間，因此他的房間看起來整齊多了，聞起來也不會有怪味兒。那在學校的部分，宇明也有把抽屜清乾淨，並且不再把用過的衛生紙或垃圾塞在抽屜裡。有一天放學時，我也邀他隔壁的同學一起在學校附近吃飯，他的同學說願意原諒宇明，也還可以忍受繼續坐在宇明的隔壁，因為現在宇明已經變得乾淨多了。	
C：那麼在妳跟他的互動上呢？妳跟他一直保持很好的關係嗎？	追蹤目標行為
T：呵呵，還可以啦，我有學習去信任他，把他當成一個大人看。這樣我也輕鬆多了，不用再一直唸他、擔心他。當然偶爾我還是會忍不住發飆給他唸一下，但是大體上我自己覺得我們的關係變好很多。	
C：喔，現在你們是好朋友了，我真為你們感到高興！我記得妳以前很擔心宇明有拖延的問題，現在他還會拖延嗎？	同理、追蹤目標行為
T：多少還是會啦，但是已經不再像以前一樣一直打電動啊、看漫畫啊，現在他可以做到放學後不要馬上就開電視打電動，有幾個晚上功課比較多、隔天考很多科時，他甚至沒有打電動，而比較專心地在唸書呢！	
C：聽起來宇明的問題已經有很大的改善了，他現在是一個有活力的青少年，不再像是一個完全仰賴妳才有行動的機器人了。妳自己覺得怎樣？還有沒有什麼部分是妳覺得想再繼續討論的？	評估、了解媽媽的感受、提供討論下一個步驟的機會

（續下表）

（承上表）

第四次諮詢	技巧解析
T：嗯，我覺得很不錯啊，沒想到這樣談幾次真的改善了我和宇明的關係，也讓宇明有動力起來。真的是很謝謝老師。 C：別客氣，這許多的改變是因為妳自己很主動地嘗試，而幫助宇明的方法也都是妳自己想出來的啊！我很為妳感動呢！那我們的會談是不是就到今天告一個段落，如果下次宇明有新的情況，妳覺得需要找人談一談，我很歡迎妳再過來喔。 T：好，謝謝老師！	支持、鼓勵、呈現合作關係

第 **6** 章

方案中心行政諮詢

採取**方案中心行政諮詢**模式的諮詢師多數都是要到一個組織或機構中去了解整個組織的運作以及行政人員的心理狀態。諮詢過程中，諮詢師經由觀察、訪談與調查等方式蒐集資訊與進行評估，之後撰寫一份書面報告，以為後續的方案提供一個諮詢方向或目標。本章將分節說明方案中心行政諮詢的主要內涵以及實施步驟，最後一節則將舉例說明之。

第一節 | 方案中心行政諮詢的內涵

在方案中心行政諮詢的模式中，諮詢師以其對行政和社會系統的知識，心理衛生理論的專業知識和經驗，以及在其他單位所發展的方案來蒐集資料，或對資料進行分析。而諮詢師往往被期許能針對組織發展或方案設計等特殊問題提出見解，並採用書面的方式向委託單位提供建言；另外，求詢者也可自此過程中學習更有效能地處理有關組織發展的相關議題。

一、諮詢師的角色與功能

在此模式中，諮詢師將以其專長提供求詢者協助，因此，在諮詢過程期間，諮詢師往往扮演專家的角色。而諮詢師所關注的焦點，也偏重於該委託單位的執行計畫是否有不妥之處，以數小時或數日來協助求詢者去發掘並解決問題。

因此，諮詢師除了須具備臨床的專業條件外，還須具備有關組織理論、人事安置、行政管理等相關的知識。因為所有的方案都會涉及預算、行政規劃、政策或管理問題，所以提供行政諮詢的諮詢師將被期許能從行政的角度來評估方案計畫（Hays & Brown, 2004）。諮詢師亦有權力要求該委託單位提供必要的資料以完成任務。

又為了促進諮詢的功能，諮詢師要能發揮其蒐集資料、研擬方案與溝通技巧等多種能力，以使組織單位裡的相關人員對諮詢師所提供的意見，能夠經由充分的溝通與具體的資料而對整個狀態有所了解，進而可以建立有效的合作關係。

二、求詢者的立場

前來尋求諮詢的求詢者多半都是其組織中的方案執行者，或者是某公司的董事長或總經理等，因此，他們往往握有相當的權力去執行該等方案，所以，他們自然也具有做決策的能力。換句話說，諮詢師提供具體建議，但是求詢者則是採取主動的態度來面對諮詢的結果，而不是被動的接受諮詢師所提供的建議。因此，求詢者要對自己所做的決定負起完全的責任。

然而，為了使此諮詢具有價值，求詢者應向諮詢師提供必要的資訊，並促使組織單位的成員能給予全力的支援，以使諮詢師在充分的資訊下能做出最好的判斷，進而提出有效的建議或策略。

三、諮詢技術之運用

在進行諮詢初期，諮詢師要能了解求詢者的期待，並且能與求詢者經由協商來擬訂合作契約，並且確認求詢者具有執行方案的權威，以及讓雙方都有共識的工作模式與時間表。因為，當諮詢師能夠明確地知道這些資訊，則可對其工作內容做一個粗略的評估，並決定工作藍圖，以及後續的行動計畫。

在蒐集資料的部分，諮詢師可以用正式或非正式型式，但最重要的是要能取得正確的資訊，然後將此等資訊轉換為有意義的分析資料，並提出建議與策略。

第二節　方案中心行政諮詢的實施步驟

有關此模式的諮詢歷程，Caplan 與 Caplan（1993）曾提出以下幾個步驟：(1)初始接觸與建立共識，此時可透過電話或信件來了解服務的工作內容；(2)進行準備工作，此時開始蒐集並準備一些參考的資料或文件；(3)在委託單位的首要工作，要磋商契約，並對相關問題做進一步的了解；(4)發掘事實；(5)對有關的問題提供初步的建議並給予回應；(6)與主管持續接治；(7)諮詢師提供具體的建議，此時應多與行政人員互動；(8)提出諮詢報告，可以用具有個人風格的型式；(9)進行後續追蹤，以了解諮詢成果。

筆者仿 Caplan 的觀點，將此模式的實施步驟整理如下，以供讀者參考：

一、首先要取得合作的共識

為了讓諮詢服務能在最短的時間內達成工作目標，諮詢師與求詢者必須建立良好的關係，同時要能確認工作的目標，過程中或者以面對面的方式討論，或者以電話來討論合作的方式。而諮詢師也要透過求詢者來了解案主的問題現況，並且了解求詢者曾經採取哪些措施等，以對求詢者及案主本身均有充分的認識，以進行下一個階段的工作項目。

二、對問題進行評估

原則上，諮詢師可以從兩方面來探討求詢者所尋求的協助內容：(1)針對案主本身的問題部分，就求詢者而言，他們往往須在短時間內盡快

地了解應採取哪些措施比較合適，例如他們是否須將案主轉介他人，亦或他們可以採取哪些技術來面對困境等。此時，諮詢師除了要探究案主的問題所在，更應針對案主的生活條件能夠有所了解，尤其是要能敏於覺察案主與求詢者之間的關係是何等狀態；(2)就求詢者的責任與資源及其與案主所建立的工作關係部分，諮詢師應從案主的陳述來了解案主與求詢者的關係，且諮詢師應扮演著案主與求詢者之間的溝通橋樑。

三、提出諮詢報告

在對求詢者的困擾進行了解之後，諮詢師在寫報告時，應選取適當的措詞來說明諮詢服務的內容與工作方向，其用語應力求審慎，並且所敘述的內容都必須是直接且明確的。

四、諮詢師的建議

諮詢師要能針對求詢者所提出的問題提供建議，但是所給的建議要能與求詢者本身的條件相符，同時要能了解求詢者可能的限制。

五、追蹤

在諮詢服務結束之後，諮詢師最好能對求詢者的狀況進行追蹤，其目的在於確認諮詢的成效，但是，不要讓求詢者失去其應有的自主性和獨立性。

第三節　案例示範

例如，曾有以方案中心模式對一個日間兒童照護中心整個服務系統提供為期兩年的行政諮詢服務。在該方案中，包括十三名資深員工，他們分別任職於各層級，年齡從二十七歲到五十九歲都有，且均為女性。在十四週內，以隔週會面一次的方式進行。訓練期結束之後，成員表示

此方案有助於其在中心擔任督導的角色，不僅更能解決行政上的困境，也使之對自己的工作更為滿意。

　　為了讓讀者能對方案中心行政諮詢的模式有所認識，本節擬以邱強（2001）與 Dougherty（1995a）所提出的案例作為示範，其中迪士尼公司與嘉寶公司的案例是邱強（2001）為多家企業提供專業諮詢服務的其中兩個案例，而中輟生預防方案則是 Dougherty（1995a）在書中所介紹的案例。茲分述如下：

一、迪士尼公司

　　該公司曾經因為在生產速度上出問題，因此前來尋求專業諮詢。邱強為迪士尼公司的出產品進行診斷，發現他們的電影製作已經做了量化處理，例如每部電影有十七個接吻畫面、四十五次接吻、兩次暴露，以此來吸引觀眾。但是，如此一來，他們拍片的時間也就拉長了，因此，拍一部片子就要花上兩三年，以致和市場需求會有些差距。為了縮短拍片的時間，邱強建議迪士尼公司把昔日一直使用的拍攝方式做一些調整，由原本一個場景接一個場景拍攝改為在七個場景同時拍攝，如此一來，雖然造成嚴重的工作壓力，但是卻可縮短拍攝的時間。此等調整將可使拍片的時間縮減成六個月，能夠抓住觀眾的胃口。也因此使迪士尼公司的每部電影都能大賣，造成轉虧為盈的成功局面。

二、嘉寶公司

　　該公司已成立四十多年，他們的產品行銷全球，但是在 1994 年面臨營運上的危機，因此，該公司的總裁 Den Johnson 前來尋求專業諮詢。邱強協助嘉寶公司建立起危機管理制度，以化解當時公司所處的困境，並且改善公司的經營策略。過程中，諮詢師與嘉寶公司的十六位經理開會，以六天的時間進行討論與教學的活動，讓嘉寶公司能對產品進行監控，其中包括建立監控制度，並針對時間、品質與成本三者進行監控。

此等措施讓公司能夠掌握住嬰兒食品的市場，因而使該公司的產品得以占據主要的市場，而使該公司再創事業的高峰。

三、中輟生預防方案

有一位心理衛生諮詢師經由聯繫，同意協助在大型市區內的某所國中擔任主任級的諮商師去處理中輟生預防方案。這所學校的中輟生所占的比率，近三年來，與他校相比，總是名列最高比率的名單裡。在進行諮詢工作以前，諮詢師對當地的中輟生預防方案進行全面的了解。

諮詢師利用一天的時間去熟悉該校的日常作息，然後在第二個星期，花一些時間與行政人員、方案執行人員及學生做深度的訪談，以討論整個方案的構想。諮詢師指出現行方案會讓人覺得不是很好，甚至多數的學生都表示這個地方不好玩，教師們認為那些活動不像上課，因此，此方案無法被學生和工作同仁所接受，以致執行上很困難。除此之外，諮詢師也指出方案執行人員缺乏足夠的訓練，對於學生的需求也不夠敏銳。

基於此項結論，諮詢師對現行方案提出幾項改進的建議，其中也包括能對方案執行者提供一些專業訓練。諮詢師建議的方案如下：能以行政人員、學生、教師諮商中心及方案計畫者共同成立一個委員會，而方案執行者則每年要對該委員會提出有關中輟生的現況與改進方案，尤其是要重視學生對中輟生預防方案的觀點。

在三個月之後所做的追蹤發現，該校非常積極地投入中輟生預防方案的執行工作，而方案執行人員也以在職進修的方式在某個諮商研究所攻讀碩士學位。

第 **7** 章

求詢者中心行政諮詢

　　與其他模式相較，**求詢者中心行政諮詢**是心理衛生諮詢當中最為複雜、最有趣，與最不容易做到的一種模式（Dougherty, 1995a）。因為，諮詢師的合作對象是組織中高階的行政首長，其工作目標往往是和整個組織的政策休戚相關，因此，求詢者本身的人格特質就具有關鍵性的地位。本章將分節介紹此模式的主要內涵與實施步驟，最後一節則舉例說明之。

第一節　求詢者中心行政諮詢的內涵

　　在求詢者中心行政諮詢的模式中，諮詢師最關心的問題並不是蒐集與分析和機構本身有關的資訊，而是協助求詢者去補救他們所面臨的困境或不足之處，例如知識上、技術上或自信心的不足，以及個人的客觀性，或團體中的困境如領導者問題、權威角色、互補角色與溝通裂隙等，以使求詢者能夠獨立地為機構發展方案。所以，Caplan 認為此模式是四種心理衛生諮詢模式中最具挑戰性的一種諮詢服務（Caplan & Caplan, 1993）。

　　例如，邱強（2001）曾以前美國國務卿克里斯多福為例，指出在協助官方處理 1992 年洛杉磯暴動時，他多次向克里斯多福提出簡報，但是卻一直無法得到相對的回應。一直到邱強採取朋友對朋友的身分來提供意見，克里斯多福才接受了他的意見。本節將從諮詢師的角色與功能、求詢者的立場、諮詢技術之運用等三方面做進一步的說明。

一、諮詢師的角色與功能

在此模式中，諮詢師必須面對數位因其行政職務的關係而成為求詢者的工作夥伴，而諮詢的時間也多半需要長期，甚至多達數月之久，有時甚至長達一年，端視求詢單位的組織大小與其需求程度。然而，整體而言，諮詢師被期許能提供專業性的角度，以協助求詢者處理當前之困境。所以，亦如方案中心行政諮詢的模式一般，諮詢師扮演的是專家的角色。

為了能提供專業協助，而求詢者所期待的又多半是強調組織政策的問題，再加上求詢者的人數可能同時包括好幾位，因此，可以想見的，諮詢師必須具備多元化的專業知識，例如能運用團體動力技術的團體諮詢；對社會系統具有專業的知識；對行政系統的運作有所了解；以及組織理論學等。除此之外，有關策略運用與系統間的合作技巧也是諮詢師不可或缺的專業技術。而諮詢過程中，諮詢師更是要發揮力量來鼓勵求詢者去思考並參與討論，讓求詢者願意去執行決策與方案內容。

二、求詢者的立場

顯然的，與諮詢師洽談的求詢者要針對諮詢師所需要的資訊提供協助，並安排必要的活動，以利諮詢師能在最短的時間之內就掌握住處理的方向。換句話說，在此過程中，求詢者扮演著相當積極而主動的角色，以協助諮詢師了解此諮詢的工作目標。

由於諮詢師的功能在於協助該組織的發展與成長，因此，求詢者必須提供組織中的各種資訊，使諮詢師能做出正確判斷。然而，求詢者也要慮及透露訊息之後對組織所造成的影響，因此，求詢者在聆聽諮詢師的意見時，可能也要衡量在提供訊息時所帶來的冒險性，並維護組織的利益與安全性。

三、諮詢技術之運用

原則上，所有的諮詢技術都是採取一貫的手法，諸如建立良好的合作關係、蒐集相關的資料、研擬並決定採取有效之策略、執行策略到結案與追蹤等。然而，此模式更為強調以下兩個部分（Dougherty, 1995a）：

1. 除了組織中的最高決策者以外，是否還有他人是共同合作的工作夥伴，因為，多半行政主管會安排其屬下扮演與諮詢師合作的主要角色，所以，確認合作對象是非常重要的一環。

2. 要協助求詢單位的成員對諮詢師的角色有所認識，以緩和該組織成員對諮詢師所產生的敵意與抗拒。因為，組織成員對諮詢師會有戒心，擔心諮詢師的介入會影響到其個人或組織的未來發展。然而，在此合作的過程中，諮詢師必須仰賴他們充分的配合以蒐集正確的資訊，然後做出判斷。所以，化解求詢單位成員的防衛心態益加重要。

第二節　求詢者中心行政諮詢的實施步驟

心理衛生諮詢模式相當重視人與環境之間的互動，所以，也就益加關心系統、行為改變與人類生態環境等因素。因此，心理衛生諮詢師會開始注意組織發展諮詢的重要性，而生態學的觀點則為諮詢工作提供更廣的視野，使諮詢服務可發揮更大的功能（Ingraham, 2016; Newman & Ingraham, 2016）。

主張生態學觀點的學者認為，只是有良好的夥伴關係或者只是幫助求詢者態度有些轉變，並不足以引發變化。必須將組織中的有效資源納入考慮，方可促進真正有意義的變化，並且要強調預防重於一切的原

則。在進行此模式的過程中，諮詢師可依照以下的步驟進行：

1. 選擇合作夥伴，而合作對象可能是一位也可能是一群行政人員。所以，諮詢師要有心理準備，前來參與諮詢的求詢者會有變動，且接觸的時間與頻率也有所不同。並且，會進行這一類諮詢的工作場所多數是在大型機構，例如醫院、學校、企業組織等，他們彼此間的型態有很大的差異。

2. 安排初次會晤，此時要訂契約，契約並沒有固定的格式，可依諮詢師的偏好設計，但是，在這個過程中要與最高的主管會晤，並做保密的約定。

3. 建立關係，此時諮詢師的基本任務就是要營造一個相互信任與尊重的合作關係。

4. 探究社會系統，此時要能抓取機構中的現象以計畫介入策略，例如要知道學校系統與醫療系統是不一樣類型的組織，所以，整個行政系統的理念與運作也有很大的差異。

5. 研擬策略，針對問題現象分別提出多個方案，依每個方案的有效性、執行難易度、人員分配、經費運用等多項因素來考量何者較為妥善，並向組織單位提出建議，然後執行最後所做之決策。

6. 結案與追蹤，在執行策略之後，雖然已經結案，諮詢師仍要對執行的效果進行評估，並對後續的影響有所了解，以為日後的參考。

因此，Kelly（1987）指出，生態觀點強調三個主要理念，Dougherty（1995a）亦認為一個諮詢師應以此等理念為努力的目標，以提高諮詢的效益，茲分項說明如下：

1. 每個社會單位都只有一個有限的資源去發展他們自己的組織。

2. 在一個良好的環境裡，其成員就會表現出多種能力。

3. 預防策略的目的在於誘發並促進資源。

　　而諮詢師要能確認在此組織系統中可以運用的社會資源有哪些？以及成員之間可以互相幫助的地方為何？因為，這樣互相支持的力量將可促進組織或社區發揮力量。

<table>
<tr><td>第三節</td><td>案例示範</td></tr>
</table>

第三節　案例示範

　　有關求詢者中心行政諮詢的案例往往涉及一群人員的參與，所以，身為諮詢師的專業人員就要能從每一位相關人員的需求去考量妥善的策略與步驟。本節將分別從 Dougherty（1995a）、邱強（2001）與鄔佩麗（2000）在書中所列舉的案例為例作為此模式的示範。

一、社區心理衛生中心的工作壓力

　　Dougherty（1995a）曾指出，有一位社區心理學家受邀前往某社區心理衛生中心進行諮詢工作。因為該中心的特殊個案量急速增加，其中包括愛滋病患者。最近獲知，曾在此中心工作的夥伴罹患了愛滋病，所以，該中心的工作人員對於服務愛滋病患者有些抗拒。諮詢師於是決定採取求詢者中心的模式對此中心的工作進行行政諮詢。

　　在進行諮詢的初期，諮詢師只針對中心工作人員的工作內容進行討論，並未提及有關愛滋病的部分，直到有人提出這個問題，諮詢師才開始協助他們去面對因工作性質所帶來的不安情緒。經過四次的會談之後，諮詢師與該單位約定將在六個月之內進行後效追蹤。

二、美國某鋼鐵公司的營運危機

　　Rocky Mountain Steel 公司在 1994 年面臨破產的危機，該公司老闆 Del Smith 前來尋求專業諮詢的協助（邱強，2001）。邱強提出了所謂資產保護的觀念，但是 Del Smith 對此想法有所質疑，因而花了一個月的時間才想通其中的道理，但是，這家公司的其他持有人卻有待邱強為他

們做進一步的說明，因而在說服了所有的相關人員之後，整個處理策略才按照預定的計畫進行，終於在邱強派了十位專業人員進駐該公司，成立法律、危機分析、資產保護及營運改進四個小組，以八個月的時間協助該公司化解了危機。

三、某國中的性騷擾事件

某所國中發生男教師對女學生有性騷擾嫌疑，在女學生向學校哭訴之後，校方除了安撫學生，更積極地與家長聯繫。在取得學生家長的信任之後，校方開始與該名男教師進行討論以找尋解決之道。在此協商期間，學生家長可能是看到孩子的情緒狀態不佳，因此對校方有所不諒解，準備訴諸媒體，並請民意代表介入。筆者在此情況下受校方之託協助處理此事件。

由於校方擔心此事件擴大之後會更加傷害到學生，也會使學校的名譽受損，所以，進行此諮詢的過程中，必須顧及校方的立場，但是又要慮及相關當事人的處境，因此，在邀請相關的人員參與討論之時，就是讓每一位有充分的機會說明其個人立場，而該名學生是在其家長同意的情況下，由筆者在輔導老師的陪同下進行確認事件，並對該名學生的心理狀態進行診斷，同時也採取一些處理策略以使學生能充分地宣洩情緒。

在與學生家長及其他人員做過討論之後，筆者和該校的校長與輔導主任做報告，一方面協助他們了解目前各相關人士的狀態，一方面則聽取學校本身的立場，於是筆者對此事件的處理提出建議，並徵詢學校的意見，以為研擬計畫，並採取行動。在歷經一個月，每週一次的處理與會商，女學生又出現活潑且自信的樣貌，家長在心情放鬆的情況下願意原諒該名教師的不當舉動，而學校也要求該名男教師能夠自律，並與其討論如何以適當的方式與學生互動，使之能夠避免不當行為再次為其製造糾紛。

第 **8** 章

諮詢的技術與策略

在諮詢過程中，介入的技術與策略扮演著極為重要的角色。基本上，有效傾聽的技術將可降低訊息傳遞錯誤的機率，而專注且積極的傾聽更有助於建立信任關係，並且可以讓諮詢師能掌握求詢者的情緒脈動，逐步釐清求詢者所處的困境與緣由。因此，善用初次會晤的時機，諮詢師可以敏察求詢者的思考架構、個人特質，以及其他會影響到診斷過程的諸項因素以蒐集相關資料，將可提高處理的成效。又在初次的會晤中須釐訂諮詢的**保密**（confidentiality）契約，此契約只對諮詢師有限制，但是求詢者則不受此約束。有關倫理規範的部分，本書將於第十二章做詳細的說明，本章則將依關係建立、主題干預議題，與各學派的技術與策略三個主題分節介紹之。

第一節　關係建立

有效能的諮詢師必須擁有某些有利於建立關係與做決定的人格特質，並且具備一些如人際與溝通技巧的知識與技術（Dougherty, 1990, 1995a）。而最重要的特質之一就是要對其個人的價值觀有高度的自覺；其次為要有能力去解決問題；第三則為要能與他人建立起**工作聯盟**（working alliance），如此一來，才能使諮詢服務的成效發揮到最高點。本節將以如何建立有效的工作聯盟提出說明。

在建立關係時，Caplan強調應注意以下四個要件（Caplan & Caplan, 1993）：(1)要知道不只是與個人建立關係，同時也要與整個機構建立關

係；(2)要與求詢者的主管建立關係；(3)要對組織型態有所認識；(4)要建立互信與彼此相互尊重的氛圍。諮詢師不宜對情境驟下判斷，可以用詢問的表達方式來了解問題所在。至於在溝通時可能會出現的障礙，則可能來自以下兩個因素：(1)雙方對問題的見解有歧見；(2)求詢者的錯誤認知與非理性期待，如文化因素或刻板印象等。因此，諮詢師要敏於覺察求詢者在行為上的線索，能體察出語言或行為中的內在意涵，尤其是防衛性的行為，並要盡可能地確認求詢者的想法。多採用問話方式來搜集資料，同時也要避免讓求詢者做冗長的描述。

理想的諮詢關係必須是一種合作式的相互依賴。求詢者會對諮詢師有所依賴，諮詢師將提供求詢者情緒上的支持，並幫助求詢者在觀念上有所啟發。若要提升諮詢師與求詢者的關係，則可透過以下兩個途徑：(1)建立自發性的**親密**（proximity）關係；(2)安排正式的會談。事實上，求詢者會因為案主或諮詢師的緣故而產生焦慮。當一個諮詢師能對求詢者表達同理心，能給予求詢者更大的包容度，並深信只要蒐集到充分的資訊就可以了解人類的行為，求詢者就能夠放心地和諮詢師建立起有效關係。至於有效的關係應如何建立，則可以四個積極傾聽的技巧來討論，茲分項述之如下：

一、肢體上的專注態度

根據實際的臨床經驗，一位助人者面對案主時，首先要能表達對案主的歡迎與接納。而助人者在肢體上的動作是最足以讓案主決定是否要相信這個專業關係。因此，學者們根據經驗將肢體的行為表現分為五個主要部分，以幫助初學者能逐漸掌握箇中的訣竅。

首先，助人者要能夠以直接且面對面的姿態來與案主對話（即straight），如此一來，就助人者而言，可以表現自己真誠的面貌，就案主而言，可以因為能明確地看到助人者而放心地參與會談中；其次，助

人者要表現出開放的態度，在肢體上能以略為前傾的姿勢來面對案主
（即 openness），使案主感覺到助人者對他這個人與他的問題有興趣了
解，使之感受到助人者的關心；第三，助人者可以將身體靠在可以支撐
他的物體上，讓自己的身體可以略為傾斜（即 lean），以使自己的身體
能夠很自在地呈現在案主面前，如此一來，案主也能放鬆地參與兩人之
間的互動中，使雙方的互動是自然與放鬆的；第四，助人者要能與案主
在視線上有所接觸（即 eye contact），以使案主可以感受到助人者是真
的願意了解他，並且尊重他；最後，就是助人者要讓自己放鬆（即 rela-
xed manner），以很舒服且很自在的樣子來與案主互動，如此一來，案
主也能夠逐漸地放鬆下來，更利於他表達自己。有的學者甚至以每個重
點的第一個英文字的大寫組成 SOLER 這個單字來說明肢體專注的重點，
以利於初學者記憶。

二、心理上的專注反應

在會談的過程中，助人者須運用一些會談技巧來幫助求助者能充分
地表達出他們個人的困擾以及他們個人的處境，如此方可使助人者能蒐
集到充分且有意義的資訊，進而研判並採取適當的策略。在此會談技巧
中，有三個基本助人技術是所有助人者應具備的專注反應，他們分別是
複述內容、情感反映與語意解析三者（見附錄一）。

複述內容（paraphrasing content）就是助人者將求助者所說的話以同
樣的語言再重複一遍，其目的在於讓求助者知道助人者已經聽到他所說
的話了，並且讓求助者可以衡量一下自己所說的話是否真的就是他想要
表達的內容。因此，這個技術一方面幫助助人者確認自己所聽的話是否
正確，另一方面也幫助求助者確認自己想說的內容是否已為助人者所
知。而此互動可加強求助者對助人者的信賴，且可因此讓求助者更能放
心地表達他個人的狀態。換句話說，複述這個技術具有確認問題的功

能，但是，助人者應適當地運用，如果過度使用此技術可能會讓求助者覺得助人者像是鸚鵡一般與人說話的感覺，而使求助者感到不耐，破壞了尚不穩定的信賴關係。

　　情感反映（reflection of feelings）則是指助人者針對求助者所說的話當中涉及情感的部分給予回應，但是並不針對求助者所述說的內容加以回應，以此來確認求助者的心理狀態，並藉此來傳達助人者對求助者的理解與關心。事實上，求助者在聽到助人者所做的回應之後，往往會更容易表達自己內心的想法，因而使助人者對求助者有更多的了解，進而提供更有效的策略。換句話說，情感反映不僅具有確認求助者狀態的功能，更發揮了幫助求助者充分表達的功能，同時也可以引導求助者對自身的問題有更清楚的認識。所以，一個助人關係會因為助人者運用情感反映技術而使彼此的關係更為穩固，而提高助人的成效。

　　所謂的**語意解析**（moving from the explicit to the implied）是指助人者從求助者所說的很明確的部分，逐漸去挖掘隱含其內的深層意義，以使求助者在助人者的幫助下，對自身的問題能由淺到深，對自己的狀態有更深刻的了解，而整個過程則是在求助者不受威脅的情況下進行。顯然的，此技術將可使助人者對求助者的處境找到更有意義的解釋，使後繼所採用的策略更有效果。所以，助人者運用此技術，除了可以讓助人關係具有專業性發展，更可使整個助人歷程得以縮短期間，求助者因此能以最短的時間得到幫助。

三、探索問題的技術

　　基本上，**探索問題的技術**（exploration）是助人者為了了解求助者所處的困境而採用的一種開放式問話技術，整個過程必須強調是在有意義問話的條件下進行。也就是說，助人者必須知道自己是為了什麼原因要去問這些問題，否則，就不算是一種技術。

　　換句話說，除了初見面時的基本問題外，一個助人者在運用探索問題的技術時，在其心裡要有一個藍圖，也就是說，他應該要根據他所勾勒的圖像來蒐集資料，如此一來，這些資訊才會有意義，並且可以凸顯問題所在。所以，有的學者認為，一個會發問的專業人員就是一位理想的助人者。諮詢服務過程中，諮詢師探索問題的技術至為重要，因為他所有的探索問題都是根據他的專業判斷而形成的，因而，此技術將可使整個問題的處理焦點得以朝向具體方向發展。

四、聚焦技術

　　為了讓會談內容能夠不流於漫談而浪費時間，運用**聚焦技術**（focusing）將可使會談內容能有明確且較清晰的方向，茲以澄清與摘要兩者來說明聚焦技術。

　　澄清（clarification）是指助人者針對求助者所說的話中的內容進行確認的動作。基本上，當求助者要釐清案主所提供的訊息或情感表達當中出現矛盾或衝突時，針對這些部分所採取的確認與釐清即是此一專業技術。

　　摘要（summarization）則是指助人者在會談告一個段落，或者是在陳述案主的一段話之後，將整個內容以重點式做一個提要，此舉可用來確認助人者所蒐集到的資訊是正確的，同時也可作為一個討論內容的結束，開啟另一個談話的主題時使用。同樣的，此舉也可協助助人者與求助者能夠專注在討論的議題上，並做出下一個目標的決定。

　　換句話說，無論是澄清或是摘要都可使會談的內容能夠聚焦，同時也使談話內容更具體且有系統性，以使助人者更可盡速地發掘妥善的措施與工作目標。

　　又Caplan與Caplan（1993）指出，在第一次會談中，除了蒐集資料與建立關係外，諮詢師應避免做出最後的結論，並說明四個理由如下：

(1)可能導致不成熟的結束,因為資訊不足;(2)可能讓求詢者以為問題獲得解決而對案主不再謹慎以待;(3)使求詢者與諮詢師切斷關係;(4)可能讓求詢者誤以為可靠他自己處理問題,而未能透過諮詢來防範問題發生等。此等提醒或許也作為初學者重要的參考,以提高諮詢的有效性。

然而,Dougherty(1995a)認為,除了建立關係是進行諮詢服務的第一步外,諮詢技術當中還包括問題解決技術、與組織合作的技術、團體技術、有能力處理多元文化議題的技術,以及處理涉及倫理與專業行為的技術等項目,也是一位諮詢師應該具備的基本技術,一如本書第二章第四節所述之內容。下一節將以諮詢技術中最核心的部分,即有關主題干預議題作為重點說明之。

第二節　主題干預議題

顯然的,諮詢師的專業技術應包括多元文化的知識與技術、建立關係的前置技術與關係技巧、諮詢師是問題解決者、問題確認與目標設定、策略選擇與執行,以及評估與結案等技術(Brown et al., 2001)。尤其是,在一個有效能的諮詢服務中,要能同時顧及認知與情感兩個層面(Dinkmeyer & Carlson, 2001)。因此,諮詢師本身的價值認同這個因素就更成為影響諮詢歷程的變數。所以,諮詢師應審慎的看待自己的價值系統。茲以種族認同為例,來加以闡釋諮詢師本身的價值觀為何對諮詢服務具有關鍵性的影響。

Helms(1990, 1992)根據他與歐裔美國人工作的經驗指出,一個人種族認同的發展過程可以分為六個階段來看待:(1)**初晤期**(contact),此時認為所有的人都應該被公平對待,沒有慮及有關種族或族群的存在要素;(2)**解離期**(disintegration),此時會開始意識到文化差異的存在,但是仍會將之歸諸於個人因素或環境的因素所造成的差異;(3)**重整**

期（reintegration），此時會真的感覺到有文化差異，且為此而感到卑微；(4)假性自主期（psedo-independent），此時認為應該強調自己本身原有的價值觀，但是仍然會想要尋求幫助；(5)浸入／浮出期（immersion/emersion），此時想要去探索與其種族認同有關的資訊，並參與在能促進文化差異的龐大認識與技術的活動中；(6)自主期（autonomous），此時處於能持續運用適用於該文化的技術或策略，能去比較各文化間的差異，能了解因為種族自我認同所造成不公的後果，並且會去糾正此現象。由此觀之，一位諮詢師的價值觀將在其助人的過程中扮演何等重要的角色。本節將先介紹與助人者的個人因素具有最大關係的主題干預這個現象，然後再就如何降低此現象說明策略，最後則說明求詢者的抗拒現象。

一、主題干預

有學者認為，求詢者之所以無法維持專業的客觀態度，多半起因於他們的過度涉入，或者因反移情、歸因紊亂、主題干預等因素使之在助人過程中遇到了瓶頸，因此尋求幫助（Caplan, 1970）。例如當一位諮商人員面對家庭暴力的施暴者（如毆打妻子的丈夫）時，施暴者向諮商人員表示，他的妻子總是亂花錢，卻又屢勸不聽，甚至跑回娘家躲起來，讓他在妻子娘家人面前很沒面子，而且回到家裡竟然還嫌他賺錢太少，說個不停，讓他火冒三丈，只好動手來讓她閉嘴，其實他也不想打她，因為他很愛她啊。由於施暴者的表達方式相當溫和有禮，讓諮商人員認為他只是一時的氣憤，所以認為這對夫妻需要學習溝通，於是準備安排夫妻兩人同時會談。

然而，施暴者會以毆打的方式來叫妻子閉嘴，一方面代表施暴者內心有很強烈的憤怒情緒，另一方面則可能暗含著施暴者將妻子視為需要管教的對象。換句話說，夫妻兩人是處於不平等的狀態下，而夫妻間不

平等的關係勢必造成家庭裡的情緒緊張狀態，也使一方處於強勢，而另一方處於劣勢，則強勢的一方就成為施暴者，而劣勢的一方就成為受暴的對象。當諮商人員邀請兩人會談時，長期處於劣勢的妻子在心理上仍是不安且懼怕的，縱使有諮商人員在現場，夫妻關係仍是不平等的，因此會談將造成受暴者更多的無望，使這個婚姻將繼續陷入同樣的僵局中。

顯然的，諮商人員因施暴者的斯文有禮以及懊惱的自責態度，過度輕忽了這對夫妻間的不平等關係，也就是說，諮商人員的個人生活經驗影響到他的專業判斷，而使之在處理個案時陷入了膠著狀態，這就造成主題干預的現象。

換句話說，所謂的**主題干預**（theme interference）是指求詢者（即此例的諮商人員）在生活經驗裡，未能充分解決過去的生命經驗所烙下的主題痕跡，與必然會有負面結果的主題痕跡結合，是一種持續性呈現在求詢者的推論方式，而這些未經處理的推理往往帶來負面的情緒狀態（Caplan & Caplan, 1993）。此點或許是求詢者在潛意識下要去解決他們生命中尚未解決的問題所採取的動作，就防衛機轉的術語來說，可說是一個較不具威脅的**轉向**（displacement）防衛機制。

在此例中，如果諮商人員的成長過程中，曾經被父母責打並且自認為做錯事應該被打，並且在其內心中仍然還存有懼怕的心態，甚至將父母打他的動作視為愛的象徵，會將自己視為是會犯錯的小孩，須被糾正。而諮商人員此等尚未處理完的心理衝突所造成的主題痕跡也就干預到他處理此次案例的推理歷程，因此對施暴者的行為以合理化的態度來看待。

二、降低主題干預策略

諮詢師的功能在於化解求詢者所呈現出來的主題與干預兩者之間所

產生的連結，或者協助求詢者重新確認兩者的關聯性，這個協助的過程稱為**降低主題干預**（theme interference reduction）策略。為了降低主題干預對求詢者的影響，諮詢師可以採取以下三個主要步驟（Caplan & Caplan, 1993），茲分述如下。

（一）主題評估

顯然的，在進行諮詢之前，必須先確認這個問題是否適合進行諮詢服務，然後再確定要採用案主中心或者求詢者中心的型態。如前述案例中，當諮商人員前來求助時，諮詢師根據其所提供的資訊判斷，諮商人員與案家的合作關係不僅未能抒解這個家庭的緊張情勢，並且也使諮商人員陷入挫折與自責的情緒中。顯然的，必須採用案主中心的諮詢模式，使其案家的問題先解決，以降低諮商人員的自責與不安程度，使之有信心繼續與案家合作。

在進行主題評估時，首要工作是篩選要執行的工作項目，對於需要進行諮詢的問題加以評估；其次評估求詢者的行為，例如求詢者投入在案主的情感反映與認知反應等；最後則是評估求詢者經驗中無法抗拒的結果。

根據諮商人員的敘述，施暴的一方有意維繫這個婚姻關係，而受暴的一方也為了孩子仍然想要維護家庭的完整，所以並無離婚的打算。但是兩人間的互毆已對子女在學校的行為造成重大影響，而諮商人員企圖協助夫妻雙方採取建設性的步驟處理兩人的歧見。所以，幫助案家能採取有效的途徑去看待這個婚姻關係是諮商人員前來求助的重點工作。在確定這個方向之後，諮詢師開始了解諮商人員對這個家庭的觀點以及曾採取的策略，又有哪些方法有效？哪些方法無效？據此來判斷諮商人員的認知與情緒狀態，並評估諮商人員適用之諮商的技巧以及對處理結果的心理準備度。

（二）決定策略

其次，諮詢師須依據評估問題的結果決定將採用什麼策略。為了要降低主題干預，基本上，諮詢師可以使用四種策略，例如：(1)聆聽案主的口語行為，在求詢者所說的可能發生的結果之外，另外提出其他可能發生的後果，但是不要反駁求詢者的想法；(2)抓取可行措施的口語行為，用說故事的方式來幫助求詢者化解過度膠著於某一個主題；(3)觀察求詢者的非口語行為，以尊重與關心的態度聆聽；(4)重視關係建立的非口語行為等。筆者在進行諮詢服務時，會藉由具體地了解事件本身以及案主的行為反應來對求詢者加以判斷，求詢者是否有主題干預的傾向，然後採取有助於諮詢效果的策略。

顯然的，諮詢師要能藉由諮商人員所敘述的案家行為來判斷，除了目前所觀察到的結果外，還有哪些後果可能發生？諮詢師可以分享過去的經驗以幫助諮商人員能對自己所採用的策略有所省思，並找到膠著之處。在過程中，以尊重並關心的態度來幫助諮商人員找到他可以使力的地方，以及可採取的步驟與策略。

（三）進行評估與追蹤

最後，諮詢師根據案主的行為與求詢者可以發揮的功能評估成效，並且進行追蹤以觀後效。

基本上，諮詢師要能幫助求詢者預估，當他採取所討論的步驟與策略之後，求詢者可能面對的後果，而他可以如何去看待或可以採取什麼態度或動作。換句話說，在接受諮詢之後，求詢者要能對自己的陷入膠著狀態找到答案，也有能力採取一些步驟使案家的生活能更健康與快樂，並且有能力面對因這些改變所帶來的問題，並接受或化解它們。

三、抗拒現象

可以想見的，人們對未知的害怕、擔心失去地位、擔心自尊受損等因素都會使一個人傾向於**抗拒**（resistance）的行為表現。而社會組織文化中的價值觀、行事習慣、對成功的迷思，以及社會化的行為，在在都會促使組織系統採取抗拒來面對改變現況。因此，組織發展諮詢師會去尋求系統中的領導者合作，並建立溝通的管道，同時會考量到文化的因素，以因應組織中的抗拒現象。

就一個人的行為而言，抗拒是一種自我保護的機制（Parsons, 1996）；就一個系統而言，逃避改變所引發的抗拒現象更是系統要維持現狀的自然現象（Argyris, 1970a; Bennis, 1965）。Parsons（1996）認為，當一個系統面臨到四種可能時，就會出現抗拒反應，這四種可能因素包括：權力平衡受到威脅、會造成大量耗損、出現不當的溝通，與承襲已久的傳統或社會規範。他同時也強調，若要減緩系統裡的抗拒現象，主事者應把握住以下五個原則行事：(1)讓改革與文化相容；(2)以微調來執行改變的動作；(3)與有意見的領導者聯合作業；(4)讓諮詢師逐漸發揮力量；(5)在危機中促動改變，因為在沒有危機的時刻，系統會拒絕改變，而在有危機的時刻實施改革，則可將抗拒的程度降低。

既然抗拒是一個可預期的現象，諮詢師也須了解求詢者可能出現抗拒的反應，而求詢者會出現抗拒行為的原因可歸類為以下四種（Brown et al., 2001）：(1)以現實考量認為不可行；(2)對如何執行計畫缺乏充分的資訊；(3)在執行計畫過程中採取不當的技術；(4)失之於過於主觀的認定。尤其是模糊不清、工作過度、策略過於複雜、傳統習慣、損耗過大（sunk costs 或 psychic costs）、對原來的領導階層造成威脅、對文化差異或性別與種族因素不夠敏感等，這些因素會助長組織裡的抗拒現象。因此，Dougherty（1995a）指出諮詢師宜讓求詢者自己做選擇，給他們

一些空間，而不要企圖去說服求詢者或者要給求詢者建議，以免助長求詢者的抗拒反應。

至於要如何因應來自求詢者的抗拒反應呢？Dougherty（1995a）也提出了幾點建議如下：

1. 建立一個信任並緩和害怕情緒的有力關係。
2. 盡量採取合作的態度。
3. 營造出的諮詢情境將可產生正面的影響，並且讓人覺得付出的時間是划算的。
4. 盡可能讓求詢者來做選擇。
5. 在歷經此過程之後，可明確指出諮詢帶來的幫助在哪裡。
6. 能將諮詢過程中的工作量有所分配，以使求詢者願意去承擔他的責任。
7. 在整個過程中，要讓求詢者有充分的自由度。
8. 從一開始就要弄清楚諮詢的本質。
9. 能引用各種具體且有爭議的例子來質疑在認知上所呈現的扭曲現象。

當然，最好還是要避免所有可能助長抗拒反應的所有因素。當抗拒現象已經出現，則可從降低威脅性、發展出正向的期待、提供獎賞、釐訂契約，或者讓求詢者感到有能力做到，以及促進諮詢師在多元文化方面的敏感度等方向來努力，以使抗拒的反應可以降低到最小的程度。

第三節　各學派的技術與策略

為了要能建立關係，諮詢師的聆聽技巧、接納態度、回饋反應都是極為重要的技巧，如果能有效地蒐集資訊並加以運用，以解決問題，則可提高諮詢的功能。

　　因此，在進行諮詢的過程中，諮詢師是否能夠運用有效的方法來蒐集資料，將可影響到諮詢的成敗。為了能取得最有用的資料，諮詢師須慮及諮詢本身的特殊性，以及案主所存在的系統，或問題類型來考量蒐集資料的方式。而蒐集資料的過程則可分為以下四種方式（Dougherty, 1995a）：

（一）檢驗書面資料

　　有關文件或紀錄的資料可以說是最常被使用的方法之一，因為在各組織單位裡，紀錄等文件的書面資料都是已經存在的資訊，使用這些資料時不會打擾到任何的工作部門。但是，這些資料常常卻只能當作第二手資料以為參考。

　　至於要蒐集哪些資料以為參考，則可從人事資料、既有的行政作業與執行程序、經費預算、年度報表、晉升規則、行事曆與案例報告等以為參考。在比較現在與過去的文件資料之後，諮詢師將可推估組織中可能發展的現象。

　　諮詢師採用書面資料作為資料蒐集的方法，除了可以了解現況外，也可評估報酬率，並可比對其他相關資料，也可藉此研判各種資料之有效性。當然，使用書面資料的缺點則在於可能資料不全或是錯誤的，以及有些書面資料無法進行分析等。因此，為了能夠辨別資料的真偽，更需要求詢者的協助，以確定所蒐集的資料將可幫助諮詢師進行有效的診斷工作。

（二）進行問卷調查

　　有關問卷調查的部分，可以使用具有信效度的標準型問卷，或者是將標準型問卷修改後使用，或者是採用自編的問卷等多種型式。而多數的問卷都是使用多項選擇的固定選項反應以蒐集資訊，或者再加上一些開放式問句，以了解填答問卷者較個人性的資料。

　　顯然的，以問卷調查的型式將可同時蒐集到很多人的意見，並且可以進行量化的分析；然而，此等型式也會使資料過於一般性，沒有個別性的色彩，甚至可能因為問卷本身的內容與組織的現況有些差距，或者因為施測的時間與地點有些不當，因而可能使所蒐集到的資訊無法做有效的運用。

（三）安排訪談工作

　　一般而言，訪談可說是蒐集資料最好的方式之一，因此，也是諮詢師常常用來了解組織系統或個人想法與經驗的一種技術。然而，此等技術必須仰賴訪談者運用人際溝通的技巧，同時在過程中，也要有能力觀察受訪者的非口語行為，並且能接納受訪者正向與負向的反應，以利於分析所蒐集到的資料。

　　至於訪談的型式，可分為正式和非正式兩種型式，或者是以團體方式或以個人方式進行訪談。而訪談的題目也可分為非結構、結構但固定選項、結構但開放問句等型式。

　　由於訪談是針對受訪者的反應進行一連串的互動，因此，在過程中會依受訪者的特性而做適當的調整，所以將可蒐集到較多個人性或訪談前未能預卜的寶貴資料。又於此互動足以讓諮詢師可以表達更多情感性的反應，所以往往也可使組織中的成員更樂於參與在協助諮詢的過程中。然而，可以想見，此等型式所蒐集到的資料將會花費大量的時間與金錢，而訪談員的個人因素也會或多或少地影響到訪談的內容，所以需要小心且謹慎地運用此等訪談的結果為是。

（四）實施觀察

　　觀察是心理學家非常重要的技術之一，又由於諮詢師必須直接與個人或情境有所接觸，所以諮詢師在進行觀察之前，要能先確定打算蒐集到什麼樣的資料，以此建立一個觀察的架構。當然，此架構也可分為結

構式、半結構式與非結構式三種。所謂結構式就是完全依原先既定的題項去觀察情境或個人；半結構式則是指在觀察過程中有一部分觀察的項目照既定的題項進行，另有一部分的觀察內容則會依觀察的當時情境進行調整；至於非結構式則指在沒有既定的規則下進行觀察的工作，所以所蒐集到的資訊也是事前無法預估的。

由於觀察必須仰賴觀察者的敏感度與判斷力，所以，在進行觀察之前，觀察者必須接受一定水準的專業訓練。而觀察者效應也是諮詢師必須自我提醒的現象。因為，在被觀察的情況下，人們往往會有不同於平常的行為反應，所以，諮詢師在分析資料時，應該將此因素列入考慮。

顯然的，無論是採用哪一種方式蒐集資料，都有其利弊所在。諮詢師可根據其個人的經驗或習慣來決定哪一種方式最符合其個人所需。又由於諮詢本身極為強調社會文化情境，所以，諮詢師個人在文化、性別、身心健康等方面的敏銳度就會對諮詢的成效具有關鍵性的影響（Conoley & Conoley, 1992; Dougherty, 1995b）。

整體而言，諮詢服務本身所強調的基本技術包括人際溝通技術、解決問題與架構問題的能力、與組織合作的技術、遵守倫理守則，以及高敏感度等多項。除此之外，在各諮詢學派之間亦有其各自所強調的技術與策略，茲分述如下：

一、心理衛生諮詢

就心理衛生諮詢學派所常見的策略包括有效診斷、降低主題干預、關係建立、間接面質等（Conoley & Conoley, 1992）。有時為了要能解決困境，除了採用間接面質、支持與主題干預外，甚至須與教師多次接觸，到教室觀察學生的表現，或評估各項實施方案等。通常可藉由教導、示範、支持與鼓勵、提供情感支持的討論，來協助求詢者拓展個人

的思考習慣。當求詢者得到適當的資訊，並且能得到支持，對自己就會更有信心，則將提高他們解決問題的能力。

二、行為諮詢學派

而行為諮詢學派則主張在環境中操弄一些技術以達到改變案主行為的目標。因此，此等模式較適於在校園或醫療單位實施（Erchul & Martens, 2002）。其基本技術包括運用學習原則、角色扮演、回饋、家庭作業等，然後進行分析、介入策略等過程，讓諮詢師與求詢者共同合作，以達到行為改變的目標。例如從觀察中取得基本資料，以解釋發生事件的前因後果，進而分析資料，以設定目標，最後則執行策略（Russell, 1978）；或者以示範、角色扮演、給予正向強化、控制刺激與退縮等技術，對過程及效果進行監督與評估等（Bergan, 1977）均是學者們常用的諮詢歷程。

三、組織發展諮詢

至於組織發展諮詢學派則強調要促進系統改變的人際溝通技術，並且採用組織觀點來探討與解析問題（邱強，2001；Jerrell & Jerrell, 1981）。由於在一個大環境當中，互動過程有進有出，因此要了解組織的功能就要了解此組織的角色，以及在此大環境之中所存在的意義。因而首要任務就是必須了解該組織存在於此環境的意義及因應之道，以及對此環境的貢獻；其次則是要了解這個系統是採取什麼技術以達成任務；最後要對存在此組織內的任務、個人、結構與環境所產生的變化有所了解。諮詢師將採取調查、面談、觀察等方式蒐集資料，並將檢測組織系統中的結構，決定討論的方向，確定目標，並釐清角色，然後在所統整的資料下，針對組織中的互動歷程進行評估與分析。例如諮詢師要有宏觀設計訓練、資料回饋、面質，以及過程觀察與回饋等的能力（Schmuck, 1995）；或者在進入初步階段時，能依序以四個步驟而行，

首先了解該組織必須解決的問題有哪些，然後決定介入策略，運用社會資源，最後完成契約手續（Brown et al., 2001）。基本上，諮詢師可以從組織中的成員對團體的認知態度，運用技巧的能力，以及完成任務的程度來評估諮詢的成效。

四、辯護諮詢學派

辯護諮詢學派則將協助求詢者具備溝通的能力，能夠策劃進入政治團體的能力，知道如何運用媒體以讓更多的人有所認識，使求詢者可以規劃行動以對抗權力結構，並且能以弱勢團體的利益考量來進行協調工作。顯然的，辯護諮詢的諮詢歷程偏重於使求詢者以弱勢族群的需要為訴求，並運用媒體的力量來達到與權力結構抗衡的目標，而過程中則強調溝通的基本能力。

整體而言，諮詢技術應從加強認知與情感兩方面所做的思考與體驗學習，並從個人、人際關係，以及系統關係三個層面進行訓練工作（O'Callagham, 1993）。例如可針對個人的狀態與需求來決定處理的策略與方法；或者將處理焦點放在調整兩人間的關係，以發揮保護與控制的角色；而從整個系統的角度衡量時，則會將造成問題的原因指向系統運作的缺陷，而非引爆問題的某個人。所以，筆者認為一個有效能的諮詢師最好能從生態觀點來解釋因果，以覓求解決方案。

應用篇

第 **9** 章

諮詢在學校的運用

諮詢技術得以快速地發展,可以說是受到學校教育工作的影響。由於**情緒障礙**(emotionally disturbed)的孩童在學習上或行為上會出現問題,因此,教育工作者需要專家的協助,以了解如何與這些孩童互動,因而有所謂學校諮詢的理論發展(Lambert, 2004; Thomas, Correa, & Morsink, 1995)。而諮詢技術強調預防性的觀念,此核心理念與學校教育的理念更為一致,因此,諮詢技術在學校中的運用就受到普遍的重視(Caplan, 1961; Idol et al., 1987),所以,**美國學校諮商師學會**(American School Counselor Association, ASCA)與**國家學校心理學家學會**(National Association of School Psychologists, NASP)分別將諮詢列入學校重要的專業能力之一(Dinkmeyer & Carlson, 2001)。在 Caplan 的主張中,他強調要將社區的力量整合以供學校所用,而他所提出的心理衛生諮詢模式更可滿足學校的需要,顯然的,諮詢技術在校園裡的價值應是可以想見的(Knoff & Batsche, 1993)。

根據 1989 年的報導顯示,在美國約有 17%至 22%的十八歲以下的青少年在發展上、情緒上或行為上產生問題(引自 Lin, 1995)。由此看來,處理青少年的問題行為已成為學校教師無法迴避的工作,教師必須投入更多的心力在學生的身心發展上。同樣的,在臺灣,鑑於校園事件日趨嚴重,教育部自 1991 年開始推展輔導工作六年計畫,至今已告一段落,然而教師們在接受短期訓練之後,面對學生問題行為時,仍然飽受挫折,找不出具體有效的方法來。筆者根據個人在實務上的經驗(鄔佩麗,1999),認為諮詢服務將可使教師們化解此危機,同時也可使教

師們發掘自己的能力，並助長他們在專業上的自信，且相信此種措施將在中外各地都會成為學校輔導工作未來重要的發展方向（Brown et al., 2001; Dettmer, Thurston, & Dyck, 2002; Dougherty, 1995a; Erchul & Martens, 2002; Fisher, 1986; Larney, 2003）。

　　本章將從學校諮詢的歷史發展談起，然後介紹學校諮詢的理念，繼之，針對學校行政人員、學生家長與教師三者所進行的諮詢技術分節述之，共分為五節來說明諮詢技術如何在學校中做有效的運用。

第一節　歷史發展

　　由於 Caplan 等人的推動，使學校心理學家將諮詢師的角色逐漸擴大為製造合作關係的氣氛（Gallessich, 1974; Pryzwansky, 1974），此舉讓老師們感受到被支持與關懷，而更能匯聚解決問題的力量。於是，到了 1960 年中期，**學校諮詢**（school consultation）的術語正式記載在 *Psychological Abstracts* 上（Friend, 1988）。在 1970 年初期，諮詢成為諮商服務的項目之一。到 1990 年已有一本以學校諮詢為核心的期刊出版，稱為 *Journal of Educational and Psychological Consultation*。而隨著眾多學者或實務工作者的關注，各種諮詢型態也應運而生。其中強調合作的觀點更是廣見於多位學者的假設之中，以符合校園的生態，並能滿足教師或行政人員的需要（Idol et al., 1987）。

　　基本上，諮詢工作可以讓教師、行政人員與學生家長具備初級預防的基本能力，並且能讓這些對學生有影響力的成人學到更多處理問題的技巧，以因應多元的社會，更能面對需求不同的學童（O'Neill & Loomes, 1977）。在 1993 年的一項調查研究顯示，在中小學任職的諮商師指出諮詢服務在他們的工作中所占的比例已達到 13%的程度，而 1990 年的報告中同樣強調，在大學校院裡，學校心理學家也表示諮詢已是他們工

作中首要的項目（引自 Dougherty, 1995a）。因此，有相當多的學者們開始積極投入這方面的研究與計畫，以幫助學校成為有能力解決問題的場所。而美國也曾於 1975 年通過 94-142 公共法案，將諮詢列入學校輔導工作的型式之一，尤其是**小學學校諮商師聯合委員會**（Joint Committee on the Elementary School Counselor）於 1966 年正式將諮詢列入學校諮商師的工作項目，並且於 1968 年強調家長諮詢服務的工作項目（Faust, 1968）。而特殊教育學者更是主張應運用諮詢的技術以滿足教師與學生的特殊需求（Idol et al., 1987）。

根據臺灣的文獻顯示，目前除了筆者所做的研究外，尚有其他諮詢研究，如以高中高職導師為對象，所調查的諮詢工作概況（蔡素妙，1990）；針對小學輔導工作的諮詢工作提出建言（林美珠、蔡憶萍、王麗斐，1999；蔡憶萍，1997）；為家長進行諮詢工作以促進親子溝通之研究（邱獻輝、鄔佩麗，2004）；運用正向心理學的觀點進行家長諮詢工作（韓佩凌，2012）等。在邱獻輝與鄔佩麗的研究中指出，歷經八次小團體活動，每週會面一次，每次兩小時，這些家長的正向溝通次數明顯增加，而負向溝通次數則明顯減少，且親子間的溝通困擾程度也顯著降低，成效斐然。

第二節　學校諮詢的理念

隨著社會快速變遷，青少年的問題叢生，在各級學校服務的教師原本的專業知識已無法協助他們處理校園裡所發生的問題。事實上，多數的原因來自於資訊上的不足，或者是對資訊無法有效地解讀而採取適當的策略，因而使他們感受到工作上的壓力，積極地尋求專業上的協助。多數老師表示，由於現實上的需要，他們必須花更多的時間在學校、無法休假、擔任過多的課程、缺乏娛樂性的教學，與多項課程內容等。基

於接受輔導的學生眾多，且多數的教師並不熟稔心理學知識，因此，學校諮商師在校園裡就會不時地在扮演諮詢師的角色，以反映學校現實上的需求。

根據 1966 年美國學校諮商師協會將諮詢界定為：

> 與另一個人或另一組人共享資訊與理念的過程，在此過程中，諮詢師將結合每個人的專才，與求詢者共同研擬各階段的步驟（Myrick, 1993）。

也有學者進一步將諮詢視為共享資訊、理念、協商、觀察、提供完整方案，並發展能有所行動的假說（Dinkmeyer, 1968）。由於強調共同計畫與合作的觀念，因此主張不分尊卑，而所有的目標都是指向能提供有利於學童、教師以及學校系統的獨特性。然而，Caplan 指出，保密約定卻常常是最不容易做到的基本要求，以致使學生的權益受損（Caplan & Caplan, 1993）。

一個有效的學校諮詢模式應該兼顧問題解決、社會影響，與支持和發展三個工作目標（Erchul & Martens, 2002）。而學校諮詢理論的基本概說強調以下幾點觀念：(1)學校基本上是一個組織；(2)組織意謂著有其特定的行為型態；(3)若未顧及組織情境而妄想做改革是不可能的事；(4)在課程或教學技巧上進行改革，將意謂著學校表現方式或型態也有所變化（Erchul & Martens, 2002; Schmuck & Runkel, 1985）。顯然的，諮詢服務將學校對學生在成長與發展上的協助，已從個別諮商與團體諮商的直接服務延伸到影響學校整體環境上（Dougherty, 1995a; Fisher, 1986）。又為了使學生能得到最好的照顧，宜將教師、行政人員與學生家長均納入諮詢小組，以小組合作的型態來因應目前的校園現象。因此，諮詢師可以為教師與行政人員實施在職訓練，以使學校的教育人員均有能力從

事不同程度的親職諮詢服務。

一、各家學說

在學校實施諮詢工作的模式，依其核心觀點而發展出組織發展說、心理衛生說、Adler 學說，與行為學說四種（Umansky & Holloway, 1984）。例如就組織發展說而言，是以學校組織為核心焦點，將重心放在改善學校的周遭環境以及學校的行政組織；而心理衛生說是以 Caplan 的心理衛生諮詢理論為基礎，其目標放在幫助教師和其他有力人士用一個新的角度來看待自己與學生；至於 Adler 學說則偏重心理教育的模式，認為諮詢師要為相關人士提供有助於加強學童正向行為的方法；同樣的，行為學說也重視教導的過程，其核心工作在於教導求詢者運用行為改變的技術與原則以蒐集資訊，並提供有效的策略。又除了這四個學說之外，Caplan 曾指出，團體式的諮詢服務也是學校可採用的方式，因為藉由互相提供建議，將使諮詢師與求詢者之間更能維護平等與合作的關係，也將避免諮詢師因對學校的了解不足所造成的限制。

然而，心理衛生諮詢除了協助求詢者處理問題之外，也可能因為實際上的需要，必須對案主提供直接的服務。例如在學校系統裡，有時會需要進入學生的教室中進行觀察或做診斷測驗。尤其是可以從教師所面臨的心理衝突設計訓練方案（Brown et al., 1991; Erchul & Martens, 2002），例如教師既想要能掌握班級又想要被學生所喜歡，而陷於權威衝突中；或者教師的權威角色，與學生過度依賴與服從的依賴衝突；又如教師對學生有憤怒與敵意，卻又感到有違於專業角色；以及因認同上的衝突而使教師未能保持客觀等。由於心理衛生諮詢主張能協助社區系統尋覓有效途徑，以使社區成員能達到發展並發揮個人功能（Jacobson, Ravlin, & Cooper, 1983），所以，社區諮詢更為仰賴系統網絡的觀點來推展心理衛生工作，並從組織任務、組織結構、權力分配、溝通型態、做決策、角

色定位、獎賞、連續性、文化情境九個角度進行評估。

二、基本原則

為了能提高處理問題的效果，有學者建議諮詢工作能遵循三項原則進行（Caplan & Caplan, 1993; Erchul & Martens, 2002）。首先，學校心理學家是體制內的工作人員，其責任在於促進學生的心理健康，除此之外，更必須協助教師及其他專職工作者能了解並滿足每個學生的特殊需求及個別特性；其次，學校被社會大眾期許能承擔社會責任，幫助學生能對所屬的家庭、學校負起責任，並且能表現出符合社會價值觀的行為，避免做出對社會無益的舉動；第三，學校的工作人員應涵蓋各專業人員，例如醫生、護理師、社工員、營養師、語言治療師、衛生教育人員等。

由此可見，諮詢師在進行諮詢工作時，可以將學校的人力資源納入，並針對學校的特殊條件規劃或安排適當的處理策略與措施。在強調學校諮詢的獨特性外，更以彈性原則來發揮諮詢師的創造力，以使處理措施更能符合學校的需求。

三、發展趨勢

由於學校的諮詢工作往往和學生的家庭有所關聯，曾有學者以家族系統觀對校園裡的系統現象提出理論，從家庭情境的角度來探索個人成長的經驗（Fisher, 1986; Plas, 1986）。例如早期研究中，曾探討孩童在學校與家庭這兩個系統生活時所產生的問題行為（Aponte, 1976）；近期研究中，亦曾主張家族治療的系統理論可以適用於家庭與學校之間，從探討兩者之間的互動過程來解決現有的問題（Dowling, 1994）。由此觀之，諮詢工作的理論發展逐漸將與家族治療的系統觀連結，繼續成長與發展（Minuchin, Lee, & Simon, 1996），並成為未來發展的趨勢之一。

在諮詢過程中，中小學老師期待諮詢師是一位專家的角色，能與他們建立合作的工作關係，以幫助他們在教學上更能發揮功能（Mucha, 1994）。而家長諮詢對於學生在校的行為表現也有顯著的影響（Bloss, 1995; Thompson, 1986），因而有學者分別以行為學派的學說發展出多種諮詢模式（Erchul & Martens, 2002; Meyers, 1978; Rotto, 1993; Taverne, 1992）。而且有研究結果顯示，當諮詢師對家長提供的協助愈具體且能做長期的規劃，則孩童的行為更有改善的空間（Jefferson, 1998; Nichol, 1984; Rhoades, 1993），由此更凸顯了學校諮詢工作的價值與方向。

第三節　與行政人員諮詢的技術

諮詢師對學校的組織運作若有充分的了解與認識，將有助於行政諮詢的工作（Birney, 1981; Dougherty, 1995a）。因此，學校的輔導專業人員如果對諮詢工作有興趣，並且願意投入心力，還能安排適當的時間，彈性運用相關的資源，必然能在諮詢工作上發揮很大的效力。除此之外，亦可邀請校外的諮詢專業人員共同研擬解決問題的對策。

就行政諮詢方面，諮詢師宜先了解學校行政人員的心理狀態，以及他們在處理校園問題的方式。例如學校行政人員對學校日益增長的暴力事件所抱持的看法如何，有沒有過度焦慮的情緒？或者他們在處理學生的不當行為時，能否採取多元文化的角度來看待學生的行為表現？又有哪些因素導致學校與學生之間的隔閡產生等。其次，可藉由結構式的訪談與行政人員互動，以蒐集更多的資訊。最後，擬定一些訓練計畫方案，幫助行政人員了解問題的核心，並學習一些技術，以發揮他們原本就有的處理問題的能力。

換句話說，在進行諮詢之前，對校園情境進行客觀的評量，可以判斷是否有足夠的資訊做有效的諮詢。而評量的內容則可以包括對組織的

結構、角色，以及事件發生的過程等進行診斷。至於評估的工作則由諮詢師單獨進行，抑或由諮詢師與求詢者共同進行，端視諮詢師的觀點，或者依事件內容而定。基本上，行政諮詢的過程將包括確定問題、找出可行措施、做決定、執行策略，與效果評估五個步驟。

第四節　與家長諮詢的技術

　　家長諮詢常被誤認為是父母效能訓練，事實上，兩者之間有極大的差別。基本上，父母效能訓練與家長諮詢最大不同之處在於，父母效能訓練會提供較多的知識，且較少進行人際互動，而家長諮詢則使父母發掘個人既有的能力，讓父母更有能力去解決問題。且父母效能訓練偏重事前預防，而家長諮詢偏重事後處理。然而，其活動內容則均朝向促進溝通能力、培養父母效能並增廣孩童發展的相關知識等。

　　由於 Caplan 所提倡的諮詢工作是指兩個專業角色之間的互動，因此針對家長進行的諮詢理論並不多見，甚至在文獻上的探討亦不多。到目前為止，曾有以 Adler 理論為基礎而建立的家長諮詢模式（Dinkmeyer & Carlson, 1973, 2001）；以行為學派理論為依據的模式（Brown et al., 1991）；折衷派學者以社會學習論（Bandura, 1977, 1978）、心理衛生諮詢模式（Caplan, 1970），與系統理論（Bateson, 1972; Capra, 1982）融合而成的方案等。基本上，家長諮詢模式可分為兩種，一種是與家長進行個案式的諮詢（韓佩凌，2012），另一種是對家長安排訓練課程，以提升家長在親子互動關係上可以扮演積極的角色（邱獻輝、鄔佩麗，2004）。

　　Adler 對人類的心理狀態提出幾個重要的觀點。例如：(1)他認為人是生活在社會情境中，所以人類的行為無法與社會分開論之；(2)人類是依其主觀的現實感而表現其個人的行為；(3)應將個人視為是一個全人的

狀態；(4)人格的功能是朝向單一的目標前進；(5)人類有其創造力去掌握他們的命運。簡單地說，Adler 認為人類是追隨他們自己所想像的目標前進，要去克服他們的自卑感。Adler 強調，**鼓勵**（encouragement）是處理心理衛生問題的第一個動作，因此，他教導家長與教師能多去鼓勵他們的子女與學生，此點也與諮詢所主張的預防性醫療觀點一致。Adler 提醒家長，要讓子女從各種經驗學習以培養能力，所以，父母不要剝奪子女學習的機會，不要為子女做太多，要讓子女能從挫折與衝突中學習與成長。整個諮詢過程將依建立關係、進行評估、設定目標與策略、追蹤與結案四個步驟（Brown et al., 2001）。其中評估部分是採用結構化的評量，例如要求家長列舉其子女在家中的具體表現的行為，或就一個事件描述他們的反應等。

　　至今，已有多位學者根據 Adler 的學說建立諮詢模式（如 Dinkmeyer & Carlson, 1973），有關教師諮詢的模式將於下一節說明，本節將介紹家長諮詢的模式。在諸多家長諮詢模式中，**效能家長系統訓練方案**（Systematic Training for Effective Parenting Program, STEP）是最為人所熟知的一種。此模式的主要概念可以分為九個項目（Dinkmeyer, Mckay, & Dinkmeyer, 1997），茲分述如下：(1)要了解孩子的行為與他們的不當行為；(2)要對你的孩子和身為父母的你有更多的認識；(3)要多鼓勵孩子，以建立他們的信心與價值感；(4)多做溝通，能去傾聽孩子的心聲；(5)多做溝通，去探索其他的可能並對孩子們表達你的感覺與想法；(6)做符合自然與邏輯的推論，建立起負責任的規範；(7)以符合自然與邏輯的推論來看待其他事；(8)安排家庭會議；(9)建立自信並發揮潛能。除了個別諮詢外，同樣的，也有以團體的型式進行，並稱為父母 C 團體（如同與教師進行的 C 團體一般）。

　　顯然的，家長諮詢工作偏向於問題解決的過程（Brown et al., 2001），內容可以包含撫育子女的基本知識，或者是處理問題的技巧，以及幫助

子女規劃個人的生涯發展等方面。至於家長諮詢的過程則可以分為架構問題與建立關係、確認問題、訂定目標、研擬策略、評估，與回饋六個步驟依序進行。在臺灣，曾有以高職學生家長為對象而研擬的一個親子溝通的家長諮詢團體方案（邱獻輝、鄔佩麗，2004），其團體歷程則分別強調建立關係／了解求詢者目標、蒐集資料、親職概念的檢核與教育、發展策略，與追蹤五個步驟，因過程中運用案例演練來促進家長的經驗學習，成效卓著。

由於學校教育工作者是以學生為核心，因此，若學生的家長患有心理疾病，或者夫妻感情失和等現象，諮詢師不宜介入。所以，在進行家長諮詢工作時，雖然不可避免地將觸及家庭成員間的互動議題，仍然要強調諮詢師與家長之間採取合作取向的工作關係，並不進行家族治療的互動歷程。

第五節　與教師諮詢的技術

學校型態的諮詢方案通常是指教師與諮詢師之間的互動，形成這種關係的原因，或者源自於教師主動尋求幫助，或者由於校長為了突破學校行政上的障礙，甚至因為教師有所要求，所以諮詢師受邀前去支援。進行方式可以採用討論會的型態，透過與教師分享並且溝通的過程催化教育方案，以使教師能尋求更有效的方法來解決問題（Dinkmeyer & Dreikurs, 1963; Dreikurs, 1968）。

基本上，學校的諮詢方案以學習有效行為或處理問題為核心。茲就目前已發展出來的模式略做說明如下：

一、Adler 模式

這個模式的理念取自於 Adler 的個體心理學，是由多位學者共同發

展出來（Dinkmeyer & Carlson, 1973, 2001），或者以個別方式進行，或者以團體方式進行，並簡稱為 C 團體（C-Group）。此模式強調諮詢的目的在於促進教師、行政人員、學生或家長的人類潛能，並相信每一個人都有相當程度的創造力去了解、去改變與學習。

　　Adler 對人類的行為提出九個主張，此模式即據此來建立理論，以為諮詢歷程的參考。茲將此九個主張分項述之如下：(1)人類的行為可以從其生活型態（lifestyle）來了解；(2)相信每一個行為都是目標導向的，例如孩童不當行為通常是因為要贏得注意、得到權力、報復或不適應等目的；(3)個人會持續地尋求成功；(4)所有的行為都是有社會意義的；(5)我們總是可以有所選擇；(6)歸屬感是一個基本需求；(7)行為有其個人性，不能以偏概全；(8)關心的焦點在於學生會做什麼，而不是他不會做什麼；(9)社會興趣是心理衛生的指標。以下將從個別諮詢與團體諮詢來說明 Adler 的教師諮詢模式。

（一）個別諮詢

　　就個別諮詢來說，在實施之前，教師先填寫一份詳細的轉介單以供諮詢師對案主有所了解，以便諮詢師可以了解教師需要協助的方向為何。然後，諮詢師將了解教師與學生之間互動的過程，並針對教師的感受來判斷可以確立的諮詢目標，甚至可以到教室去觀察學生上課的表現以便研擬策略。

　　諮詢師扮演的是促進改變的引導者，也是人類潛能的催化者，所以，在諮詢過程中是要幫助求詢者能夠更開放並敏感地回應。至於諮詢歷程則可分為以下七個步驟（Dinkmeyer & Carlson, 2001）：(1)建立關係，此時強調相互尊重與信賴、維護隱私、開放與真誠、是教育而非治療過程、無人該受指責、了解對求詢者而言問題是如何產生等重要的觀點；(2)對問題有一個具體的描述；(3)舉個例子；(4)釐清此不當行為的

目的,並澄清父母或老師所抱持的錯誤信念;(5)將可以達到行為改善的方法整理出來,例如隨時關注到孩子的表現、製造與孩子接觸的時機、讓孩子能有所選擇、不要為了公平而使他們流於報復的舉動、不要刺傷任何人、不要放棄任何糾正不當行為的機會等,把求詢者還沒有做但是可行的方法整理出來;(6)提出試驗性的建議,且一次只處理一個問題,以具體步驟實施,雖然可能會需要不斷地修改,但是要避免直接給建議;(7)進行結案並做追蹤的工作(見附錄三)。

(二)團體諮詢

　　至於C團體諮詢,則是在一個諮詢團體裡,諮詢師將強調合作、諮詢、澄清、面質、重視、關懷、隱私、允諾、溝通、改變與凝聚(依序為 collaboration, consultation, clarification, confrontation, concern, caring, confidentiality, commitment, communication, change, and cohesion,簡稱 C 團體)等十一個觀念。通常是由六位教師與一位諮詢師組成的。一週見面一次,共進行六次至八次,透過開放溝通,在安全信任的氣氛下做人際間問題的處理。而諮詢師將協助教師了解學生的行為型態,以及可以表現的更好的方式。整個進行方式由諮詢師掌控,以使團體進行的方向能夠有一個明確的焦點所在。

　　基本上,團體過程分為三個階段(Dinkmeyer & Carlson, 2001; Lambert, 1974),第一階段為關係建立與角色澄清期,諮詢師在此階段將幫助教師降低焦慮,因為在團體初期,成員會擔心在團體裡被分析,受到評價與批判,更擔憂自己的隱私曝光,所以,諮詢師將幫助成員了解這個團體是互助的關係,在團體中不會出現批判的眼光,但是又能讓每個成員陳述個人的己見;第二階段則為確認問題與研擬策略期,教師與諮詢師將共同討論並分享處理個案的經驗,並且探討策略運用等相關問題,過程中亦可增加到教室進行觀察的部分,以使診斷與評量的工作更

能符合事實；第三階段為關係維繫期，教師與諮詢師彼此已有所了解與認識，可以對雙方所關注的議題做進一步的探討與分析。而此過程可細分為以下七個步驟（Dinkmeyer & Carlson, 2001）：(1)提醒在團體中的教師們能聆聽其他教師說話；(2)鼓勵教師們能給一個具體的實例來說明孩子們的不當行為，但不要用壞或糟透了等有評論性的字眼；(3)根據這些資訊將孩子們表現此行為的原因找出來；(4)據此原因來看教師可以做什麼？(5)根據對這些學生的了解，來發掘他們所具備的能力為何？(6)根據這些結論，詢問教師們在下一次面對同樣的情形時可以做些什麼？(7)讓教師們經由此方案去挖掘自身的能量，並足以去面對學生的種種問題行為。

二、行為學派諮詢

行為學派諮詢多半運用在校園之中，是以行為治療學說的理論為依據，其中也包括社會學習的理論。諮詢師將根據求詢者在特定生活情境中的想法、感覺與作法來判斷並研擬策略。Bergan 與 Tombari 將諮詢分成四個階段（引自 Keller, 1981），茲略述如下：

1. **確認問題所在**：能找出觀察到的行為與期待的行為兩者間的差異或距離，針對要改變的行為訂出案主在行為表現上的基礎線（baseline），以做日後的比較。

2. **分析問題**：對問題進行效度評估，並找出能促進問題解決的變數，研擬解決問題的計畫等。

3. **採取策略**：執行策略計畫，例如閱讀、示範、角色扮演、行為演練等。

4. **評估問題**：對解決問題的計畫進行效果評估，可用會晤訪談或量表進行評估。

三、校園情境式模式

　　校園情境式的諮詢模式同時將教育性與治療性的特質納入（O'Cal-
lagham, 1993），其目的在於能同時對孩童在心理上、課業上及行為上的
困境做到預防性與補救性的處理。在此模式中，分別涵蓋了學校角度、
生態系統觀與合作性三個要素。換句話說，以校園環境裡所存在的條件
進行策略考量，同時強調生態現象所造成的影響，並且重視合作的互動
關係（見附錄二）。

　　此模式的理念植基於孩童在校園的生活至少長達六小時以上，所以
校園是孩童正常發展過程中最不可忽視的環境。而教師接受的訓練及擔
任的工作角色都比家長更能對學生的行為產生建設性的引導，甚至可以
協助家長與孩子建立更有效的互動關係。除此之外，在校園中有多種社
會資源可供使用，而孩童在同儕相互支持與示範下，更能學到妥善的行
為。

　　顯然的，為了滿足多數學校的需求，勢必需要培養更多專業人員從
事學校諮詢服務的工作。與社區心理衛生諮詢有所不同的是，採用此模
式所進行的學校心理學家諮詢訓練方案中，要能詳細說明有關教師對於
學生在班級內外的行為表現所採用的各種心理策略。尤其是在教室情境
中所出現的訊息或線索。

四、團體式諮詢模式

　　有些危機事件易於引發嚴重負面情緒，或造成學校過重的負擔，抑
或無法找到適當的處理策略時，最好是透過轉介處理。然而學校本身可
提供適當協助，因此有學者將心理衛生諮詢模式與組織發展諮詢模式融
合，以團體型態進行諮詢工作（Fisher, 1986; Weinstein, 1982）。校長、
學校輔導人員、護理師、一般教師等均可以成為團體中的成員之一。

　　進行方式以每次會面兩小時，為期一年到兩年。而團體歷程依學者經驗可以分為建立團體凝聚期、促成工作計畫、催化可行措施、檢驗不同的意見，以及支援改造五個時期。結果發現，團體成員對其個人的角色給予更大的發展空間，而且更能以多種角色去處理學童問題，發展出更多的處理策略。例如教師會對逃學的學生進行家庭訪問，由於在角色上更有彈性，且能獲得團體的支持，教師較不會出現枯竭的現象，甚至願意花更多的時間為學生解決困難。

　　顯然的，此種長期性的諮詢團體除了可以發揮預防性的功能外，更可因危急時刻而產生效應，尤其可幫助教育人員提升助人的能力。例如早期筆者和臺北地區的國中輔導團成員共同組成團體式的諮詢方案達數年之久，雖然成員會因諸多因素而有變動，但是仍然可以見到滿不錯的成效，因此，筆者建議各地區或各校的教育人員能自行組成諮詢團體，以團體互動的方式進行專業諮詢訓練。Caplan 指出，在校園裡實施團體諮詢是極為有效的措施（Caplan & Caplan, 1993）。

　　一般教師想到提供諮詢訓練的時候，他們通常想到的是在教職員辦公室之外的地方工作，或者從校區外聘來的諮詢師。這裡提到的訓練會是教師職前或在職訓練的一部分，教師必須參加各種研討會或工作坊，希望能學到一些在其工作上有用的知識或技術。

　　一般而言，教師想要的訓練是要和他們的煩惱與興趣有關的，因此學校裡的諮詢師可透過安排教師討論會來提供可接受評估的服務。有時候可以組織小團體以審核一些新的方法與材料。例如，一群教師經由諮詢師的鼓勵，審核一個教師訓練專案。並決定一星期聚會二次，每次三十分鐘，總共十次聚會。而諮詢師要把材料準備好，準時展開聚會，並促成教師積極參與這個有組織的活動。此時，使教師能有機會分享他們的意見並練習人際交往的技巧。

　　各項議題都是教師們所關心的題材，可要求教師們談一些有關自己

的事，例如：(1)您可曾覺得自己是一個成功的老師？(2)您何時曾有挫敗感？(3)目前有哪些孩子令您感到困擾？(4)您特別想要給予獎勵的孩子是哪一位？(5)不在學校時，或者沒在授課時，您會想做什麼活動？(6)如果有錢也有閒時，您會用什麼方式來休假？(7)您所喜歡的，而且曾經深深影響您教書方式的老師是誰？(8)有哪些事或哪些人讓您想從事教職？(9)您不喜歡也不想再與其共事的老師是誰？(10)如果撇開要接受的訓練不談，除了教育工作以外您會想要從事什麼行業？活動中，類似以上十個題目往往可以激發出很多想法，尤其可促進新進教師與資深教師的互動，以助校園發展出友善的工作氣氛。

五、共同參與系統模式

　　曾有學者為了使校園環境成為更具有解決問題能力的場所，而提出**共同參與系統方案**（joint system approach），此方案的主要目的在於：(1)促進學校、教職員與家人的溝通；(2)將焦點放在問題如何發生，而非為什麼發生，以澄清觀念上的差別；(3)協調共同決定的目標；(4)開始針對改變項目來擬定具體步驟（Dowling, 1994）。

　　例如當一個學生在學習上產生困難，並且有偏差行為的傾向。此時，社工人員可先與家長進行會談，教育心理學家與教師會談，以確認具體的問題行為，而精神科醫生與學生談話，家族治療師則偏重於整個家庭的處理方向。因此，此方案所強調的策略可以做以下歸類：(1)涉及個人轉介；(2)在家庭與學校之間的初次接觸，可將處理焦點放在家庭方面，並且對學校教職員進行諮詢；(3)以學校為起點來處理學校環境中的問題，並且幫助學校教職員發展能涵容這些問題的技術；(4)以家族系統為基礎的模式；(5)使用家族諮詢；(6)密集式諮詢服務。另外，可將人、時、地與資源運用等相關問題列入核心議題。

六、本土化的諮詢模式

　　筆者曾以臺北地區的國中教師為諮詢對象，進行校園諮詢研究（鄔佩麗，1999）。在此研究中，筆者企圖建立國中校園的諮詢模式，以為各學校輔導單位參考。其中，筆者曾與學校教師進行一對一，每週一次的諮詢工作，共有六位教師參加，為期一學期。這些教師均為帶班的導師，他們對班上某些特定學生的行為感到困擾，因此主動前來參與諮詢活動。

　　在為期四個月的研究當中，筆者與教師有每週三十分鐘的諮詢時間，以問題解決為目標。在第一次面談時，主要目的在於了解教師前來的動機，並與教師建立關係，同時請教師能以評量工具評定其特定學生的行為，以為日後的參考。之後的每一次會面則針對特定學生的行為表現共同討論，並研擬對策。其中部分特定學生的行為已有改善，故在教師的要求下，更換討論的對象。整體來說，此等諮詢歷程可以分為建立關係並了解求詢目標、蒐集資料、研擬對策，與追蹤幾個步驟。在過程中，筆者除了協助教師了解學生的行為特性，和教師共同討論可行的措施外，更企圖激發教師們處理問題的信心，使之更有能力面對學生的不當表現。最重要的是，讓求詢教師發現他們原本即是一位有能力處理問題的教師。

　　除了前述各種模式外，另有於 1972 年所發展的**維蒙諮詢教師模式**（Vermont Consultion Teacher Model），將諮詢師視為是教師訓練者角色的專家。繼而，在 1982 年，其他學者進一步將諮詢師與求詢者對處理策略採責任分擔的觀念，而提出共同問題解決過程。一直到 1987 年，有學者將諮詢詮釋為藝術性科學，著重溝通互動的技巧，分享知識與問題解決能力，屬於合作式的諮詢模式，使相關人員均可提供其個人所擁有的專業能力（Brown et al., 1991）。近幾年來，有的學者則根據實際上

的需要而將數種模式融合在一起，發展出新的諮詢模式以利於教學（Akin-Little, Little, & Delligatti, 2004; Truscott & Truscott, 2004）。

事實上，大部分的教育人員都是被訓練以心因性模式去思考學生的問題，卻忽略課業及行為多數是來自於動機性與情境性的不利因素（O'Callagham, 1993）。故諮詢工作更能有效處理學生的問題行為。學校可以依需要安排長期或短期的諮詢活動，也可以採取個別諮詢或團體諮詢，視其目的而定。如果諮詢的目標以預防為主，筆者建議採用長期的小團體方式進行。例如學校的輔導人員可以規劃一個以五週為一期的團體諮詢，每週進行一到兩次，每次三十分鐘，進行十次，採用結構式活動進行。在方案中則可強調人際與溝通技巧的訓練，並依諮詢目標提供一些議題讓成員討論。

筆者認為，諮詢師在第一次諮詢時最好能做到以下幾點目標：(1)肯定並滋養求詢者，使他們從中得到支持，因而變得放鬆，也就更能吸收諮詢師提出的建議；(2)將問題具體化；(3)設定具體可行的目標，提出明確、有用且做得到的目標、計畫與家庭作業，一方面可展現諮詢師的專業，二方面能讓求詢者解決問題，如此方能使求詢者持續接受諮詢；(4)教導求詢者一些有效的步驟。最重要的是，諮詢師本身必須要有充分的自信，能傳達出「我可以幫得上忙」的訊息，以使求詢者對此諮詢師有所信賴，提升諮詢的成效。

第 **10** 章

團體諮詢

本章的目的在於介紹有別於一對一的助人工作型態,也就是以一對多的團體助人方式。為了幫助讀者能對團體諮詢有全面的認識,本章的第一節將提供助人團體的主要內涵,然後再分別說明團體諮詢是什麼,以及團體諮詢的類型有哪些,最後則就團體領導者應該遵守的專業倫理提出說明,以使讀者能對團體諮詢建立起全面的了解。

第一節　助人團體的主要內涵

所謂的助人團體是指藉由團體成員間所建立的情感基礎,使每一個成員都能以主動學習的態度參與活動。而團體的領導者則必須運用團體動力學的專業知識,再加上團體的實務經驗,以達到催化團體運作的結果,讓成員能從團體歷程學習成長與發展,進而達到發揮個人潛能的目標。因此,在學校、醫療機構、獄所等單位均積極地發展團體型態的助人策略。

在團體型式的助人歷程中,領導者只是扮演一個媒介的角色,而成員則是透過經驗分享與其他人達到互相幫助,並且從團體互動中學習適當的行為模式,以因應自己在生活環境中的處境。本節將說明有關團體的歷史發展、團體的類型、團體的理論等議題,以協助讀者能對所謂團體的助人型式有一些基本認識。

一、團體的歷史發展

　　早期曾有心理學家 Adler 於 1922 年以家庭為對象，進行團體式的會談。但是一直到 1931 年，心理劇創始人 Jacob L. Moreno（1889-1974）才首次使用團體治療的名稱，並且出版第一份團體治療的期刊《即席之作》。團體輔導當時亦已在校園裡實施多年，但是，團體諮商的名稱卻一直到 1931 年才為一位醫生首度使用。而戒酒協會所籌設的**戒酒匿名團體**（Alcoholics Anonymous, AA）也在 1934 年正式成立並持續地發展。經過了十年左右，Moreno 更進一步成立了**美國團體心理治療與心理劇學會**（American Society of Group Psychotherapy and Psychodrama, AS-GPP）。換句話說，團體型式的治療工作可以說是在 1930 年間才開始朝向專業化的發展，並受到心理專業人員的重視。

　　事實上，在 1950 年到 1960 年期間所發展的小團體技術，可以分為兩個重要發展方向。一股勢力被稱為是實驗室訓練，習慣上被命名為**訓練團體**（training group，簡稱 T 團體），而其訓練目的在於提高人際敏感度，因此也被稱為**敏感度團體**（sensitivity group）；另一股勢力則為心理分析團體，此等型式則比較重視團體成員的智能發展。後來**會心團體運動**（encounter group movement）興起，這兩股勢力逐漸凝聚起來，於是，小型團體的訓練活動開始同時納入情緒與理性兩者，並企圖統整人們在理性與感性上的發展。而 Rogers 的個人中心學說所強調的真誠技術，更是促使團體領導者協助成員做自我探索的重要因素之一。

　　自 1960 年開始，歐美國家的社會變動急遽，尤其是約翰・甘乃迪、馬丁・路德等人在人權運動上的影響力，因而使團體訓練等活動型式在美國社會掀起了另一股旋風。當時各大學院校風行會心團體，再加上人類潛能運動所強調的真誠關係所引發的連環效應，於是學校教育與心理衛生等助人工作的專業發展也有了轉變，各種團體活動型式的助人方

案，猶如雨後春筍般地在各教學情境或醫療單位展開。至於各大學院校當中與助人工作有關的科系，也積極安排各種類型的團體課程，以培育團體領導者的專業人才。

隨著大量的學術研究工作，團體理論與技術的學術地位至此底定。於是在眾人的推動下，**團體工作專業人員學會**（Association of Specialists in Group Work, ASGW）於 1973 年正式成立。在得到**美國心理學會**（American Psychological Association）與**國家社會工作師學會**的確認之時，此學會也於 1974 年正式隸屬於**美國諮商與發展學會**的一支分會，至此，團體技術的理論學說正式邁入助人工作專業化的一環。

二、團體的類型

目前，一方面基於現實需要，另一方面有更多助人者參與團體工作，因此，團體的類型也千變萬化，而傳統的分類方法已不足以含括所有的團體工作。以下就常見的類型介紹說明之。

（一）訓練團體

訓練團體與敏感度團體可以說是同義字，而 Kurt Lewin（1890-1947）則是當時主要的推動者。Lewin 是一位具有民主素養的心理學者，他主持這個活動的目的在於培訓企業界領導階層的人際互動技巧。隨後，以此經驗，他在 1947 年於緬因州的貝賽爾成立了**國家訓練實驗室**（National Training Laboratories, NTL），此舉堪稱心理學界的創舉。這個方案企圖在實驗室裡進行人際互動，並欲藉此來達到改變人際關係、改變生活環境的目的，因此而受到學界的重視。

顯然的，這是首度用實驗的方式來改變「人」這個主體的措施。在過程中，成員將會體驗到一種安全與信任的氣氛，進而開始探索自己與他人的關係。此等型態逐漸在固定時間（如暑假期間）舉辦，並蔚為風氣，不僅使國家訓練實驗室成為團體諮商的發源地，同時也為助人工作

者帶來另一個新的專業發展空間。

　　基本上，多數的訓練團體是在一個非結構狀態下的情境，藉由相互的支持與回饋，讓成員從團體互動中學習去了解他人，同時探索自己與接納自己，以省思個人的生活角色，並提高其人際敏感度。至於團體領導者的責任則在運用團體技術以催化團體互動，讓團體更能發揮效能。這種型式的團體活動強調**此時此刻**（here and now）的精神，企圖幫助成員成長與發展，所以偏重於預防性的功能，而非補救性的功能。至於團體活動的時間則多數維持在兩週到數週的密集式訓練，或者以一天的時間進行工作坊式的團體活動（Egan, 1970）。

（二）會心團體

　　如前所述，訓練團體在校園與企業組織裡大量興起，參與的成員自覺此種團體經驗，讓他們開始能夠用新的眼光去認識周邊的環境，同時也提高了他們自己的人際敏感度，並且更能發掘自己的潛能所在。之後，由於愈來愈多的人參與訓練團體，於是社會上開始興起一股社會心理運動，也就是後來被命名為**人類潛能運動**（human potential movement）的心理衛生運動，尤其在美國加州地區成為一時的風尚。例如Rogers創立的人類研究中心，與位於加州的伊斯蘭研究院兩個單位也加入推動的行列中。

　　事實上，在 1960 年間，心理學界主導團體的專業人士甚多，除了Rogers 之外，Maslow 等人亦不遺餘力。這些學者重視實現自我的理念與方法，並且強調開放、自我覺察，與接近個人感覺，於是創造出馬拉松團體，以及為人所熟知的會心團體，或者也有人稱之為成長團體。顯然的，這一連串的運動為團體工作再度注入了生機。

　　所謂的**會心團體**（encounter group）是一種成長性的團體，往往使成員在團體裡有強烈的體驗，成員彼此間在親密與信賴的關係下，得以

表達內心的感受，並願意面對真實的自我，且學習用真誠與接納的態度
與人建立關係，而成員則進一步有所成長與發展。

　　由於會心團體的目的在於協助成員能將自己的潛能盡情發揮，使之
在與他人建立有效的親密關係、高度自我覺察能力的情境下，成員更能
體察其內在的自我，因此，就成員來說，他們的成長並非僅限於認知上
的變化而已。因為曾經參與此等團體的人會發現自己較過去更為開放、
真誠，除了能擺脫禁錮，也比較能與他人分享經驗並了解他人的情緒狀
態，所以將更願意學習新的事物，並與自己相處。換句話說，這種團體
的活動自然會誘發成員之間強烈的情感交流。所以，在 1960 年到 1970
年期間，會心團體常採用舞蹈、藝術、肌肉鬆弛或裸體等運用肢體活動
的技巧；而因為部分活動遭人非議，使會心團體的活動方式從 1980 年
開始趨於保守。

　　至於**馬拉松團體**（marathon group）亦如會心團體一般，其目標也是
在於促進人際間的開放、敏感與親密性；其特色在於一次團體活動必須
持續長達數小時，甚至數日。在進行團體期間，所有的成員必須共同生
活在一起，並不與外界有任何的接觸，以使成員間的關係更為緊密。所
以團體活動多半是利用一個週末舉行，藉由長時間的相聚，使成員更容
易呈現真實的自己，無法藏身在個人的生活角色之中，進而能真誠相
待，學習自然的人際相處之道。

（三）結構團體

　　除了前述強調體驗性的訓練團體與會心團體之外，另有一種名之為
結構團體，是在受到 1970 年間的社會心理運動影響下才應運而生的一
種團體型態。所謂**結構團體**（structured groups）就是一種依據既定的目
標與已規劃好的方案而進行各項活動，而領導者則將設計能夠促進成員
學習的情境，讓成員在較少的挫折中獲得最多的學習，並且能將學自團

體的技術運用到日常生活中（Drum & Knott, 1977）。常見的結構團體往往偏重於學習生活技巧、澄清生命意義，與探討生命轉捩點等目標，有時助人者也會將結構團體的方式運用在處理飲食失常、酗酒、強暴等有關的治療團體中。

基本上，當領導者在採用結構團體的方式時，應讓所有的成員在不受威脅的情況下探索自我；而過程中應以促進成員認識自己為核心主題，不宜進行深度的心理治療。因此，領導者將幫助成員自他人獲得回應來學習生活技巧，而不是調整其人格結構。因為當一個人發現他人也有同樣的困窘時，將可因不再感到孤單而產生信心，也將從同儕及領導者的回饋中找到個人努力的方向。所以，結構團體偏向於教育性或經驗性的成長，而非補救性的治療工作。

（四）自助團體

有類似際遇的人們為了讓自己能從痛苦中走出來，於是共同組成一個團體，並且嘗試著在團體中分享自己的經驗，以抒發內心的傷痛，藉此交流來讓自己覺得並不是孤單、不被了解的，尤其是透過相互陪伴，在一種被接納、被了解，與信任關係中，得到繼續面對既有困境的力量。這種團體就是近年來在歐美國家甚為風行的**支持團體**（support group）。由於這種團體不是經由專業人士進行專業心理治療的一種團體型式，因此也有人將之名為**自助團體**（self-help group）（Johnson & Johnson, 1991）。其主要的功能或者是為了達到社會改革的目標（如維護女性或同性戀者的權益等），或者是為了能促進人們的生活適應（如受暴婦女或有創傷經驗者的自助團體等）。而領導者更可依其問題類型分為危機處遇、長期（如出監犯人或慢性病患等），與戒癮患者之團體等三種型式（Bean, 1975），以決定活動型態。

　　基本上，自助團體可以針對不同對象來組成一個具有支持性的團體，以發揮人際間的相互支持，例如以癌症患者或家屬，甚至初為人父母者因其特殊因素而共同組成的團體，藉由一種資源交換的過程，使成員得以藉此得到協助、鼓勵、接納與關懷，而增進雙方的快樂與滿足。團體中所討論的焦點大多可區分為幾個核心議題，例如個人的成長或自我實現、社會福利、解決問題的策略，以及與生命安全有關等議題均是常見的內容（Gazda, Ginter, & Horne, 2001）。

三、團體的理論

　　在團體中，領導者會強調成員之間的互動關係，並運用團體技術，在特定的團體目標下，讓團體發展出其固有的特質。所以，每一個團體也都將因為團體領導者的特質、團體成員的特質，以及團體的互動型態而有其獨特之處。

（一）團體歷程

　　團體本身是一個從孕育、成長到結束的發展歷程，除了領導者須先做構思然後付諸實行外，團體尚須仰賴成員方能組成。至於團體的變化端賴領導者掌握成員的心理狀態，以促進成員發展為目標，運用適當的技術與資源，使團體歷程能隨著成員之間、成員與團體之間的互動而呈現階段性的發展。例如在初期將幫助成員對團體建立信任感，並以此為基礎，使成員能經由建設性的互動而逐漸成長，甚至具備解決問題的能力，學習建立有效人際關係的模式等。

　　每一個團體都有其獨特的發展歷程，所以有學者將團體歷程依預備期、探索期、關係過渡期、解決期、進階工作期與結束期六個階段說明團體的發展歷程（何長珠，1997）。在預備期過程中，成員與領導者將共同確定團體的型態及活動內容，此時，成員對團體抱持懷疑，並且進行探索，而領導者則須擔負引導團體的責任，必須藉由對成員表達充分

的關心與尊重，以使每一位成員都能逐漸開始信賴這個團體；在探索期時，成員將學習聆聽的技巧或一些人際技巧等，因此，此時是一個學習的歷程；至於關係過渡期，則是指在團體中會出現一些意見不一致或拒絕配合的現象，因此正是澄清觀念的時刻；之後，成員將開始承擔責任，與領導者分享正面經驗，甚至有能力解決一些複雜的問題情境，此時團體走入解決期的階段；逐漸地，成員能夠在不需要領導者的引導下，自行在團體中互動，並且能高度配合團體的活動，如執行家庭作業等，此時，團體就進入了進階工作期；最後則是結束期，此時成員相互間的凝聚力已大幅降低，且開始重視個人在團體之外的社會活動，以及其個人的未來發展。

另有學者則將團體歷程分為團體初期、轉型期、工作期與團體末期四個階段（Corey, 1995）。在團體初期，領導者要幫助成員能對團體有所認識，並能使成員確定共同的團體目標與方向；在轉型期時，領導者主要的工作在於處理團體中的抗拒現象；而工作期則以凝聚團體力量，並且發揮團體功能為主；最後在團體末期時，則將討論團體對成員的影響並結束團體。除此之外，也有學者依其個人的經驗將團體歷程分為探索期、轉型期、行動期與結束期等（Gazda, 1989; Gazda et al., 2001），或是分為創建期、衝突與掌控期、凝聚與生產期三個時期（Kolk, 1990）。

整體而言，每個團體都要歷經熟識、信任、抗拒，與合作到結束的階段，因此，這是一個團體成長的歷程。所以，領導者要能接納並容許在團體中所發生的所有問題，並且要有能力面對和處理這些現象，以使成員能經由此歷程學習並成長，進而達成團體的基本目標。

（二）團體動力

事實上，從臨床上或研究上均發現，成員自團體收穫最多的地方都

是與人有關的部分。例如有人際焦慮的個案往往在人際技巧上有所不足，或者是期待有親密關係卻又畏步不前，這一切都是成員在安全、信任的團體中可以學到的技巧。其他諸如遭受亂倫的女性，參加曾有類似經歷的成員所組成的團體之後，往往可以得到最大的協助（Courtois, 1988）。因為成員間的類似經驗，將促使成員能自與他人的分享過程中，學習處理在個別治療時無法避免的羞慚與責難，而得以走出原來的陰霾。由此可見，團體動力是影響團體成效的重要因素之一。

團體動力（group dynamic）可以定義為是在團體中隨著領導者的引導，使團體成員之間產生互動，呈現互有消長的動態。基本上可以根據團體的目標、團體的結構、團體的規範等特性界定之。

（三）團體的凝聚力

在團體中的凝聚力將影響一個團體的成效，因為當成員愈被團體吸引，他們就愈能積極而主動地參與團體，因而提高團體動力並達成團體目標。團體的凝聚力更將使成員產生歸屬感，以使成員從團體經驗裡成長。

由於團體的高度凝聚力將可使團體更能發揮功能，所以，一個有效能的領導者會盡其所能地促進團體凝聚力。又為了提高團體的凝聚力，領導者必須遵守幾點原則，例如：(1)讓成員共同研擬契約，鼓勵每一位成員能積極並以開放的態度參與每一次的聚會；(2)讓成員在團體契約中明訂維護保密原則；(3)讓每一位成員在團體的初期能提出自己的期待，在經過團體討論之後共同決定團體目標，並且提醒成員要為自己所提出的意見負責；(4)要求成員不可以在服用藥物或酗酒的情況下參與團體；(5)在團體中，成員不可以抽菸；(6)如果成員是未成年的青少年或兒童，則應取得其父母的同意書，才可以參與團體等。

（四）團體成員

團體是否能發揮功能，除了仰仗領導者的能力之外，成員之間的關係、領導者和成員之間的互動等條件也將影響到團體的成效。顯然的，團體成員因素在團體動力上亦具有關鍵性的地位，如成員的生活經驗、成員對自己與他人的期許，或者是成員的人格特質等都是領導者不可忽視之處。例如，領導者會依據團體目標將團體以團體成員的特性分為**同質性**（homogeneity）或**異質性**（heterogeneity）的團體。所謂同質性高的團體是指團體成員的特性近似（例如均為男性或均為女性），此等現象可使團體進行較為深入的探討，但是也可能因此引發較高的焦慮狀態；而所謂的異質性團體是指成員之間差異較大（例如男女成員各半），因此，領導者必須花較長的時間來提高團體凝聚力，然而也將促進成員的包容力，並擴展成員的視野等。因此，領導者若能掌握團體成員的特質，就可以更有效地運用團體動力。所以在團體活動之前，領導者對成員做篩選工作將可依據團體目標來甄選最適當的人選，以利於團體之運作。

（五）團體領導者

無疑的，團體領導者對一個團體的影響頗鉅，所以，若要了解團體動力，就必須對領導者在團體中的角色有所認識。以下將從領導者的功能、人格特質兩方面說明團體領導者在團體動力上的意義。

1. 領導者的功能

文獻上曾根據領導者在團體中所扮演的角色類型，以誘發情感、表達關懷、意義歸因與執行任務四個向度評估領導者在團體中是否能發揮功能（Lieberman, Yalom, & Miles, 1973）。

　　根據研究顯示，能給予中度誘發情感、高度關懷、中度意義歸因與中度執行任務者為最佳的領導效能。相反的，最不好的領導效能是過高或過低的誘發情感、低度關懷，以及低度歸因與執行任務。因此有學者根據領導者在這四個向度的比例，將領導者角色分為工作型、情感型、代罪羔羊型與挑釁型四種（Dugo & Beck, 1984）。

　　然而就團體歷程來論，則應可就組成並維繫團體、建立團體文化，以及能催化並誘發此時此刻的氣氛三方面來探討領導者的主要功能（Yalom, 1985），茲分述說明如下：

(1) 組成並維繫團體

　　基本上，為了減少阻礙團體發展的困境，最好選擇能對團體互動歷程有所助益的成員參與團體，尤其不宜將有偏執或妄想等癥狀的病人納入團體之中。因此最好在團體之前能以一對一的訪談方式篩選成員，並且在訪談時向受訪者說明團體進行的方式，以及可能的收穫與限制等。

　　一旦組成團體之後，領導者最主要的職責就是處理會阻礙團體凝聚力的各種事件，例如成員中途流失、團體外的社交活動等。因此在團體初期，維繫團體成員的關係是最重要的工作之一。

(2) 建立團體文化

　　當團體一旦確立，領導者的主要職責將是促進團體發展，使此團體成為具有成長性或治療性的社會團體。例如在團體中讓成員共同制定成員守則，以使團體能在維護成員的隱私下促進團體互動，讓成員能夠積極投入團體中，並做自我揭露進而使成員之間建立起情感的連結，更能避免成員彼此間做價值批判以保障每個成員的權益，然後在成員自發性的表達下促進團體動力，並透過此動力促進成員的自我了解等。

　　顯然的，要達到具有成長性與治療性的目標，領導者須具備基本的團體技術，以高度信賴的關係使成員敢於團體中吐露心聲。所以，領導

者必須能使團體成員有所互動，以使此團體得以發展出獨特的文化特性，而使此團體能在其特殊的文化情境中發揮基本的功效。

(3)能催化並誘發此時此刻的氣氛

雖然團體領導者是一種工作角色，但是，在團體裡所強調的是人與人的關係，因此領導者在團體裡所呈現出來的樣子，對成員來說，既是一種示範，也是其角色本身必須具備的特質。例如領導者應對成員表達同理式的了解，同時也能發揮積極關懷、溫暖與尊重、真誠與一致等特質，換句話說，領導者本身就應是一個健康與有能力的個體，如此方能幫助成員活在當下，能誘發成員的成長與發展。

總而言之，雖然領導者會因其偏好的團體理念選擇其適用之團體學派，然而不可否認的，任何學派的領導者都要發揮組成並維繫團體、建立團體文化、催化並誘發此時此刻氣氛的三種基本功能。

2. 領導者的人格特質

除了領導者的團體理念與技術對團體發展產生影響之外，另一項重要因素是領導者的特質（Corey & Corey, 1987），包括肢體語言、敏感度、情緒狀態、對個人及他人的反應、認知覺察、思考或感受，以及任何主觀的體會。

事實上，領導者的人格特質都反映在其生活及專業技術中，也表現在他們所作所為當中，以及他們是怎樣的人。有些人格特質在團體中具有建設性，例如有勇氣、願意示範、能表現、好心腸與關心人、對團體有信心、開放的態度、能承受他人的攻擊、擁有權力、有持續力、願意尋求新經驗、能自我覺察、有幽默感、有創造性、願意投入等，均可使團體的互動更具有意義。在此等特質影響下，團體成員的自發性也將使每個團體有其發展的特色（Corey & Corey, 1997）。

　　至今，多數學者都同意，待人真誠與心胸開放是領導者最重要的人格特質（George & Dustin, 1988），因為真誠態度使成員願意表達自我，而開放的特質使領導者願意去接納不同的意見，將促使團體產生互動而發生效果。

　　在團體中，領導者會與每一位成員探討改變的目標，同時輔以教導或示範技術來幫助成員澄清觀念，而強化原則更是領導者常用的基本技術，以幫助成員學習有效的行為模式。而成員自此過程所學到的新觀念、新習慣與技巧，則可逐漸類化到他們的日常生活上（Rose, 1998）。例如在團體中，領導者會幫助成員澄清不合理的信念（Ellis, 1992），並鼓勵成員停止再做有害的自我表達，同時教導成員運用理性思考，以使之有積極與正向的信念，而此等思考習慣也往往與成員在現實生活中的行為有關，所以，他們可以將這些有效行為運用在日常生活裡，成員進而對自己更有信心。

　　在團體中，成員將被邀請檢核自己的價值觀、行為，以及與他人之關係。同時協助成員查看想要改變的與準備採用的生活準則，而具體的目標則可以包括發展自我接納與自信；能容忍他人，能尊重他人的意見，並給予對方真誠的關心；能對他人的需要敏感；能澄清個人的價值觀並檢核他的生活哲學；能學習與內心的衝突與矛盾相處；能培養做決定的能力，並且承擔後果；能探索衝突並尋求答案；能在團體中建立足夠的信任以做真誠分享；能將團體中所學到的方法應用到生活中等。

第二節　團體諮詢的定義與類型

一、團體諮詢的定義

　　就求詢者的對象來說，可以將諮詢分為個別諮詢、團體諮詢，與組

織或社區諮詢三種類型（Gladding, 2000）。其中，團體諮詢是指一對多的諮詢關係，參與諮詢的人員可能是針對某一個議題，由與此問題有關或關心此議題的人士與一位諮詢師共同投入諮詢的歷程，例如一群家長與一位諮詢師共同討論如何增進親子溝通的問題，或者一所學校的數名教職員和一位諮詢師共同針對校園裡已發生的暴力事件探討可行的處理步驟等，均屬於團體諮詢。

換句話說，團體諮詢是一種與個別諮詢相較的諮詢方式。也就是說，凡是與某一個個案有關的多位人士都參與諮詢的過程，又可能會因為每個人的角色不同，而有不同的困境與可運用的社會資源。因此，進行諮詢的過程也就更加複雜，而諮詢師必須善用團體動力，以使每個人都能從此過程中受益，並發揮功能，以化解問題。

二、團體諮詢的類型

最常見的團體助人策略就是教育或訓練團體，多半經由專人安排，將一群對同一個主題有興趣的人聚集在一起，在領導者的引導下，由於成員彼此間的互動，使團體呈現凝聚力，因而達到成長與解決問題的目標。而領導者則將扮演催化與支持的角色，並致力於使團體能做有效之運作。

一般而言，團體諮詢可以依服務的核心對象分為案主中心團體、議題中心團體及工作團體三種類型，另外還有 Dinkmeyer 與 Carlson（1973）所主張的C團體以及同儕諮詢團體等多種型式。茲分述於下：

（一）案主中心團體

案主中心團體（case-centered group）強調諮詢師在進行諮詢的過程中，會以求詢者的案主為中心，進行團體互動，以協助求詢者能從此互動過程中學習有效的處理策略，進而幫助案主面對問題或處理困境（見附錄五）。

根據研究指出（Cohen & Osterweil, 1986），此等型式具有以下幾點的效果：降低直接服務的轉介數目、促進孩童發展的知識、促進同事間的溝通等。與此相對應的是，Babinski 與 Rogers（1998）建議，可以為新進老師安排以**求詢者為中心的團體諮詢**（consultee-centered group consultation）的活動，以使與會的老師可以分享他們所關心的問題，並處理他們的困擾。

（二）議題中心團體

議題中心團體（issue-centered groups）是指可以針對一些學校老師所關心的特定議題為主軸來規劃諮詢團體，在此團體中，老師們可以很放心地提出他們的困擾，以群體力量來面對問題，而非單打獨鬥地去面對他們的困境。例如有校園暴力問題或學生違規行為等議題。所以，此種團體相當適用於學校進行。

（三）工作團體

工作團體（task-groups）是指成員在諮詢師扮演團體領導者的角色情形下，來幫助他們學習如何更有效能地發揮其個人的功能（Brown, Wyne, Blackburn, & Powell, 1979）。過程中，諮詢師將採取催化的角色來促使團體發揮建設性的功能，而團體的目標則可分為以下四種：(1)提供建議並促進參與；(2)製造產品與提供服務；(3)規劃與發展方案；(4)執行與協商等（Dougherty, 1995a）。

（四）C 團體

所謂的 C 團體就是一種團體型式的諮詢型態，而此種團體所強調的幾個觀念都是以 C 這個英文字母做開頭，所以被稱作 C 團體（詳見第九章第五節）。此型態的諮詢團體是由 Dinkmeyer 與 Carlson（1973）所倡導的，是有別於傳統的員工發展訓練，強調行為是會互相影響的諮詢方

式。他們認為，人們必須願意投入其中去測試這些理念，讓這些想法也能與自己的生活型態相符，並將這些新的觀念予以內化，然後與專業人員分享其結果，人們的行為才會有一些改變。

原則上，此種團體都是由四到六位教師和一位諮詢師組成，每週見面一次，每次聚會一個小時，可進行六到八次。此團體的基本主張是強調，多數的問題都是來自人際間的問題，因此，最好能在一個開放並安全的團體裡解決問題。

（五）同儕諮詢團體

所謂的**同儕諮詢團體**（peer consultation group）就是指由相同領域的專業人員齊聚一堂，透過分享與討論來面對彼此在工作上的困擾。當一群助人工作者在無法尋覓合適的督導者給予協助時，大家聚集在一起，共同針對每一個案例提供個人的專業知識，以使案主得到最適當的專業服務，因此，此種型式的團體諮詢常見於各機構中實施，依機構安排或為定期或為非定期團體。

第三節　團體專業倫理

從事臨床工作的人必須透過反省，將工作上可能發生的誤失降到最低，同時亦須時時加以檢視。而訂定專業守則以規範實務工作者的行為，以降低對社會大眾可能造成的傷害，此舉必然促使團體心理治療邁向了專業之路。根據團體工作專業人員學會於 1980 年頒布，然後又依實際需要於 1989 年修訂的**團體領導者倫理守則**，將團體治療的專業倫理依維護成員權益、領導者專業訓練等要項分項訂定，並復於 1991 年與 2000 年分別重新修訂。每隔十年就依時代需要調整工作規範，由此可見，專業倫理亦有其發展的趨勢。

台灣輔導與諮商學會亦仿團體工作專業人員學會的專業守則，於1988 年開始訂定**輔導人員倫理守則**，旋為符合臺灣地區的社會環境於2001 年再度修訂並規範團體輔導人員的倫理守則，之後又於 2022 年大幅更新，讀者可自行上網閱讀（http://www.guidance.org.tw/ethic202210.pdf）。本節將針對領導者應遵守之規範擇要介紹如下：

一、維護成員的權益

　　在筆者經驗中，很少成員認識團體。多數成員是抱著來聽講，看能不能從這個經驗中聽到一些與過去不一樣的見解，完全不曾想到參加團體時要坦露自我，甚至可對團體提出要求等。因此領導者在團體初期就要幫助成員明白他們在這裡擁有哪些權利，又應盡哪些義務。

（一）知後同意

　　讓成員在參加團體之前能了解團體的性質與進行的方式，以及領導者本身在專業上的訓練，對於成員在團體中的表現會有正面的效果，例如更能投入團體，或者更知道如何運用團體等。當領導者能提供一個機會讓成員有此認識，這樣的過程稱為**知後同意**（informed consent）。

　　有關告知的內容包括團體的目標、團體的型式、領導者的資格、成員的責任與義務、團體的限制，以及維護他人隱私等。此項措施的目的可使成員在有心理準備的情況下投入團體活動，則既可提高團體成員間的互信與尊重，又可誘發成員的自主性，而使團體是在成員的主導下進行，則將使團體發揮真正的功能，進而達成團體目標。

（二）維護隱私

　　團體領導者將運用團體技術，以使團體能在尊重與信任的氣氛下進行。但是，在團體中，領導者必須強調**維護隱私**（confidentiality）的重要性，而且以身示範，避免成員因為自我坦露而受到攻擊或傷害。筆者

認為領導者必須要以其人際高度敏感能力來防範所有可能的傷害，最好能常提醒成員維護他人與自己的隱私。

基本上，成員在領導者的引導下，往往會對團體更加信任，並願意與人分享個人之經驗與觀念，因而促使團體內互動性更為活躍而富有建設性。

（三）成員的自主性

在団體中很容易發生成員在團體的壓力下被迫做出非自願的行為，例如成員拒絕配合眾人要求做角色扮演，但是團體以其不合作的態度將他排斥於團體之外，使成員受到傷害。事實上，團體可以提出邀請，但是仍宜尊重當事人的意願。

為了維護成員的自主性，但是又要顧及有效的團體歷程，所以，領導者要具備一些技巧以處理人際間的紛爭，例如當成員在參加團體時，在中途表示要離開團體，則領導者應幫助成員向團體表達其個人的考量，亦應協助團體去尊重成員所做的選擇，不可以不當手段強迫他留下來。

二、領導者的專業條件

身為領導者，對於成員的需求必須保持高度敏感度，並且要能察覺領導者所抱持的價值觀對成員可能造成的影響程度。專業訓練可以提升領導者的專業能力，但倫理規範可以避免領導者因為個人因素對團體造成不當處理。所以，團體治療規範中除了強調領導者在團體技術上的專業能力之外，對於領導者在團體中的角色與功能均做界定，以保障成員的利益。

（一）領導者與成員的關係

在団體中，領導者與每位成員的關係是均等的。因此，領導者不僅

要嚴守這個規範，並且也要處理會違反這項規則可能的情境。首先，領導者要避免讓熟識者成為團體中的成員，否則在團體中很容易使不熟識者感到被領導者排拒而脫離團體；其次，領導者要避免與成員的關係延伸到團體之外，以使其與團體中每一個成員維持在同等的地位，以確保每個成員都能得到領導者同等程度的信任與關懷；第三，當成員向領導者尋求協助而引發無可避免的私下接觸時，領導者在提供簡短的協助之後，可以建議成員在團體中提出其困境，讓更多的人可以貢獻心力，則一方面解除其難題，另一方面又可避免領導者與這名成員的關係不同於其他成員，使得團體之間產生不平衡。如有必要（當問題的型態不適於在團體中陳述時），領導者應將這名成員轉介給其他專業工作者，以避免妨礙團體發展的可能結果。

另外須特別強調之處是，領導者不能過度使用自己在專業上的角色或權力，以滿足一己之私。例如要求團體在住家進行，以便於照顧家庭；或者要求某成員前來接送等額外要求；或者要求成員到與自己有關的餐廳聚餐等。尤其不可與成員有異性間的交往或性的接觸等，造成領導者與成員之間除了團體角色以外的雙重關係，而違反專業倫理守則。

（二）領導者的價值觀對成員的影響

在團體中，領導者的價值觀很難不涉入在團體互動當中，而團體成員也會隨著領導者的偏好決定其在團體中的表現，一旦團體傾向於以領導者的價值判斷為依歸，則非我族類的成員很容易感受到不被歡迎，或者受到排斥。因此領導者要敏於覺察自己的價值觀是否在團體中產生影響，讓成員不敢去表達個人的觀點，怕受到排斥，結果抑制了成員分享或回饋的互動歷程，而阻礙團體的發展。

（三）運用適當的團體技術

　　每個團體技術都有其理念，領導者運用團體技術的目的除了要讓成員的問題獲得澄清之外，也是為了要催化團體間的互動，讓成員在一些技術的暖身之下更能呈現個人的需求，並且能使成員相互給與支持與協助，以發揮團體的功能。例如信任跌倒這個活動，就是領導者為了要讓成員學習體會他人的同理心訓練活動之一。但是，有的成員可能以遊戲的心情看待，甚至作弄友伴使友伴摔倒或受傷，使友伴對他人產生不信任。所以，亦有學者建議，領導者在團體中不得強迫成員做肢體性的活動，以避免成員受到傷害。

　　造成技術使用不當的原因多半起因於領導者對團體成員缺乏適度了解，或者是領導者對此技術不熟悉，未能掌握這個技術可能引發的危險，又或者是因為領導者忽略成員的心理狀態，以及對團體歷程的敏感度不夠所致。因此，領導者在團體中只能用自己曾經驗過的，而且為自己熟悉的活動，否則應在其他對此活動熟悉的夥伴監督之下進行這些活動或技術。

（四）不當措施的責任

　　當成員因為參加團體導致身心上受到傷害時，領導者都有責任為成員做善後處理。例如一位受困於情感抉擇的成員在團體中將自己的困擾全盤托出，引來夥伴善意的指點做出分手的決定，領導者並未協助團體成員去釐清人際間適當的界限，結果引發出一件自殺身亡的悲劇。雖然，在法律上或許因地區文化上不同而無必然承擔的責任，但是在道義上仍須對團體成員提供心理治療的服務。換句話說，領導者要有能力判斷團體可能產生的爆發力，以保障團體成員的權益。

　　為了減少被成員提起訴訟的危險，領導者最好不要做超出自己能力範圍的處理。例如建議成員將罹患心理疾病的家人送往非政府相關單位

就醫，或者領導者本身並未接受相關的訓練，就在團體裡對成員做催眠或解夢的活動，因而導致成員受到傷害等，領導者將必須為自己的不當措施負起責任。

（五）專業訓練要求

有關團體領導者的專業訓練一直為人所詬病（Bernard, 2000; Frankel, 2000）。為了提升團體諮商的能力，學者也多半強調應從具備團體的基本知識與技術，以及加強臨床經驗等三者來評估專業領導者的資格。事實上，三者互為表裡，所以在訓練的過程中往往同時強調教學與體驗兩者，無法分開來學習。所以，要成為一名領導者，必須經由成員、觀察員、協同領導者，與接受督導下的領導者這幾個歷程，逐步邁向獨立作業的領導者，甚至成為有能力去督導其他領導者的領導者，循序漸進。所以，原則上，要接受團體領導者訓練之前，應先具備至少十五個小時的團體經驗，或依美國人事與輔導學會的要求，將團體經驗提高到六十小時。

又根據團體工作專業人員學會公布的**團體專業人員專業訓練標準**，將合格的團體領導者資格分為基本團體能力與相關訓練兩個層次，除了要有助人工作碩士以上的學位外，更要接受十至十二小時的核心課程與技術演練，以及三十至六十小時不等的進階訓練，而課程內容與時數則依團體類型分別安排（如教育性團體須接受三十至四十五小時；治療性團體須接受四十五至六十小時）。至於美國人事與輔導學會於 1994 年所成立的**國家合格團體心理治療師註冊處**（National Registry of Certified Group Psychotherapists, NRCGP）所採認的資格指出，領導者要有三百小時的臨床工作，七十五小時的臨床督導，以及十二小時的教學課程，並且在具備基礎訓練課程要求之後，應持續接受進階課程（Bernard, 2000）。

　　因此，若要成為一個有效能的領導者，應該接受的核心課程必須包括團體的基本認識、團體動力學、倫理課程等內容，並且輔以團體技術，以及進階課程。又為了能提升其專業能力，除了要實際體驗團體外，最好能多觀察有經驗的團體領導者所帶的團體，並且在接受專業督導的情況下，能實際帶領團體（Yalom, 1995）。目前，多數學系將團體課程列為必修課程之一，將此課程列為選修的學系亦有所見。然而就社會對專業人員的要求來看，助人工作者必須具備團體領導技術的能力已是無法迴避的事實了。

第 **11** 章

家庭諮詢

　　根據筆者從事個案輔導，以及與各層級學校的輔導單位接觸的經驗發現，國內的輔導工作若能加強學校與家長、輔導室與導師或行政人員進行諮詢型態的合作關係，將對學生在校問題行為的處理有極大的幫助。例如教師對家長、輔導老師對一般授課教師、資深教師對資淺教師等。在日本校園裡，Kitahama 與 Tanaka（2003）也曾以短期治療與危機處理的觀點架構其諮詢方案，並指出在對家長進行會談時，也能同時對教師提供諮詢服務，以協助孩子得到更有效的協助。

　　在進行諮詢的過程中，諮詢師與求詢者兩者之間沒有從屬關係，諮詢師不能強迫求詢者執行他的意見，而處理的結果則完全由求詢者負責，因此，雙方處於平等與合作的關係。為了能充分地介紹家庭諮詢的專業技術，本章在第一節將介紹家族治療學說，第二節將介紹家庭諮詢的內涵與實施步驟，第三節說明實施家庭諮詢的重要原則，第四節說明家庭諮詢的專業倫理守則。茲分節述之如下。

第一節　家族治療學說

　　家族治療（family therapy）是助人工作中一門以家庭或婚姻為處理焦點所建構的治療理論。又因為臨床工作者也會將此理論運用於並非是在醫療系統接受幫助的家庭，所以，亦有依服務對象的類別以**家族諮商**（family counseling）名之。換句話說，在醫療單位以家族成員為對象以進行心理治療工作的技術稱為家族治療；然而，接受家族諮商的家庭則

多數是指需要添加潤滑劑以持續發揮生活功能的家庭而言。目前，坊間則習慣將家族治療與家族諮商兩者交替使用，且隨著此理論的快速發展，會因處理問題的核心偏重在夫妻或者伴侶關係，而有**婚姻治療**（marriage therapy）與**伴侶治療**（couple therapy）等術語，然而，大多數的學者或臨床工作者均以家族治療概稱。

為了使讀者能對家族治療有所認識，本節將藉由家族治療理論的發展來說明此學說對現階段助人工作的影響。

一、社會運動的溯源

家族治療的根源須追溯到第二次世界大戰之後一連串的社會運動，例如社會工作運動、性革命運動、家庭生活教育運動等。除此之外，Alfred Adler（1870-1937）與 Harry Stack Sullivan（1892-1949）等人也曾就理論上的發展提供了重要的貢獻。

在探究家族治療運動發展史的學者中，多數均同意將 1950 年視為發展家族治療學說的里程碑，而當時的研究對象則以罹患精神分裂症的患者為主要對象。在 1952 年的**美國精神醫學學會**（American Orthopsychiatric Association）中，曾有位心理分析學家針對精神疾病患者與病患家屬的治療措施提出臨床報告（或許是第一篇與家族治療有關的論述），然而此舉並未得到與會人士的重視。直至後期的治療學者也開始運用家庭會談來做心理治療，方使更多的治療學者開始仿效並追隨其後。

事實上，家族治療的起源約在 1940 年到 1950 年間，但真正得以茁壯發展，則在 1970 年到 1980 年間。然而，也有學者認為，在第一次世界大戰之後，因為心理學者、教育家、社會工作者、神學家與法律學者等開始意識到，人們在婚姻關係中的問題也會引發諸多的社會問題，因而將家庭議題浮出檯面，遂對日後發展的家族治療理論有所影響。而第

二次世界大戰之後，在美國的精神醫學界隨著如 Jay Haley 等多位精神科醫師的努力下，使得針對精神分裂症患者的家庭溝通型態所進行的研究，逐漸發展出一個有系統的理念而彙整為家族系統理論，甚至進一步成為心理治療領域的一環。

　　Bateson 曾以一名患有精神分裂症的年輕人為例，說明家庭互動型態與家庭成員之間的關係。Bateson 觀察這名病人在住院期間與母親的互動關係時發現，當病人因其母親前來探病而興奮地擁抱母親時，他的母親並沒有回應，所以他就縮回手來，不想，他的母親隨即說：難道你已經不愛我了？病人的臉開始泛紅，卻遭母親指責，說他不應該羞於表達內心感受。顯然的，這位病人的表情顯現其內心的困惑，不知道自己的母親到底是喜歡他，還是不喜歡他，因為他的母親傳達出矛盾的訊息，讓他無法辨識何者為真，何者為假。在他的母親離開醫院之後，他的病癥行為再度發作。Bateson 將其母的行為以**雙重訊息**（double message）命名，並與其他學者歷經多年研究，說明家庭溝通型態與罹患精神分裂症兩者間的關係，且進一步指出此等溝通型態會導致家庭中某一成員在心理上產生混淆，進而引發**病癥行為**（symptomatic behavior），因而成為被認定的病人（Identified Patient, IP）（Bateson, Jackson, Haley, & Weakland, 1956）。此觀點目前已成為家族治療理論的核心觀念之一，由此可知，Bateson 對家族治療理論的貢獻極鉅，並受後人推崇備至。

二、家族系統理論

　　家族治療是一種以家庭成員的互動情境為焦點的心理治療學說。此等學說的架構起源於將家族視為是一個社會心理系統，而家庭成員之間互有關聯並產生互動關係，因而形成一個動態的系統。茲就其中的主要要素說明如下：

（一）整體與相互依賴

強調整個系統是一個整體的觀念，在此整體中，成員之間彼此影響。所謂整體是指，一個家庭系統裡除了家庭成員之外，還包括成員之間相互關係，以及因此而衍生的各種關聯性。而家族治療處理的焦點即在這些行之久遠，業已成為習慣的互動型態，並非成員個人本身的行為現象。所以，整體性、組織化與型態化三者最足以詮釋家庭系統的內涵（Papp, 1983）。

家庭本身是在一連串的變化當中，歷經兩人共組家庭、生育子女、子女離家另組家庭、恢復原始兩人家庭，周而復始，此即所謂的**家庭生活週期**（family life cycle）。無疑的，在家庭發展階段中，有一些阻礙會影響到家庭所發揮的正常功能，例如父母對子女過度期待，或親子間感情過於黏結等，均使子女的自我分化受到限制，於是家庭中就會產生代罪羔羊（即被認定的病人）替這個家庭呈現問題癥候。在此週期循環中，孕育此病人的家庭，稱之為**核心家庭**（nuclear family）。然而為了幫助該家庭度過危機，有時，治療師必須追溯該家庭上一代的組合情形（即祖父母、外公外婆等的家庭互動過程），此即所謂的**原生家庭**（family of origin）。所以，進行家族治療時，治療師除了要觀察核心家庭的互動型態外，對於各家庭成員的原生家庭亦需投注必要的心力，了解問題的起源與發展。

一般說來，在家族治療的過程中，治療師首先會依一個家庭的關係來繪圖，以呈現此家庭成員彼此間的關係，其因在於家族治療師應注意個人行為，及此等行為與其息息相關的核心家庭或原生家庭之間的關聯程度。

（二）循環因果與抗衡點

　　基本上，家族治療師相信人類行為不是呈直線式的塑造，而是以循環的關係交錯影響。例如某先生極為仰賴其妻在日常生活上的安排而成為習慣，於是其妻得以完全掌控先生的生活，直到有一天，當先生對其個人的生活不再滿意而要求更多的自主時，於是夫妻雙方互控對方的不是，並在爭吵中結束彼此的關係。顯然的，他們之間的行為模式是互為因果，彼此的行為都在強化對方的行為，並隨著時間而成為習慣。又因心中有所不滿，在無法跳出既有的行為模式下，只好以分開作為收場。

　　從這樣的觀點來看，不論問題出在哪裡，在任何關係中都有一個處理問題的抗衡點。毋須從過去發展的歷史尋找解決之道，只要在目前現存的關係中就可以發掘到可行的措施。例如有位國中女孩深為其母的酗酒問題而苦惱，因此她的課業有嚴重下滑的現象。導師向輔導處求救之後，輔導老師發現，這個女孩除了擔心母親因酗酒所帶來的問題外，並且還不時地要為父親看守母親的去處，並向父親通報母親的言行。顯然的，這個女孩已捲入了父母親的關係裡，並且是站在父親的一方。而女孩的行為除了令其母親感到難堪外，更使母親在家裡感到孤單，而被迫離家出走。於是女孩又擔負了找母親的責任，因而影響到她的讀書時間，無怪乎成績會下滑。當輔導老師幫助這個女孩採取一些能溫暖母親的措施，並提醒她要相信父母親是有能力處理他們之間的問題，以化解其內心的壓力。當女孩向母親表示對其的關愛之後，母親很自然的就對自己的酗酒行為有所克制，也使夫妻關係有了改善的空間。

（三）平衡狀態與改變的可能性

　　自從 Bateson 於 1957 年提出家庭恆定說（family homeostasis）的觀點之後，這個理念就成為家族治療師重要思考的焦點之一。正如房間裡的自動調溫器一般，家庭裡也有一個能維持正常運作的機制，使家庭處

於平衡狀態，但是這種狀態是隨時在變化，而平衡點也會隨之改變位置，但是起伏現象卻是一樣的。在一個已有異狀的家庭裡，為了使家庭能維持在平衡狀態，而採用病態或不當行為以因應這個系統，又因要維護家庭平衡的需求，於是家庭處於僵化與抗拒改變的狀態下。因此當一個家庭在治療中抗拒改變時，也是維持其平衡狀態的一種過程。

所以，家族治療的焦點不是在於如何消除癥狀，而是在於了解癥狀消除之後可能會產生的作用。簡單地說，治療師就是從了解問題的根源以及這個家庭解決問題的方法來著手，同時也將發掘一旦問題消失之後這個家庭會何去何從，以及隨之可能引爆什麼危機，並判斷是否有人會負起責任等問題，同時採取適當的策略，以幫助這個家庭能在轉變中以健康的行為模式維持家庭的平衡狀態（Papp, 1983）。

（四）系統、次系統與三角組合

基本上，在整個家庭系統中有各種的**次系統**（subsystems），例如以父母為首的核心家庭中有配偶的次系統、手足的次系統，或者母子的次系統等。治療師要注意到這些次系統是否會阻礙家庭的發展，是否使某些成員以不利於自己發展的行為置身其間。例如母親與子女連成一氣，使父親很難介入其中，甚至開始酗酒等。像這種原本處在同一層次系統中的兩個人（如夫妻），隨著彼此間的緊張壓力，使得其中一方與其他家庭成員（如子女），或者與其他事物（如職業）建立極為緊密的關係，也就是所謂的**三角組合**（triangles）現象。

顯然的，在家庭中的三角組合現象勢必會破壞次系統間應有的界限，而引發這個家庭的危機。例如父母親應讓子女有能力做決定，以使子女逐漸學習獨立；然而，當妻子因先生一心投入在工作中，又擔心孩子長大離去，於是會為孩子做所有的事，而孩子為了不讓母親寂寞，於是繼續長不大，甚至取代父親在母親生活中的角色而不自覺。

（五）界限、規則與模式

如前所述，當一個家庭能夠維護各次系統之間的心理界限，方可使此家庭正常運作，並讓家庭成員能自然成長與發展。又為了使一個家庭能夠發揮其功能，就必須要有一些規則，以及因此而衍生的家庭互動模式。

在諸多家族治療學說中，結構家族治療學說對界限的剖析最為明確（Minuchin, 1974）。此說主張，次系統間不可見的心理界限可以保障家庭與次系統的分離與獨立性。例如當兒女介入到父母兩人之間的關係時，這意味著這個家庭的界限是**鬆軟的**（diffuse），此等現象不但抑制了這個家庭的正常發展，也將防礙了家庭成員個人成長的空間，使其獨立自主的發展受到阻礙，因而促使兩個次系統間的成員的關係呈現**黏結**（enmeshment）現象。也就是說，當兒女與父親或母親的關係過於緊密，而此緊密關係所造成的黏結現象將破壞了兩個次系統之間應有的界限。

然而，如果在一個家庭中，各次系統之間缺少情感上的接觸，則次系統之間的界限是**僵硬的**（rigid），而此等現象同樣地也會抑制此家庭的正常發展，使家庭成員在情感上的發展趨向於與人隔離，因而造成這個家庭的各次系統之間家庭成員的關係是呈現**疏離**（disengagement）現象。也就是說，當兒女與父親或母親的關係過於淡漠，而此淡漠關係所造成的疏離現象將使兩個次系統之間沒有交流的管道，使家庭成員缺乏與人溝通的練習，因而引發出其他的人格上或人際上的問題。

（六）家族圖

就系統觀點而言，世代間傳遞的互動模式將會影響到核心家庭的功能發展（Bowen, 1957, 1960），因此而有學者以圖示法來顯示各家族的

各代間之關聯，而此等家族治療師所使用的**家族圖**（genograms）就是繪製以核心家庭為主且包括三個世代的家庭關係圖（見圖 11-1）。如圖中所示，核心家庭中的兩人於 1972 年結婚，先生目前四十七歲，太太目前四十歲，他們兩人都是原生家庭裡的第一個孩子，太太在婚後流產一次，之後生下三女一男，而最小的那一個是男孩子，也就是所謂的被認定的病人。而先生的父母在 1944 年結婚並於 1980 年分居，育有二子一女，除了二子未婚外其他子女均已婚；太太的父母在 1951 年結婚，生下二女一男，三名子女均已婚。在此家族圖下方所示即為在圖示中所表達的意義。如方格代表男性，而圓圈代表女性，又在方格內或圓圈內打

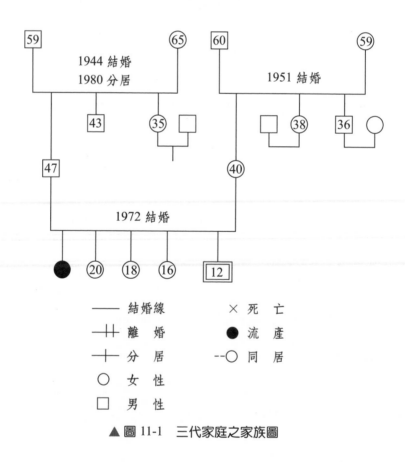

▲圖 11-1　三代家庭之家族圖

一個×，則代表死亡等，餘者類推。

　　目前，繪製家族圖已成為各家學派在進行家族治療時相行仿效的步驟，然而，繪製的型式則仍有些微差異。尤其是結構家族治療學說在繪製家族圖時會試圖將其結構論的主要觀點（如黏結或疏離現象等）呈現在圖中（見圖 11-2）。如在兩人之間以===連結則表示雙方關係親密；又若在兩人之間以—||—連結則表示雙方有嚴重的衝突等，餘者類推。顯然的，結構家族治療學說強調核心家庭目前的家庭結構，而非如Bow-en 所主張的代間關係。

　　如圖所示，治療師可以從家族成員之間的關係，來診斷被認定的病人罹患疾病可能的原因，因此，家族圖是進行心理疾病診斷的重要工具之一。

三、各家學說

　　事實上，家族治療源自精神分析學說，經由實務上的探討，逐漸趨向於從系統的角度建立各家學說（Foley, 1984），同時也隨著各學派所強調的基本觀點，發展出各有所長的理論學說。雖然各家學說隨著互動頻繁而逐漸縮小歧見，然而仍可依其所持之理論架構與處理技術的差異性進行比較。本章因篇幅所限，將介紹客體關係、經驗與人本、家族系

▲ 圖 11-2　結構家族治療學說之家族關係圖示法

資料來源：引自 Minuchin（1974, p. 33）。

統、策略，與結構五個主要家族治療學說，以突顯其主要觀點。茲分別介紹如下：

（一）客體關係學說

　　雖然精神分析學派一向強調個人內在的心理層面，但是近幾年來也開始重視人與人之間的關係。例如隸屬新精神分析學說的**客體關係理論**（object relations theory）強調：一個人會尋求與他人建立關係來滿足其內在需求。因而假設一個嬰兒會對照顧他的人產生基本的**依附需求**（need for attachment），而治療重點則在分析一個人從嬰兒時期就開始蘊育的內在客體（好客體或壞客體），也就是這個人已內化的心理表徵。此說並主張，當一個人在嬰兒時期的基本依附需求未能獲得滿足時，這個人將依照這個內在客體，去尋求與其配偶或子女所建立的關係來滿足其基本的依附需求。

　　此學說主張，當一個人沒有能力與家庭中其他成員建立適當關係時，則將使家庭間的系統受到混淆（Foley, 1984），而一個被認定的病人往往就是由於幼年時被愛得不夠，或者是沒有受到適當的照顧所致。因為一個人從幼年開始就在追尋其與父母的關係，在此尋覓的過程中，會陷入困惑與兩難的處境，於是將自我認定為是被愛或是被恨的形象內化於心中，因而影響到他與別人的親密關係（Framo, 1982; Scharff & Scharff, 1987）。

　　基本上，人們在初接觸這個世界之時，影響其自我意象的關鍵人多半是其母親或照顧其生活需求的成人，也就是對其甚具意義的**重要他人**（significant others），也因此終其一生地尋求與此重要他人建立親密的關係。而此重要他人若對嬰兒表現出接納的態度時，嬰兒就將自己定位為是個**好客體**（good object），如果是被拒絕的話，那麼就將自己定位為**壞客體**（bad object）。

　　所謂的**客體**（object）一詞即是指，人們會從他人對其所做的反應，逐漸將此內化為其個人的自我意象，因此或為好客體，或為壞客體，而人們也就據此自我評價來呈現自我。在嬰兒初期雖然極為依賴重要他人，然而隨著其個人的成長與發展，將逐漸與其重要他人分化，能與他人建立關係並成為一個獨立自主且成熟的個體。

（二）經驗與人本學說

　　經驗學說始自 1960 年代的人本心理運動，因此在理念上與人本治療學說的觀點近似，學者們在歸類時，常將兩者併在一起介紹。此等學說主張，家庭問題是源自於家庭成員的情感凍結，使家人間的互動停滯不前，因而引發家庭危機，而治療者將致力於協助人們解放其內在的情感，讓人們能體驗暗藏於內的感受，進而學習表達內在情感，以促進家人之間的互動關係。

　　在諸多學者專家當中，Whitaker 被喻為是帶動這股動力的鼓吹者，並被視為是經驗學說的代言人；而 Virginia Satir（1917-1988）則因其強調人際溝通的主張，因此是以溝通理論著稱。筆者將以此兩人的學說介紹經驗與人本學說。

1. 經驗學說

　　在 Whitaker 所主張的學說中，極為重視一個人當下的感受，因此較少用家庭系統的觀點去解釋家庭問題（Napier & Whitaker, 1978）。所以，在治療過程中，治療者會鼓勵家庭成員去觸動因覺察而體會到的內在感受，因而被稱為**經驗學說**（experiential approach）。目前，此學說已逐漸將處理的焦點擴及於系統，並且隨著對家庭互動歷程的關切，開始進行三代的家族會談，在不使用大量的技術，強調以人為本的主張下，以主動而直接的方式引導家庭成員。例如治療者在面對一直不發言的男主人時會向男主人表示不滿，使男主人在被激怒的狀態下遷怒於他

人，如宣洩出對女主人的不滿，因而使原本討論的議題由不當行為轉變成為探討夫妻間的關係，以進入真正的問題核心。

2. 溝通理論

而Satir除了是當時投身於家族治療的唯一女性外，更是躋身於諸多精神科醫師中極少數以社會工作為專業背景的家族治療師，因此，Satir女士以其專業背景提出強調一致性溝通的**溝通理論**（communication theory）。由於她的積極投入，不僅率先提出了家族治療工作者的訓練計畫，更是走訪多國以介紹**家庭重塑**（family sculpting）的治療技巧。從其離世前，猶遠赴蘇聯而汲汲於推廣家族治療理念，可以想見，家族治療在其心目中的地位（Simon, 1992）。

Satir的溝通理論將家庭視為一個平衡系統。例如當一個人在追求個人的成長與發展之際，會以病態行為（如厭食症等）來平衡家庭中的互動關係，而此病癥行為反映出這個家庭中出現了一些無法化解的問題。因此，在治療過程中，治療者將以促進家庭成員成長為主要目標。Satir認為在此功能失效的家族中，最常見的溝通型態包括討好者、指責者、超級理性者與打岔者四種角色（Satir, 1972）。其中**討好者**是指在處理家庭壓力時，會採取犧牲自己以取悅他人的家庭成員；而**指責者**是指在處理家庭壓力時，會採取犧牲他人以維持個人權益的家庭成員，也就是說會企圖去支配別人；**超級理性者**則是指在處理家庭壓力時，會傾向於猶如電腦般地運作，不帶感情地分析問題的家庭成員；至於**打岔者**則是指在處理家庭壓力時，會明顯地做一些不相干的行為，以避免直接面對壓力的家庭成員。由於這些溝通方式無法促進建設性的互動，所以治療師必須幫助家族成員學習做一個一致性溝通者，讓彼此雙方能真誠地表露心中的想法，以使此家庭的溝通產生功效。

（三）Bowen 的家族系統學說

Bowen（1913-1990）的家族系統理論是在 1957 年至 1963 年間發展出來的，他的主要論點即是在建立系統說，而其主張更成為其他學說建構系統觀點的立論基礎。由此可見，Bowen 的核心主張在家族治療中之重要地位是不言而喻的。

原本是一位心理分析師的 Bowen，在其所著之《精神分裂病理研究》一書中指出，由於家庭中的雙重訊息現象，使人們陷於難以抉擇的處境中（Bowen, 1957）。例如當父母說出「我愛你」的同時，冷漠的聲調與面無表情的樣子，讓子女無法判斷，到底是要相信父母的口語表達還是他們的行為語言。長期處於此種不一致表達方式，又無法辨別真偽的情況下，親子雙方的關係就陷於不確定感，因而有家庭成員以病癥行為來平衡家庭中的不穩定現象。Bowen 也因而提出**核心家庭情緒系統**（nuclear family emotional system）與**家庭投射過程**（family projection process）的假說（Kerr & Bowen, 1988），並以此為主軸貫串了**家族系統論**（family systems theory）。茲就其中重要的五個觀點介紹如下：

1. 自我分化

當人們與其原生家庭的關係過於緊密時，會使其在人際關係上有所阻礙，因而無法發展獨立自主的能力。Bowen 遂提出**自我分化說**（differentiation of self）以探討家庭問題。

基本上，分化是家庭系統理論的基本結構。當人們內在的自我與他人或與家人之間產生界限不清的現象時，則其情感與理智就會趨於混淆，或者是處於完全受到情感所控制時，而陷入未分化的狀態。而此等未分化狀態可能自上一代傳遞到下一代，因此，家族治療師的主要功能在於促進人們的自我分化，以使家庭間的互動具有建設性，並能達到有效的溝通目標。

2. 家庭的情感系統

　　家庭的情感系統是指由上一代傳遞到下一代的情感糾纏，而形成不健康的型態。多半是因為在原生家庭分化不足，於是在情感上與父母過於黏結，或者完全切除與父母在情感上的連繫，即所謂的**情感切斷**（emotional cut-off）現象。當人們的分化未完成，則其在下意識裡會去尋覓與其分化程度近似的伴侶，以共同建立一個新的關係，然而由於其個人分化未完成，因此使此關係中的情感連結和互動方式仍是不健康的，或者是過於防衛或者是產生衝突，甚至造成某一方在心理上或生理上失功能的現象，因而將其個人的困擾投射在其子女當中。

3. 家庭投射過程

　　當人們將其個人未分化完成的現象以投射的方式傳遞到子女身上時，就會引發夫妻間陷於緊張的處境。而子女當中可能有一個孩子會不自覺地介入父母的關係中，因而與父母成為三角組合關係。常見的現象是父親離家而去，而母親則將其個人的需求投射到孩子身上，並且與孩子黏結在一起；尤其當父親為了緩和其婚姻上的壓力而配合行動時，母親也就避開了原本在其婚姻中的困境，因而使其孩子的發展因分化不健全而形成殘破的情感發展，導致父母必須將注意力放在孩子身上，並成為這個家庭牢不可破的家庭型態。此等歷程即名之為**家庭投射過程**。

4. 代間傳遞歷程

　　事實上，未完成分化的現象不僅僅只是由父母傳遞到子女身上，這種傳遞往往歷經數代，此即所謂的**代間傳遞**（multigenerational transmission）。而此未完成的分化現象將會影響到家庭中每一個人及其所屬的家族系統。在每一個家庭中，與其原生家庭關係最緊密的孩子就會繼續組成未完成分化的家庭，周而復始，綿延不斷。於是在家庭中就會有

人在情感上因有缺憾而出現病癥行為，並持續地在此系統中環繞。

　　例如在家族治療發展的歷史上，曾有一個研究對代間傳遞歷程的假說給予絕對的支持。這個研究中的案主是一名四個月大的女嬰。由於案主自小在身體上有所缺憾，使其無法如一般嬰兒從嘴部進食，其父母遂授權某醫院照顧以進行實驗，研究小組指定一位醫生每日從女嬰的腹部進行灌食工作，經過多項手術之後，開始教導女嬰用嘴部吃東西，這樣的治療過程歷經五年，女嬰才得以出院返家。當小女孩長大，並與一名善體人意的年輕男子結婚，隨後生下四名女孩，然而研究工作仍然持續進行。研究小組繼續進行長達三十二年的追蹤研究，結果發現這名女孩的四位女兒在嬉戲時，亦採用與其母親、外婆同等動作，將洋娃娃放在自己的膝蓋上餵食，而不是如傳統婦女所常見的將娃娃抱在胸前餵食的動作。

5. 三角組合

　　如本節「二、家族系統理論」所述，所謂的**三角組合**就是指原本處在同一層次系統中的兩個人（如夫妻），因彼此間已經造成無法化解的緊張與壓力，所以，兩人當中的一方遂與家庭中的其他成員（常常是子女），或者與其他事物（例如完全投身於工作中）建立起極為緊密的關係，以對抗另一方所組成的家庭成員關係。

　　例如妻子不滿先生對其有所忽視，於是就和子女連結，甚至與子女睡在一起，讓先生無法與子女有情感的互動。而子女也為了避免背叛母親，所以只好和母親成為更緊密的親子關係，使得先生更加無法融入這個家庭中，並且更加投身於工作或其他的人際關係中。換句話說，妻子把子女拉進身邊，形成合作夥伴以對抗先生而形成一個三角組合的型態。

（四）策略學說

　　強調家族間平衡觀點的**策略理論**（strategic intervention theory）是一種運用**矛盾策略**（paradoxical interventions）等技巧來打破家族裡原本的結構，以重新組合較為健康的系統的家族治療學說。此說是由 Jackson 與 Haley 共同發展，並在 Haley 的前妻 Cloe Madanes 的協助下而成為極受矚目的學說之一。其後，心理研究院、**米蘭團體**（Milan Group）與艾卡曼機構等處的治療師們也各自以策略論的假說為基礎，發展出新的家族治療模式。

　　此學說主張，在一個家庭中被指定的病人會想要掌握他的家庭，並且以病癥行為來使家庭陷於無助狀態，因此，被指定的病人是採取控制手段來達到其目的。而治療師所採取的步驟就是要使此被指定的病人能消除這種控制方式，但是仍然能夠獲得心理上的滿足。因此，治療師要能用一些策略來幫助這個家族重新建立雙方的界限，促使家庭間的權力趨於平衡並再度發揮功能。

　　為了滿足被指定的病人控制的欲望，治療師必須針對每一個個案、每一個情境擬定特定計畫。例如在 1959 年，Jackson 與其同事曾報告一個案例，這位罹患精神分裂症的女性病人的病癥之一就是無法做決定。事實上，當這個病人有能力做決定時，她的父母就會出現分居的打算，母親陷入在無助的狀態，而其父則有性無能的現象。顯然的，這個病人的父母在面對女兒已經長大，不再需要他們時，因缺乏共同的目標而無法繼續共處，因此，做子女的只好使自己處於無能力的狀態以使父母無須面對他們自己的問題，可以繼續維持他們的婚姻關係。而她的病癥行為將這個家庭維持在一個平衡狀態。所以，Haley 將治療視為案主與治療師之間一種權力競爭過程（Foley, 1984）。

（五）結構學說

以 Minuchin（1921-2017）為主的結構學說是在 1970 年間崛起，並且成為最有影響力的學派之一。Minuchin 原本是一名精神分析治療師，於費城兒童輔導中心服務期間，曾投注甚多心力在有違規行為的青少年，以及低收入戶的弱勢族群家庭，而引發了其對家族治療的興趣。Minuchin 在家族治療過程中，採用**聚合或分裂**（alignments vs. splits）的觀念，於是發展出他所強調的以家庭結構為依據的理論學說（Foley, 1984; Simon, 1992）。

在理論上，此學說強調家庭結構（family structure）、次系統與界限三個核心主張。茲依序說明如下：

1. 家庭結構

是指家庭成員間互動的組織型態。所有家庭都有可預測的互動型態，這些型態將反映出家庭成員互動的人、時與運作過程。而這些重複的型態遂發展成為心理結構。例如父親在家裡扮演的是一名與人有距離且執行家規的人，而母親則扮演給予關懷但是無法訂定規則的人。在家庭結構中也會反映出一些在家庭內外並未明文規定的規範守則，例如父親工作，而母親則花很多時間和孩子相處等。像這些在家裡行之已久的規範、型態或結構，往往成為一個家庭的特定型態，較不易進行調整或改變。因此，所謂的家庭結構包括家庭的組成分子之外，並涵蓋家庭的互動型態。

2. 次系統

是指在一個家庭裡，會有夫妻、子女這些在家庭內的小型系統，也可能是由母親與女兒或父親與兒子而形成的小型系統。次系統的組成可能因實際需要而形成多樣類型，所以次系統是呈流動狀態的，且一個成

員也可能同時分屬多個次系統，例如母親一方面與父親組成一個夫妻的次系統，同時也和女兒組成一個由女性所組成的次系統。

　　一般而言，一個家庭的次系統是依代間關係、性別角色與社會功能三者逐步形成不同的次系統。例如一個原本是夫妻二人的小家庭，隨著新生兒的到來，就增加了家長次系統、父子次系統或母女次系統等，而家長次系統雖然仍是由配偶次系統成員組成，但是家長次系統尚意味著要對新生兒提供社會或心理的需求，因此與原本的配偶次系統的意義已有不同。同樣的，伴隨著家庭人口增加，次系統的類型會逐漸增加並且更為複雜，例如增加手足次系統等。

3. 界限

　　是指在家庭裡必然存在卻又看不見的線條，以維護成員之間或次系統間互動的關係。事實上，在家庭裡，無論是出現僵硬或鬆軟的現象，都將對家庭造成負面的影響。因為僵硬的界限將使成員或次系統之間的情感流動程度減少，而使家人之間形成疏離的關係；但是過於鬆軟的界限則又會使家人之間的關係因過於緊密，而形成黏結的現象，以致使家庭成員缺乏應有的自主與獨立性，而影響其個人的成長與發展。

　　顯然的，疏離將使人被孤立，在發展獨立與自主時，必須付出更龐大的代價（如無法充分滿足其情感上的需要）。然而，黏結卻又使之沒有呼吸的空間，趨向於依賴性格。所以，家族治療師要能充分了解家庭成員的界限發展程度，當案家出現黏結的現象，則需幫助他們加強彼此之間的界限；一旦案家的關係偏向於疏離現象，則需幫助他們把彼此間的界限軟化，使他們可以開放心胸溝通意見。因此治療師往往採取主動、直接的步驟，並視情況來操弄家庭的互動關係。

　　從上述三個核心主張所衍生出來的兩個議題分別是聚合與**家庭功能失常**（family dysfunction）兩個現象。家庭本身必須有一種能力，使次系統間的界限明確而有彈性，以因應外來的壓力，所以次系統間的界限是分分合合，這種結合現象稱為**聚合**。一旦家庭中的聚合現象使次系統間的界限受到破壞，則這個家庭就會發生功能失常的現象，引發家庭危機。

　　Minuchin 曾指出有三種聚合現象會引發家庭危機，第一種是**三角化**（triangulations），是指父母某一方與子女聚合以對抗另一方的父母；第二種是**轉向化**（detours），即父母過度將注意力放在孩子身上，卻忽略夫妻雙方關係；第三種是**結盟化**（coalitions），是指一方的父母過度沉浸在與子女的關係中，使另一方父母無法介入其間。這三種聚合現象均會使家族中的階層關係遭受破壞，甚至使父母的次系統蕩然無存，造成家庭功能失常的危機現象。

第二節　家庭諮詢的內涵與實施步驟

一、家庭諮詢的內涵

　　家庭諮詢（family consultation）是諮詢師運用系統理論，針對一個家庭所發生的問題與整個家庭成員進行問題解決取向的互動，而不做深入個人內在的探討。因為以系統論所建構的諮詢將可製造若干利多（Lee & Hunsley, 2002; Wynne, Weber, & McDaniel, 1986），使諮詢過程中能避免誤判的情形發生，而得以保持開放的態度來探索問題本身。

（一）系統理論

　　以系統理論的架構進行諮詢服務，在醫療、法院與社區體系隨著現實上的需要而受到重視（Lee & Hunsley, 2002; Whitaker, 1986）。而家族

治療中的諮詢師可以自由地介入其中，以打破原來在家庭系統間的藩籬，使治療師可以避免因不察而讓自己與案家同時因治療關係而造成苦惱，另一方面也有機會聽一聽他人的觀點，以修正治療師的評估與策略。諮詢可以使系統關係與互動型態從較遠的角度進行評估，並且也可達到以下四個目的：

　　1. 諮詢將可製造**重新框視**（reframing）問題的機會。

　　2. 諮詢較強調健康、力量與正向資源。

　　3. 在諮詢師與求詢者之間可以建立合作關係。

　　4. 諮詢師的角色可以讓治療角色更有彈性。

　　Landau-Stanton（1986）強調，在初次會晤時要靜觀其變，以對案家能有較正確而不干預的認識，並指出系統諮詢模式有三個重要特點：(1)能力方面，讓求詢者或系統本身能發展自己的東西，讓諮詢師可以以**增能**（empower）的技術來使他們對自己更有信心；(2)採取短暫的會談型式；(3)可使用**轉換繪圖**（transitional mapping）的技術運用策略，即從系統間的轉換來構思，並勾畫整個家庭的問題脈絡，以尋找有效的策略。而此等轉換圖象包括次系統、權力結構、歷史性、發展與文化等。

　　另有 June Gallessich 在其所寫的 *The Profession and Practice of Consultation* 一書中，除了以 Caplan 的觀點為基礎外，更加上組織發展與團體理論來建立學說（Gallessich, 1982）。

（二）家族治療、親職教育與家庭諮詢的差異

　　家族治療是一種以父母與子女同時參與會談，由治療師與整個家庭成員針對家庭問題所採取的直接服務的型態（Goldenberg & Goldenberg, 1985）；而**親職教育**（parent education）則是一種以教導父母具備管教子女的技巧為核心目標，並依據教導者所設計的課程內容依序進行團體活動的間接服務型態（Brown et al., 1979）；至於**家庭諮詢**（family consultation）則與親職教育一般，是一種間接式的服務型態，通常只有父母與諮詢師碰面，而此等技術也可助長求詢者的親職策略，只是並無事前的排練，且整個過程也將由諮詢師（即治療者）與求詢者共同決定，其目的在於衡量存於家庭系統間的核心問題，並且協助父母了解造成其子女不當行為的緣由，以進一步找出處理行為的方法。

（三）家庭諮詢模式

1. 原生家庭諮詢模式

　　原生家庭諮詢模式（family-of-origin consultations models）會關心在目前的親密關係中有哪些地方是受到跨世代的影響所造成的（Framo, 1970）。也就是說，有些內在衝突會反映在婚姻關係中，或者親子關係裡，甚至手足之間，而這些內在衝突的起源是與其原生家庭中所殘留的議題有關（Framo, Weber, & Levine, 2003）。此模式不僅指出一個家庭是如何的運作，同時也促進家庭成員之間彼此的了解，尤其是會關注到過去所發生過令人不平的事，而非緊急事件或必須做危機處理。所以，此模式是一種短期性，由一位諮詢師暫時介入此家庭系統，引導家庭互動來觀察此家庭系統的現象。

2. 行為學說模式

　　行為學說模式（behavioral models）會由諮詢師主宰整個諮詢過程，其中將運用**古典與操作性制約**（classical and operant conditioning）、**因果原則**（principle of cause and effect），且將所有的變項以量化處理，並強調客觀事實。如 Bergan（1977）、Bergan 與 Kratochwill（1990）所主張的諮詢學說。另有 Sheridan 與 Kratochwill（1992）提出所謂的**參與式行為諮詢模式**（conjoint behavioral consultation model），此模式會讓家長與教師一起進行。

3. 折衷模式

多數的諮詢師採取**折衷模式**（eclectic models），並企圖用系統觀來探究諮詢過程（如 Cipani, 1998; Hilburt-Davis & Dyer, 2002），因此反對行為學說模式所主張的因果原則，也拒絕以量化或分析的方式來看待人類的互動與行為，而採取現象學的觀點。例如 Brown 等人（2001）以 Bandura（1977）的社會學習論、Caplan（1970）的心理衛生諮詢、Bateson（1972）的系統理論和以 Adler 理論（Albet, 1996）為立論基礎所建構的模式，並且也會慮及多元文化的議題。

二、實施步驟

基本上，家庭諮詢可以分為五個步驟。在第一個步驟裡，教師要與學生家長建立一個合作關係，同時讓家長知道將用何種方式進行，並且了解家長可能的疑惑，以及家長的期許等；其次，教師可以針對在第一步驟中所討論的內容，進行評估並確認問題的核心；然後教師要設定此次談話的目標；繼而，依學生的狀態、家庭的條件，與學校的要求採取適當的介入策略；最後，對處理的結果進行評估，並且對學生後續的表現進行追蹤的步驟，以確認學生在正向行為的表現是否穩定？是否已經成為學生的習慣？

事實上，各步驟之間是以動態的型式，前後交錯互換的。雖然此處為了便於陳述，以循序的方式說明各項步驟，然而在實際進行的過程中，可以發現能依序進行者，並不常見。以下將依序舉例說明各項步驟。

（一）建立關係

1. 初步接觸

　　或者由學生家長主動向教師尋求幫助，或者由教師主動與學生家長接觸均可。基本上，不論是哪種情況，在建立關係初期，能有個合作的協約是非常必要的。以下即為一例，但是並非一成不變的：

諮詢師：這次請您來的原因，是因為我們很關心小莉在學校的表現。根據她在心理測驗上的結果，她是有能力把書讀好，但是她的學習動機並不高。所以，我覺得或許可以讓家長和學校一起合作，使得能夠有效地幫助小莉。同時，我相信只要我們一起努力，就能夠幫助小莉找出最適合她自己的學習方式，發揮她的潛力。

　　為了讓學生家長願意積極投入討論的過程，諮詢師也必須強調一些相關的態度，讓雙方的關係維持在平等與合作的基礎上。例如容許家長有同意或反對的權利、鼓勵家長提出建議、強調家長在這件事上的貢獻、鼓勵家長承擔責任，並建議家長執行策略等。在此過程中，不要以權威人士自居，讓家長有機會提出問題，使家長感到參與討論的感覺，而不只是提供資料而已。以下摘錄自與一位家長（小孩的母親）進行諮詢時的片段，可顯示此處所提到的某些概念：

諮詢師：讓我們一起來看看這是怎麼回事。你是不是可以告訴我，以前當他有攻擊行為時，你曾經用過哪些阻止的方法？後來結果如何？你提供給我的資料可以幫助我做最好的判斷。

求詢者：嗯，其實就是處罰他。我打了他的屁股，不過好像只有讓他更不服氣。我也罰他禁足，他卻理都不理我。印象中，只有沒收他的零用錢會有一點效果，不過我實在不喜歡這樣。

諮詢師：所以你已經試過好幾種方法了，只是效果有所不同。麻煩你再談一下，你是怎麼沒收他的零用錢的，為什麼你不喜歡用這個方法？

求詢者：當我警告他，要沒收他的零用錢的時候，他就不再打人了。只是我自己很能體會，一個孩子沒有零用錢的時候，是有些殘忍的。所以縱使我警告他要把零用錢拿走，如果他還是打人，我也不見得就一定會沒收他的錢。

諮詢師：換句話說，有的時候你會處罰他，有的時候不會。不過聽起來，好像你的幼年經驗對你的影響很大，是不是？

求詢者：是啊，真的是這樣。

諮詢師：顯然的，你已經知道問題所在了。你有沒有什麼打算呢？

求詢者：（笑）賞罰要一致。每個人都說要一致，不過說起來容易，做起來難。我愛我的阿雄，我不想對他太兇。

諮詢師：你真的是關心阿雄，我們都知道。不過，以你目前的方式能不能讓阿雄改變自己的行為呢？

求詢者：不能，我想是不可能的。我知道這是做不到的。

　　基本上，諮詢師有責任將關係建立好，以使雙方的權力能夠達到均衡，並且一直維持著這樣的合作狀態。

2. 發展關係

　　建立關係之時，也是確定雙方權力的時刻。此時，運用一些談話的技術將有助於關係的發展。基本上，諮詢是一種立即性，而且較為直接

的反應，所以，諮詢師必須一方面與求詢者確立權力關係，另一方面還要與求詢者發展關係，同時要對問題進行評估。透過適切的技術，將可在最短的時間內，了解問題本身。事實上，在文獻報導上已證實，諮詢師能否運用適當的關係技術，將影響求詢者的合作意願。其次，發展出適當的諮詢關係，將促使家長願意透露一些敏感的訊息，進而幫助諮詢師做出正確的評估，甚至能讓家長確實地採取共同研擬的措施。

有關發展關係的技巧，本文以過程描述的方式舉例如下：

當家長要來學校，在他們到達的時候，最好能用歡迎的態度去接待他們，以使他們不會因為對環境不熟悉而對教師有敵意。其次，立刻向家長保證，邀請他們來的目的，是要一起合作來幫助他們的孩子；為了避免讓他們遭受到任何議論，所以，討論的重點應放在孩子身上。如果有其他的人（如導師或行政人員等）的加入，最好能在家長已經放鬆的時刻，才將這些人請進來，以免家長因為面對陌生人而感到威脅。同時讓彼此的信任感盡快建立，並且用感同身受的心情看待家長的焦慮。基本上，讓談話的氣氛能輕鬆些，如果可能的話，最好能有飲料，以便家長能安適地參與討論。

（二）評估階段

為了便於介紹諮詢的理念，因此各步驟採逐項說明。事實上，這幾個步驟常常是同時進行的。換句話說，在建立關係的同時，諮詢師也在評估事件本身的條件，以及可能產生的變化，以便能決定策略。同時，在諮詢過程中，諮詢師必須仔細觀察學生父母彼此之間的互動，將父母（求詢者）其中一方的關係特質、開放的態度，以及對教養子女所抱持的觀點等作為評估的指標。例如父親可能會抱怨母親常在孩子面前唱反

調；或者父母其中一方堅持反對的立場，甚至認為自己對孩子在校的學習不了解、不願意表示意見等。這些訊息都可以幫助諮詢師對這名學生的行為脈絡加以判斷，例如是否家庭的溝通型態對孩子產生一些關鍵性的影響等。

除了聆聽父母其中一方的意見之外，對於較少表達意見的另外一位父母，諮詢師也必須賦予同等的關注，一方面是因為可以了解他或她對另一半所說的話有怎樣的反應，另一方面則是因為任何一位父母的行為或想法，對孩子均有絕對性的影響。從其間，諮詢師將可了解，在孩子身上所發生的問題，父母親所抱持的觀點是否有異，而在現階段裡，有關這方面的問題是否已做了什麼處理，諸如此類多種線索，均可透過父母的行為語言進行評估，並判斷處理之後可能產生的成效。值得注意的是，如果學生的父親與母親彼此之間無法達成協議，諮詢師必須適時扮演協調的角色，以避免學生對父母的期待產生困惑，而阻礙了學生的有效學習。

一般而言，能同時將學生的父親與母親請來，共同討論孩子的在校表現是最為理想，如果學生的家庭結構是單親家庭時，或者因為家長的職業因素，使得只有一位家長能出面，諮詢師仍然要把握機會，以諮詢的技術和家長共同合作，尋覓解決問題的方法。基本上，諮詢師可以分別從家庭成員的示範行為、家庭功能、家庭溝通型態，以及家庭的其他條件四個方向思考，以對學生的行為做適當的評量。

1. 示範行為

例如在這個家庭裡，有哪些行為會影響到孩子的表現？對孩子具有示範性？除了家人之外，有沒有人能對孩子的行為產生改變的力量？為什麼會產生影響等問題？

2. 家庭功能

例如孩子在家裡是否承擔一些重要的責任，但是並沒有受到鼓勵？父母對子女的態度是否一致，能否公平對待每一個孩子，而不會過度偏袒某一個？而家庭裡的次系統之間的界限是否清楚而不混淆？角色上是否會有顛倒的現象等？

3. 家庭溝通型態

例如家長對孩子是否有所期望？而家庭裡能否達到溝通的效果？以及做兒女的是否有機會表達他們個人的意見呢？

4. 其他重要條件

例如家長是否會重視兒女的意見？是否能針對問題探討處理策略，抑或會怪罪他人，或者將原因歸咎於無法控制的環境因素？家長是否相信父母的態度或行為均將影響到孩子的行為表現等？

另外，曾有學者（Sonstegard, 1967）建議，為了能蒐集到有效的資訊，談話的主軸可以從問題發生的時間、手足關係、生活環境條件、交友型態、未來的發展，與孩子的生活作息等方面進行了解。例如在家裡的排行或與誰較為親近？或者兄弟姊妹之間是否會有衝突與敵對？有無飼養寵物的經驗，或者家裡是否曾經發生重大事件？有沒有常做惡夢等？

最重要的是，諮詢師必須了解孩子與他身邊的人相處的方式。基本上，在確認了哪些因素對其行為產生影響，則所研擬出來的策略較能有效。例如諮詢者發現，一位在學校不能完成指定作業的學生，他也無法把父母所分配的家務做好。換句話說，這位不會照料自己的學生，他在生活上也是需要別人的協助，因此，在學校時就顯得格外的無助，事實

上，這種無助的行為是沿襲自他在家裡的行為模式。

因此，在評估的過程中，諮詢師的工作是從所蒐集到的訊息來解讀學生的行為，進而針對問題行為提出假設。舉例來說，一名有情緒障礙傾向的學生，曾表現出一連串具有攻擊性的行為，也會拿鉛筆去戳老師。這名學生的父母曾經求助家族治療師，仍然無法對學生的行為有所抑制。諮詢師發現，這名學生的母親對治療師有所抱怨，因為治療師的態度讓這位母親覺得，孩子之所以成為這樣是因為父母的關係，因此拒絕再度前往。

從會談中，諮詢師發現，這個家庭是由母親擔負教養孩子的責任，並且以甩耳光與罵人的方式來管教子女，而欺負弟弟的行為使得父母不讓他和弟弟玩在一起，又常被父母譏以不如弟弟，且對這名學生並沒有太高的期待。據此，諮詢師在沒有向學生家長透露的情況下，對孩子的行為進行分析。顯然的，學生的暴力行為是從父母的示範（打屁股）學來的，父母並沒有教導孩子一些有效的正向行為，也不會因為孩子表現良好給與適當的鼓勵。而被拿來與弟弟比較的結果，使這名學生對弟弟有敵意，且相處時間太少，也使父母對孩子的需求不敏感，並糾正孩子的不當行為。兼以長期在情緒障礙班就讀，較少機會觀察到有效的互動行為。於是，諮詢師建議家長不要再用責打的方式管教子女，但是要多和孩子在一起，並且表現出對孩子更多的關心。

（三）設定目標階段

諮詢師可依據假設，設定諮詢目標。顯然的，諮詢師可以發現，個案的處理目標與求詢者的目標可能會有所不同。甚至有的時候，個案的處理目標和諮詢的目標完全相反。例如個案的處理目標可能是戒除藥物，或者在學校少惹點麻煩等。但是，一旦父母親表明他們的期望之後，最明顯的問題就是，父母要如何幫助孩子達成這個目標。因此，諮

詢師須幫助父母親設定他們可以努力的方向。例如在前一案例中，諮詢師以為，父母若能對孩子示範正向行為，並且鼓勵孩子表現良好行為，同時增加親子相處的時間等，將可為孩子營造出一個有積極正面氣氛的生活環境，如此可以降低孩子的敵意。依據所設定的目標，列入諮詢的主要焦點。

（四）選擇策略階段

在選擇策略時，最好把握幾個原則。第一，介入的策略愈簡單愈好。因為，除了教養孩子之外，家長還有許多事情要做。而策略簡單可以避免造成家長過重的負擔，則家長較有可能配合實施。其次，最好能讓家長自己選擇介入的策略。雖然諮詢師會提供一些建議，但是能由家長自己提出來的策略，往往比較容易進行。第三，可以訓練家長運用所採取的介入策略，或者以示範或閱讀等方式，讓家長能熟悉運用的過程，以加強家長的信心。第四，要事先評估策略可能會發生的影響。例如當一個孩子受到注意而開始改變時，可能其他的孩子會受到忽視而有不當的行為表現。因為當介入策略時，原來的家庭系統就發生變化。因此，家長要有心理準備，在實行的過程中，可能會隨時需要調整原來的步驟或措施。第五，雖然在進行家庭諮詢時，會有主要的當事人，但是也不可忽略其他的家庭成員。甚至要讓每個成員都能了解策略本身的目的與意義，如果能讓他們一起加入合作的行列，則最為理想。諮詢師同時也要評估，這個家庭改變之後，對所有的成員可能造成的潛在衝擊做一些因應措施。

基本上，只要諮詢師與家長都有信心，並等家長做好心理準備後，就可以展開介入策略的過程。並且提醒家長，在過程中仍然會有困擾產生，此時最好能和諮詢師聯繫，或者暫時終止介入的步驟，等待諮詢師給予適當的幫助為宜。

（五）追蹤與評估階段

一般來說，在決定好介入策略之後，要讓家長有充分的時間實施策略，然後才進行下一次的諮詢。在這段時間內，諮詢師可以打電話給求詢者，給予必要的支持與鼓勵，或者提供技術上的幫助。除此之外，同時也可以檢視實施的成效。依需要而調整目標與介入策略。

首先要檢視家長對心理學的原理原則掌握的程度。可以詢問他們執行的概況，或者利用角色扮演來模擬可能發生的困難所在，以適時提供協助。其次，就是對家庭的現況重新加以檢驗。是否在第一次的會談中，曾經忽略了一些重要的線索。例如一些親友的影響程度，或者父母雙方有歧見，抑或家裡的生活步調會阻礙執行策略等現象。事實上，成效不大的因素往往和諮詢師未做充分的解釋，或者忽略了家庭的條件所致，尤其是抗拒改變的心理因素，更將成為阻礙學生進步的關鍵要素之一。在諮詢過程中，抗拒改變的行為會以各種型式出現。例如有時家長本身才是造成孩子在校表現不佳的主要因素，此時家長被告知孩子的行為不佳，很容易引發家長的抗拒；其次，當學生家長的婚姻出現瓶頸，孩子往往成為家長爭取合作的對象，使得學生陷於兩難的困境而有不當行為，此時家長被告知孩子在校的行為，很容易造成家長對孩子的指責，以致削弱了孩子想要改變的意願；有時當家長對未來可能發生的事情不是很明確了解時，也會因為害怕而採取拒絕的態度。

1.家長的教育觀

Levitt與Rubenstein（1957）及Bird（1964）指出，學生家長有時會扭曲專家們的說法。而這種現象可能是因為家長的抗拒所致。例如傳統上，小孩子常被期許做到「有耳無嘴」，要遵從父母的要求，這種觀念一直存在我們的文化裡，同時，在社會架構裡也總是強調威權的必要性。然而，諮詢師強調開放溝通，讓孩子也有機會表達自己的意見，這

樣的觀念自然會被父母扭曲或忽視，即使親子間的關係並不好，但是家長卻不認為這是造成問題的原因。

2. 婚姻關係

抗拒也可能來自有問題的婚姻，特別是當孩子成為雙方競爭的籌碼時。例如父母藉由禮物贏取孩子的心，以此獲得慰藉。或者由於父母之間的關係惡劣，以致忘了孩子的存在。

在與家長進行諮詢的過程，有時家長會透露出個人的困擾，如果諮詢師不察，很容易使得原本談話的內容轉向，結果轉移了焦點。例如當一位學生母親突然大哭著說：「我丈夫真可惡，他又遲到了。我非常難過啊，我根本沒錢付房租。」這個時候，諮詢師的處理態度應該設法將注意的焦點拉回到孩子的問題上，不要轉移到家長的憤怒上。因此，諮詢師可以回應：「妳對妳先生的行為不高興，同時也在為付不出房租而發愁，這些情緒是不是會干擾到妳處理孩子的問題？」當然，如果家長的情緒一直陷在憤怒與擔心的狀態下，最好暫時停止諮詢的工作。

3. 家長的負擔過重

工作過度也可能造成家長的抗拒。當家長已經被他們自己的生活角色弄得焦頭爛額時，諮詢師所提出的策略或執行方向，可能讓家長感到困惑或有困難，以致無法解決問題。此時，最好能減少家長必須承擔的工作量，來幫助家長願意繼續合作。

4. 未知的恐懼心理

在家長諮詢中產生抗拒的另一個來源是，對未知事物感到害怕。例如家長會說：「既然事情已經這樣了，還能怎麼辦，我看就算了。」所以，當家長對未來感到缺乏信心時，就會不願意參與改變的行列。當這種情形發生時，可以提醒家長，他們的孩子目前在行為上有些問題，需

要父母的幫忙。幫助家長列出具體的目標，並且讓家長看到有成效的部分，以喚回家長的信心。

　　雖然處理家長的抗拒不是很容易的事，但是仍有一些方法可行。例如可以嘗試著從幫助家長發現，在他們的教養方式之下，孩子們學到了些什麼。基本上，先釐清家長對孩子的期待。當家長答以能做個誠實的孩子時，再詢問家長，是他們做了什麼使得孩子學到了誠實的行為。如此一來，家長就有機會去省思，並且從諮詢中找到自己努力的方向。

第三節　家庭諮詢的重要原則

　　另外，值得特別注意的是，除了上述五個步驟之外，在以學生家長為諮詢對象時，還要加上一個步驟就是，對學生家長解說心理學的基本原理原則。因為，當學生家長接受教師的意見，採取配合教師介入策略的措施時，應該要幫助學生家長了解，在此過程中為什麼要採用這個介入策略，以及這個策略有效的原因在哪裡。事實上，當學生家長有此認識時，往往更容易配合學校的作業，而且更容易讓學生家長信賴教師的專業能力，使得合作關係更為穩固，並提高處理的效能。

　　一旦諮詢師與家長共同設定了目標，幫助家長了解一些心理學的基本假設，除了可以促進雙方的溝通之外，也可幫助家長了解孩子的行為，而逐漸培養家長處理問題的能力。為了幫助家長建立一些心理學的理念，在做說明或解釋時，最好能用生活上的用語舉例說明，以使家長更能了解而配合作業。為了讓家長能參與，要用家長能接受的方式說明這些原理原則，並且能和他們的生活結合在一起。

　　當家長對心理學的原則已有了認識，諮詢師可以與家長共同檢視其家庭型態。例如當諮詢師要家長能窺視到孩子內心產生敵意的原因時，諮詢師可以用詢問的口氣和家長做以下的對話：「你曾經提到，為了他

們兄弟間常打架的事而感到頭痛，現在你能不能看得出其中的道理呢？」又如要幫助家長意識到鼓勵對孩子的重要時，諮詢師可以說：「當你想要叫孩子把功課做好的時候，你認為應該強化他的什麼行為？」諸如此類。基本上，這個步驟的目的在於確認家長是否對重要的原則有足夠的認識，以判斷可以採用哪些策略來幫助家長處理孩子的行為。

只要家長已經了解他們的問題，也能夠針對問題來處理，家庭諮詢的工作就可以告一段落了。如果必要，諮詢師也可以依家庭的需要將諮詢的合約轉為個人諮商，或轉介其他單位處理後續問題。或許，在諮詢終止一個月之後，可以寄一份後續追蹤表給家長，以決定是否要繼續進行諮詢工作，或提供他們其他的服務項目。同時對此次的諮詢服務進行評估。

第四節　專業倫理守則

根據調查資料顯示，約有八成以上的諮商心理學系的研究生表示，他們極有意願從事家族治療的工作，並且建議能將家族治療的訓練列入專業認定的項目之一。顯然的，有關家族治療的訓練內容相當值得重視。然而目前，在美國，受到**甄試委員會**（Commission on Accredation）認可的家族治療專業資格學位，只有二十二到二十四個碩士學位，以及八至九個博士學位（如維吉尼亞工業大學與伯拉翰青年大學等）（Gurman & Knistern, 1992），此等現象更突顯了家族治療專業訓練的迫切性。

美國婚姻與家族治療學會於 1984 年提出八項治療師須遵守的要則（American Association for Marriage and Family Therapy, 1984），其中包括對案主負責任、維護隱私權、專業能力、對相關人員的責任、對專業

理念的維護、收費安排、廣告推銷、研究責任等均做明確的提示。例如治療師必須提醒案主在治療的過程中可能產生的危機（Broderick & Schrader, 1991），且必須採取所有可能的動作以維護案主的權益及相關人員的安全。最新修訂的倫理守則是由美國婚姻與家族治療學會於 1991 年所提出來的**倫理守則**（*AAMFT Code of Ethics*, 1991）。

家族治療師的主要目標由原本只是維護婚姻關係，已逐漸轉變到重視每個人在婚姻關係中均能保有自我發展的空間。本節將依據美國婚姻與家族治療學會在 1991 年所擬定的八項法則，將專業倫理分為專業責任、專業能力，與其他注意事項三個部分說明於下：

一、專業責任

（一）對案主的責任

由於治療師應以促進案家與家庭成員個人的權益為工作目標，所以，除了要尊重每位前來尋求協助的個人外，治療師更應視案主的問題提供適當的幫助。因此，治療師不能以種族、性別或宗教等理由拒絕提供協助；更不可與案主發展有私人情誼的親密關係等，而傷及案主的權益。

顯然的，治療師應用平等與尊重的態度與案主建立助人關係，使案主能在符合其個人福祉的情境下表達個人的感受與觀點，進而從家庭的困境中解套，並在滿足個人的需求下得以發展其個人的潛能。

同時，治療師更應敏於案主的需求與變化，並因需要而調整處理策略以使案家與案主得到最大的幫助。

（二）隱密性

因為在治療關係中的個案不只一人，治療師須秉持絕對維護隱私的原則，要尊重並維護每一個單一案主的祕密。換句話說，治療師不得向

第三者坦露來自治療關係中的任何訊息。除非在保護案主或治療師的條件下，否則治療師應堅守此原則。

　　基本上，治療師要監守不傳話的態度，因此，治療師只扮演促進家庭成員溝通的橋樑，讓每一個人都能為自己說話而不假手於他人。如此，則一方面可以製造家庭成員直接溝通的氣氛，另一方面亦可免於造成其間之誤解而傷及任何人。

　　顯然的，當治療師以維護每一個人的隱私來促進信任關係時，此等態度也將為此案家提供最好的示範，使案家成員學習為自己與他人設立有助於關係的人際界限。

（三）對學生、部屬與受督導者的責任

　　身為傳道授業解惑者的老師不宜向學生要求不當的利益；身為握有行政資源的主管不宜自其部屬掘取特殊要求；而擔負專業督導的督導者也不宜利用雙方的信任關係獲取個人利益。因為，在這幾種關係裡都涉及到權力與職位高低的問題，因此，位居高位者自然必須承擔更多在工作上的倫理責任。

　　尤其是，一個治療師應極力避免與其學生、部屬及受督導者形成雙重關係，而影響到臨床上的專業判斷，使案主的權益受損。

（四）對研究參與者的責任

　　當家族治療師從事研究工作時，在邀請案主或一般人士參與研究的過程中，必須尊重參與研究的個人的尊嚴，同時應保護他們的利益，並服膺法律上所明訂之條例。

　　換句話說，研究者不可為了研究上的需要而忽略了參與者的權益，除了須取得參與者的書面同意書外，也必須向參與者說明研究計畫內容，並且在參與者需要幫助時提供必要的協助，以避免因參與研究而使參與者受到傷害。

（五）維護專業的責任

治療師應尊重同事的權利與責任，並應參與促進專業的各項活動，以維護此等專業工作與專業角色。

換句話說，治療者應負起責任向社會大眾說明並提供各項專業服務的活動，以幫助社會大眾了解治療過程，並了解其在治療中享有的個人權益，以避免他們因遭受不當措施而受到傷害。

二、專業能力

婚姻與家族治療師要維護高品質的專業能力與統整性。這項法則意味著，治療師若發現自己無法提供應有的專業服務時，則須透過接受訓練、臨床經驗及接受督導等各種措施，來增加自己的專業能力。

就筆者曾服務的學校而言，在研究所的學生將接受兩個階段（六個學分，分為兩個學期上課）的婚姻與家族治療課程，除此之外，亦有針對性侵害與家庭暴力的議題提供三學分的專題研究。學生在學習的過程中，將依需要在學校、社區、醫療單位與地方法院從事家庭會談，並在課堂上討論案例，或依需要安排團體督導與個別督導，以幫助學生具備家族治療的專業能力。

三、其他注意事項

除了前述各項要求外，治療師更應對收費問題、廣告資訊、重視多元文化等其他非專業項目妥善處理，以維護社會大眾的權益。茲分別說明如下：

（一）收費問題

本項原則之目的在於避免治療師收取不當的費用，而傷及案主的權益，尤其應以維護專業的態度收取適當的費用。所以，治療師與案主、

付費第三者、被督導者所協議的費用須能符合服務項目。

又當案主需要轉介時，治療師不得以轉介名義向案主或其他相關人員或單位收取費用。

（二）廣告資訊

治療師有義務為社會大眾提供正確的訊息，縱使對不了解此等專業服務的人士也能提供適當資訊以供其做抉擇。

因此，在治療師所做的廣告上須註明他們在婚姻與家族治療方面所接受的專業訓練、個人能力及實務經驗。又若治療師並沒有接受相關訓練並接受督導，則不得宣告為這方面的專家。

（三）重視多元文化

隨著社會變遷，家庭的類型也日趨多元，例如單親家庭、跨國家庭的組合型態等已成為臺灣的常態型家庭，因此，諮詢師必須具備多元文化的觀點來看待家庭諮詢的服務（Cipani, 1998; Cole & Siegel, 2003; Schein, 2003）。

第 **12** 章

諮詢的倫理規範與
研究趨勢

近幾年來，無論是美國心理學會（American Psychological Association [APA], 1992）或美國諮商學會（American Counseling Association [ACA], 1997）均指出應更重視諮詢的相關倫理規範。自《人事與輔導期刊》於 1978 年開始刊登有關諮詢的論文之後，《諮商心理學家期刊》在 1985 年針對諮詢做專論報導，《諮商與發展期刊》也在 1993 年對諮詢議題進行專題討論。顯然的，此等趨勢指出，諮詢是心理衛生工作者必備的技術之一。

Partin（1993）針對美國諮詢發展現況所做的研究指出，諮詢被學校心理學家視為最重要的服務項目之一（Gutkin & Curtis, 1990），在學校諮商師每週服務時數中平均占有 13%的比重。相對而言，臺灣的諮詢研究與實務工作仍有許多可以發展推廣的空間（林美珠等，1999；連廷嘉，1998；蔡素妙，1990；蔡憶萍，1997）。有鑑於國內各級學校的專業輔導人員長期以來一直存在人力不足的現象，亟須學習採用諮詢的工作模式來提升輔導專業工作的效能，筆者以三年的時間對國中輔導教師實施諮詢訓練方案，並同時進行探索式研究（鄔佩麗，1999）。研究結果顯示，求詢教師在歷經一個學期的諮詢訓練後，發現諮詢能夠幫助他們採取客觀與理解的態度來看待學生的行為，並且能夠豐富其問題解決的技巧，因此也更肯定自己能夠扮演良好的教師角色，協助學生成長與適應。

本章將於第一節說明專業倫理規範,第二節將介紹有關諮詢的研究趨勢,最後一節則就諮詢的其他相關議題進行討論,作為本書的總結。

專業倫理規範

專業倫理是建立專業形象的基礎,也是提供專業工作的藍圖(Gibson & Pope, 1993),因此,受到美國諮商與發展學會、美國心理學會,與美國婚姻與家族治療學會等專業組織的高度重視。以美國諮商與發展學會為例,該學會在成立的第一年就籌組了倫理委員會,歷經十年的努力,制定**倫理守則**(ethics code)。制定**倫理守則**的目的,一方面在於保障案主的基本權益與避免不當處遇對案主所造成的傷害;另一方面則提供專業準則,使專業人員能遵循其歸屬的專業群體所重視的專業價值,了解其在提供專業服務時所應扮演的角色與可遵循的方向。由於專業倫理守則的規範層級僅應用於各學會的組織成員,並非適用於所有心理衛生專業人員的強制性法律——與法律相符的行為準則稱之為**合法**(legal),由專業人員或團體所制定的行為準則稱之為**倫理**(ethics),因此,專業人員在**專業認同**(professional identity)上的程度,自然會影響其服膺專業倫理的態度。

本節將從專業倫理的核心主張與重要內涵、基本工作態度,與專業倫理守則三者說明現階段諮商人員應該遵守的規範。

一、核心主張與重要內涵

就心理衛生專業而言,倫理必然涉及法律與專業上的要求(Corey, Corey, & Callanan, 1993)。因此,除了有各專業學會所制定的**倫理守則**外,尚有經過立法程序所制定的**心理衛生法案**,對於心理衛生系統與其他提供心理服務的公私立機構之間的運作過程,與心理衛生專業人員的

角色、功能、責任歸屬等進行法律上的規範。目前就諮商人員來說，有
兩個主要的規範可供依循。第一個是由美國諮商學會於 1995 年所制定
的**實務倫理與標準守則**（Code of Ethics and Standards of Practice）；第二
個是由美國心理學會於 1992 年制定的**心理學家倫理守則與行為準則**
（Ethical Principles of Psychologists and Code of Conduct）。凡屬於其協
會的會員均須遵守協會所制定的規範，若有所違背，則將遭到除名的後
果。

（一）核心主張

　　心理衛生法案的制定，可追溯到 1960 年間，當時的法律是以道德
觀點作為制定法案的法理基礎，因此在處理心理治療的倫理議題時，多
採規範性的原則，以是否符合道德為主要的立法依據。隨著法律思潮的
演進，現代法律的制定不再強調倫理與道德間的關聯，而是採取功利主
義與後果論的現實觀點，依據治療後果來衡量專業人員是否有倫理上的
疏失（Aguilera, 1998）。而此等法律現實運動對制定**心理衛生法案**帶來
一股新的思潮，提倡透過正式立法來保障大眾權益與維護專業品質的**治
療法律學**（therapeutic jurisprudence）也應運而生。此學說主張無論案主
是否為心理疾病患者，當治療效果對案主造成負面影響時，均應慮及法
律規範，對治療師施以適當的懲處。

　　顯然的，心理衛生專業工作與法律的關聯，將會隨著專業間的合作
而愈發緊密。例如，當案主的訴訟涉及心理狀態的研判（如離婚訴訟、
子女監護權、心理或情緒傷害，及過失傷人等），就必須仰賴專業人員
提供心理衡鑑與診斷。因此，心理衛生工作者有必要熟悉相關的心理衛
生法令，以了解自己在執行工作時應持守的角色與界線，避免因提供服
務而陷於司法糾紛。

當涉及倫理議題時，專業人員必須依據既有的知識與倫理準則來研判現象，以案主利益為前提來思考處遇方向，或藉由接受督導的歷程來釐清觀念，維護專業行為。然而，由於心理衛生專業涉及複雜的個人情境與社會脈絡，往往使得專業倫理的研判很難找到所謂的標準答案。

以美國著名的**規劃式照護**（managed care）醫療保險方案為例，保險公司往往要求治療師必須提出患者診斷或其他涉及患者隱私的資料，作為保險給付的依據。一項大規模的調查研究指出，在受訪的 16,000 名心理學家中，有高達五分之四的受訪者表示他們必須說明案主所選擇的治療方案，才能向保險公司申請治療費用，因此無法顧全保密的**倫理守則**（Phelps, Eisman, & Kohout, 1998）。顯然的，此等保險方案的實施，使得治療師在維護案主的隱私權上，面臨現實與倫理的兩難（Kurpius, 1997）。

（二）重要內涵

為了維護案主的權益，同時保障心理衛生工作者的權益，在不違反憲法的條件下，有學者主張，心理衛生服務至少應重視以下幾點原則（Aguilera, 1998）：(1)確認需要服務的對象；(2)發展全面的服務計畫；(3)提出明確的治療目標；(4)有系統地蒐集心理衛生服務資訊；(5)根據正確的資訊研擬策略；(6)規劃弱勢族群的心理衛生服務；(7)提供足夠的資源增進案主的權益等。

美國心理學會於 1953 年編撰第一版的**倫理守則**，歷經數次修訂後，在 1989 年分別編撰《心理學家倫理守則案例分析》與《美國心理學會倫理守則應用指導手冊》，藉此提升專業人員倫理素養。而美國諮商與發展學會也在 Super 的大力推薦下出版《美國諮商與發展學會倫理準則案例分析》。

　　根據美國諮商與發展學會於 1988 年所修訂的**倫理守則**，其中將專業人員應遵守的內容分為基本觀念、諮商關係、測量與評估、研究與出版、諮詢、私人執業、人事行政方面，以及培訓標準八個主題（American Association for Counseling and Development, 1988）：

1. **基本觀念**——對於專業人員的延續訓練給予明確的說明；同時將性騷擾列入違背倫理的事項；而專業人員在助人過程中，以性別角色或種族刻板印象等態度傷及案主自尊，此舉亦被視為不當；並提醒專業人員能避免不當運用媒體等。

2. **諮商關係**——除了增加有關電腦資料處理的倫理守則外，也嚴格規定專業人員不得與案主發展性關係。

3. **測量與評估**——規範測驗解釋時之不當行為。

4. **研究與出版**——仍然引用 1981 年的準則。

5. **諮詢**——沿用原來的準則，但曾修飾用語。

6. **私人執業**——對於諮商過程中符合倫理的部分給予進一步說明。

7. **人事行政方面**——述及接受督導時，無法遵守維護隱私的倫理守則時，須向案主事先說明；另外亦言及，專業人員不可介入不合乎人性的訓練活動。

8. **培訓標準**——仍然強調諮商關係中應避免雙重關係；且須給予學生發展的空間，並且不得為此讓學生受到處罰。

　　臺灣心理衛生專業人員所採用的專業倫理守則，亦由專業組織如台灣輔導與諮商學會、中華心理衛生協會等，參考美國各學會的**倫理守則**架構加以研擬與多次修訂。以台灣輔導與諮商學會輔導與諮商專業倫理守則 2022 年的最新版本為例，內涵包括總則、諮商關係、輔諮人員的責任、諮詢、測驗與評量、研究與出版、教學、訓練與督導、通訊輔導諮商與社群媒體、解決倫理議題等九大項目，讀者可自行上網閱讀，http://www.guidance.org.tw/ethic202210.pdf。

在中國大陸方面，中國心理學會於 1992 年提出**衛生系統心理諮詢與心理治療工作者條例**，以及**心理測驗管理條例、心理測驗工作者的道德準則**等專業倫理守則。1998 年又由中國心理衛生學會心理治療與心理諮詢專業委員會制定**心理治療與心理衛生諮詢工作者道德準則**，並規定心理治療與心理諮詢工作者的註冊資格，內容包括資格鑑定、專業要求，以及專業職責等項目，由中國心理衛生學會與中國心理學會負責進行評量與考核。

以筆者的觀點來說，心理衛生工作者與專業倫理間的關係，除了消極的避免違反外，更應在遵守的同時，將維護專業倫理視為己任，並積極推動專業工作的合法化，使助人專業能在法律體制的保障下，受到社會大眾的正視與尊重。所以，心理衛生工作者應協助釐訂專業能力的基本要求、研擬服務的守則，並籌組委員會來規範專業人員的行為等。同時，除了在臨床實務上強調專業倫理之外，從事研究工作或者進行教育訓練時，輔導與諮商專業人員亦應遵守基本的倫理守則。

二、基本工作態度

諮詢是一項重要的專業助人技術，因此其應有的工作態度，也必須受專業倫理的規範。美國諮商與發展學會於 1996 年提出諮詢倫理守則，便指出諮詢師所應遵循的原則如下：

1. 諮詢的目的在於協助求詢者解決專業上的困惑，並非協助求詢者處理其個人的問題；而求詢者可以是一個人，也可以是一個機構或一個團體。
2. 諮詢工作應遵循告知和維護隱私的原則。
3. 諮詢師須了解自身的價值觀、專業知識與能力，及其他個人因素在諮詢過程中的限制。

4. 諮詢師與求詢者兩者必須明確了解並認識所討論的問題、目標、後效與策略，雙方是在同意的情況下共同做出決定，彼此的關係是自願的。

5. 諮詢師必須從求詢者的需要研擬策略，並且能運用求詢者已有的資源，使介入的策略具體而可行。

6. 諮詢的目的在於促進求詢者自我引導的能力，所以，諮詢師應避免為求詢者做決定。

7. 除了私人開業的諮詢師，凡任職學校或機構者，不得因其職務從諮詢工作收取額外的費用。

8. 諮詢是以求詢者的專業需要為主要考量，不得介入求詢者的私人利益紛爭。

三、專業倫理守則

　　進入心理助人工作的專業人員應對自身在工作上的專業倫理有所認識。而專業倫理的主要目的在於以法定的**倫理守則**來維護案主與公眾的權益。其中包括工作者的行為與能力上的準則，與維護公眾生活安好的承諾。同時這個**倫理守則**亦應力促其會員維護此等倫理上或合法的責任。為了使心理衛生工作能朝向專業化的發展，有學者指出，可以從認證、執照、第三者賠償，與專業團體組織等方向進行規範，以提高遵守倫理的程度。

（一）定義

　　與法律相符的行為準則稱之為**合法**，然而，由專業人員或團體所制定的行為準則稱之為**倫理**。因此，**倫理守則**的內涵反映著一個專業的專業價值，藉由此守則所界定的範疇以使成員有所遵循。目前就諮商人員來說，有兩個主要的規範可供依循。第一個是由美國諮商學會於 1995 年所制定的**實務倫理與標準守則**，第二個是由美國心理學會於 1992 年制

定的**心理學家倫理守則與行為準則**。凡屬於其學會的會員均須遵守學會所制定的規範，若有所違背，則將遭到除名的後果。

（二）諮詢的倫理守則

助人工作者的倫理因素在其工作中扮演著極為重要的角色，因此，諮詢師必須小心地看待其個人的倫理價值系統在與求詢者互動中所造成的影響。尤其當諮詢師在此工作過程中可能出現價值衝突的時候，諮詢師就必須採取一些措施以保障案主和求詢者的權益。

本節將就美國諮商與發展學會（1988）**倫理守則**中有關諮詢的內容，在維護求詢者與案主權益的原則下，針對諮詢師應謹守的倫理守則做以下的說明。

1. 能力方面

顯然的，一位諮詢師必須面對其個人的價值觀在他的工作上所造成的影響這個事實。而另一個影響其服務品質的因素就是諮詢師的專業能力。所以，一位諮詢師除了須接受完整的專業訓練外，也必須能夠覺察自己的能力限制，依照其個人的教育背景、訓練及被督導的經驗，在能力範圍內進行助人工作，並知道何時應予以轉介，避免提供損及專業的諮詢服務（Davis, 2003; Dougherty, 1995a）。Brown 等人（1991）將諮詢師應具備的能力，依充分的知識、行為技巧與判斷能力三者來界說，茲分項陳述如下：

(1)專業知識

為了達成諮詢的工作目標，一位諮詢師應具備下列有關領域的充分知識，包括：諮詢模式（如心理衛生、行為、Adler 派等模式）、改變策略、組織理論、傳統評量理論、行為評量理論、評估的模式與技術、倫理規範、可能尋求諮詢的特定族群、法規限制、決策模式、生涯發展

理論、人類關係模式、衝突解決模式、領導風格模式、心理衛生工作三級預防模式、研究方法學、個人改變理論，以及其他有關實務的特定理論或模式（如員工滿足模式）。

(2) 行為技術

　　一位專業諮詢師應具備的行為技術，包括：溝通的基本技巧、建立個別關係的技巧、進入組織的技巧、契約建立（正式與非正式）的技巧、傳統的評量技巧、行為評量技巧、環境評估技巧、介入技巧、教導技巧、調解技巧、轉介技巧、促成小組合作的技巧、與個案研討、解釋研究與評鑑資料，以及團體領導技巧等，以充分發揮諮詢的功能。此外，諮詢師也必須有能力評估求詢者或求詢單位運用社會資源的程度，因為除了個人或組織本身的因素會引發其生活或工作的困擾外，無法適當使用社會資源也會造成其在問題解決上的瓶頸。Corey 等人（1993）建議諮詢師採取以下七個步驟，以做出最妥善的決定：

　　‧確認造成陷於兩難處境的問題。

　　‧確認可以化解之處。

　　‧查詢在該專業機構中，涉及倫理議題的行為準則。

　　‧向足以信賴的同事尋求諮詢。

　　‧評估採取行動之後可能造成的影響。

　　‧列舉各種決定可能產生的後果。

　　‧做出最好的決定。

(3) 專業判斷

　　在蒐集了充分的資料之後，就要對資料進行分析，並對問題情境進行診斷，以決定所要採取的措施。而這一連串的步驟必須仰賴諮詢師的專業判斷。茲將諮詢過程中須進行判斷的內容，分項說明如下：

- 能了解倫理的兩難困境，實踐倫理的原則。
- 能依情境需要，選擇合適的諮詢模式。
- 能認清問題，並用求詢者所能了解的方式陳述問題，且從可能的選擇中，與求詢者共同選定適當的目標。
- 在諮詢的過程與結果中，能評估來自各方的資料，並做出有效的結論。
- 認清求詢者或環境中可能產生的抗拒，設計適當的介入策略來處理抗拒。
- 當諮詢師的個人行事風格對諮詢過程形成負面影響時，必須加以調整。
- 當諮詢師與求詢者間存在不能相容的歧見時，或是已完成諮詢過程，即應結束諮詢。
- 認清個體與次系統間必要的聯繫，並建立這些聯繫。
- 評估諮詢的結果並找出與過程的關聯。
- 評估求詢者的準備度與投入改變的程度。
- 了解不同文化在不同諮詢階段可能產生的影響，運用策略加以調整，以促進諮詢的成效。

2. 要能維護求詢者與案主的福利

所謂維護求詢者與案主的福利就是指，凡是會傷及求詢者或其案主利益的措施均不得為之。例如，盡量避免與求詢者或其案主建立不必要的**雙重角色關係**（dual role relationship）；要有文化敏感度，以對求詢者及其案主的生活情境做正確的判斷，並提供適切的協助；要能建立明確的收費標準，以利於求詢者做判斷；若諮詢對求詢者而言已無建樹，就要終止專業關係；以及避免違法的服務項目等。

　　在**倫理守則**中特別提及應避免雙重角色關係的主要理由，是為了讓諮詢師在專業關係中能夠保持角色的單純，因為，較複雜的人際關係除了會影響諮詢師本身的專業判斷，更可能使求詢者會因為對諮詢師的信任不足而採取抗拒的態度，為諮詢歷程增加不必要的工作難度。

3. 要能維護求詢者或案主的隱私權

　　在治療關係裡，治療師與案主的關係是一種專業治療關係，彼此間所仰賴的是信任，而此等信賴程度勢必會影響到治療結果。由於治療師的角色猶如受託付的對象，為了保護案主的隱私權，並維護治療關係中的信任，因此，專業倫理規範治療師應對案主在治療關係中所陳述的資訊予以保密。此外，治療師在法庭上享有憲法賦予的**特權溝通**（privileged communication），亦即，治療師因案主而被法庭傳喚應訊或擔任證人時，享有不得公開案主談話內容的特權。因此，案主的隱私權是同時受到專業倫理與法律的雙重保障。

　　在 1976 年所發生的泰露莎菲（Tatiana Tarasoff）遭到謀殺的案例，凸顯了三個與倫理議題有關的要素：第一個要素指出案主可能對自己或他人造成身體上的傷害；第二個要素強調，治療者有責任掌握案主的行為，以防範案主受到傷害；第三個要素則指出潛在受害的對象。而治療者則有責任避免案主或相關人員遭到生命威脅的處境。這個案例促使心理衛生人員意識到，治療師除了維護案主隱私外，也應對於可能危及案主或他人情況盡到**預警責任**（duty to warn）與**保護責任**（duty to protect）。各助人專業學會因此將之明訂於專業倫理的規範中，以提升心理專業人員評估與防範危機的能力，維護案主與他人的生命安全（Monahan, 1993）。

　　而諮詢師同樣必須遵守此等**倫理守則**。一方面，不得在未獲得求詢者同意的情況下，對外公開諮詢關係，以及案主或求詢者所談論的事

件；另一方面，對於可能造成人員傷亡後果的談話內容，應盡到告知與保護當事人的責任，以預防悲劇再度發生。

4. 要用負責任的態度做公開的陳述

　　心理衛生專業人員守則應涵蓋基本的人權，要保護並提升人性尊嚴與福利，要對專業行為予以維護，並對專業資格予以限制，制定保密與誠實等規範，同時能將文化因素也納入衡量的條件下實施各項倫理守則。除此之外，治療者更應對案主提供**知後同意**（informed consent），一方面說明案主的權益，另一方面也向案主說明治療者在維護案主隱私上的限制及遵循的法則。事實上，保密、特權溝通與知後同意三者是治療關係中的基本守則，也是治療者應有的責任。

　　另外，治療者亦不得藉治療之便，為了個人的需求損及案主的權益。此等瀆職行為中所強調的心理衛生人員包括持有證照的治療師、心理學家、心理治療人員、社工人員、護理師、家族治療師等。美國心理治療學會、美國心理學會、行為科學檢核委員會都各自成立倫理委員會，以規範各領域之心理衛生專業，因此，從事心理衛生工作的專業人員應熟悉相關的法律，不可在與案主有治療關係的條件下出現違反其專業倫理的行為。

　　同樣的，諮詢師亦不得就求詢者或案主所述說的內容，對外做不負責的公開陳述，以免損及案主或求詢者的權益。

5. 要有社會道德感

　　身為一名諮詢師，應具備維護社會安全的基本道德感。因此，在進行諮詢服務時，不得運用有違社會規範的策略，或提供可能引發個人或社會安全顧慮的建議，以善盡專業助人工作者的社會責任。

6. 要慮及與其他諮詢師的合作關係

在諮詢過程中，若諮詢師發現求詢者有必要接受進一步心理諮商與治療服務，則應在求詢者的同意下為其安排適當的轉介。進行轉介時，諮詢師應根據求詢者的條件為其做最佳的安排，並且幫助求詢者能對所要轉介的單位及專業人員有所認識，使其做好相關的心理準備。此外，諮詢師亦有責任協助轉介單位的助人工作者了解求詢者的狀態，使求詢者得到適當的協助，並且不得為此向求詢者收取轉介費用。

整體而言，在諮詢過程中，諮詢師應以維護案主的福祉為要，在不傷及案主的自主權，不會使案主受到傷害的情況下，重視保密原則，並幫助求詢者解決其工作上的困境（廖鳳池、王文秀、田秀蘭，1997）。

第二節　諮詢的研究趨勢

諮詢的研究自 1978 年初次發表以來，已歷經將近三十年的時間。然而，由於諮詢的目的在於協助求詢者在其所扮演的角色上能夠發揮功效，使得此種透過應用技術提升助人工作效果的服務模式常被視為較無急迫性；兼以諮詢涉及的議題、服務對象，及所牽涉的社會系統極為廣泛，若要進行研究，常會面臨變數過多而難以掌握的情況，影響諮詢研究的突破與發展（鄔佩麗，1999）。

現有的諮詢研究多偏重於諮詢師的特質與功能、諮詢師與求詢者的互動歷程，以及處理策略的成果研究三大主題（Dougherty, 1995a）。Duncan 與 Pryzwansky（1988）分析 1978 年至 1985 年的諮詢研究，對於當前的諮詢研究趨勢提出以下觀點：

1. 諮詢研究仍處於起步階段。
2. 現有的研究結果均對諮詢持以正面的評價。
3. 現有的諮詢研究確實有研究方法上的問題。

4. 由於諮詢的型式日趨多樣化，所以，研究設計也必須有所變通。

5. 由於諮詢本身的多樣性，以諮詢為主題的博士論文數量有減少的趨勢。

6. 在所有的議題中，學校諮詢的研究較為普遍。

7. 探討歷程因素的諮詢研究數量較不足。

8. 效果研究應是所有諮詢研究應予探討的內容。

第三節　諮詢專業的突破與發展

　　諮詢專業的首要工作就是，諮詢師應致力於給予求詢者充分的呵護，如此一來，將幫助求詢者能用較為理性的態度來面對其當前的處境，因而使之更有能力去解決問題；第二個應該特別強調之處是，諮詢師要避免讓求詢者覺得所有的措施都是來自於諮詢師的建議，以維護求詢者的自尊；第三個重點在於，諮詢師要建立應有的專業形象，使求詢者對諮詢師能有充分的信任，以提高執行計畫的動機。最後一個應特別加以說明的是，當諮詢師把力氣花在關懷求詢者的同時，也必須能夠理解求詢者所處的生活世界，看到求詢者本身所蘊涵的生命能源，此點將使諮詢師更有活力，更能夠將焦點放在問題解決上，而不至於因為壓力過大，使諮詢師陷入無助或精力耗竭的狀態。

　　然而，隨著愈來愈多的實務工作者開始投入探索與發展諮詢的領域，現今的諮詢已不再被局限為間接的助人專業型態，而將服務對象擴及一般的社會大眾（Brown et al., 2001），使得諮詢服務在應用的層面上，不僅能夠提升助人工作者的處遇效能，也能協助社會大眾盡早對其生活上的適應採取預防性的措施，而化解可能發生的個人、家庭或社會危機。本節將針對此一現象，就諮詢的發展趨勢做進一步的說明，以協助讀者採取前瞻性的觀點看待諮詢技術的運用。

一、諮詢對象的多元化

當助人專業工作者實際體會過諮詢的功效後，往往會發現，諮詢技術使他們在工作中得到更多發揮專業效能的空間。例如，在諮商師處理具有自殺傾向案主的過程中，諮商師可以在徵得案主同意的情況下，邀請案主的家人或友人前來，以諮詢服務的型態幫助他們了解可以用什麼方式與案主互動，使案主在日常生活中能夠得到家人或友人的幫助。此舉不僅可使案主得到適當的社會支持，使案主有足夠的心理能量面對個人的困擾，進而提高處遇成效；另一方面，也可幫助案主身邊的人知道如何因應當前的危機狀態，以減緩他們的焦慮情緒。

因此，近年來已有不少的家族治療師，主張採用非治療性的家族會談，為瀕臨危機的家庭提供諮詢服務，並視家庭成員的需要，安排固定的諮詢時段，以預防問題擴大（Framo et al., 2003; Palmer & Healey, 2002）。例如，Framo 等人（2003）為了幫助一位複製原生家庭既有問題模式的成年案主，處理其個人困擾與婚姻及親子關係衝突等問題，採用**原生家庭諮詢**的工作模式，邀請案主的父母與手足與案主一起接受諮詢。此種方式能夠使治療師專心與案主現在的家庭工作，而又能夠在諮詢師的協助下，幫助案主處理其與原生家庭的議題，因而使得治療進展更為順暢，進而有效提升處遇的成效。

Lippitt 與 Lippitt（1986）指出，諮詢技術除了能夠適用於家庭系統，也可以應用到包括社區、政治團體等不同的系統層面。Heller（1985）也擴大對諮詢的定義，主張所謂的諮詢應是一種讓權利受損的社會團體得到**增能**（empowerment）的過程。由前述的種種跡象顯示，諮詢技術隨著多位學者與實務工作者的推廣，而有多元化的發展。而此等現象的產生，正說明了諮詢是一個能夠符合現代社會需求的專業服務模式。

二、諮詢師角色的彈性化

諮詢情境的複雜多變，使得諮詢成為一份具有挑戰性的專業工作。面對危機情境時，諮詢師很自然地需要扮演專家的角色，以迅速診斷問題癥結並尋求解決問題的對策；然而，有些時候，諮詢師可能得放下積極引導的專家角色，單純地扮演觀察者的角色，藉由觀察所得到的資訊，協助求詢者對系統的變化歷程有所覺察。因此，諮詢師能依情境所需，彈性調整服務角色的能力就顯得格外重要。

然而，諮詢師也必須了解，諮詢的成敗並非由諮詢師單方面扮演的角色所決定，求詢者本身的期待與意願、人格特質與情緒狀態，以及個人經驗與專業訓練等均是影響諮詢效果的關鍵因素。顯然諮詢師要能了解求詢者的能力、背景與其當前的處境，找到適於使力的角色，彈性的人格特質就分外重要。若諮詢師能夠適時地調整個人的工作角色，將使整個諮詢過程更為流暢而發揮效能。

三、諮詢技術在司法系統中的運用

Caplan 及其他學者主張，諮詢技術除了可在醫療機構與社區組織使用外，也可靈活應用於法院的調解工作（Wynne & Wynne, 1986）。事實上，將諮詢應用於調解的作法在國外早已行之有年。例如，美國的婚姻治療師早在 1933 年即受邀進入法院系統，協助當事人處理離婚、監護權與探視權，與復合等議題；而 Milwaukee 與 Cincinnati 兩地也成立 Department of Family Conciliation，邀請心理衛生專業人員以諮詢師的角色協助當事人處理離婚訴訟。又如，Caplan 亦曾將他所用的諮詢技術略做調整，使其足以發揮調解的功能，並將之應用於解決以色列首都耶路撒冷的種族衝突問題。此等調整的技術後來也逐漸應用到協助法院處理離婚或子女監護的訴訟案件，進而發展出將諮詢技術應用於調解的服務模式。

　　Caplan 曾依諮詢師的角色，將調解分為以下四種服務類型，使諮詢師在取得訴訟雙方的同意下，建立合作關係，將調解工作建立在一個信任的基礎上（Caplan & Caplan, 1980）：

1. 由機構聘請專業人員為訴訟當事人提供較佳的服務。
2. 從訴訟當事人的角度出發，向機構要求合理的待遇。
3. 由一個專業團體組成小組，分別為訴訟雙方提供個別諮詢，協助當事人聚焦於客觀事實的澄清與討論，之後再視雙方的意願，進行共同協商的會談。
4. 由專業人士扮演單純維護訴訟當事人利益的角色，過程中不偏袒任何一方，也無須對任何一方表達效忠，僅須協助訴訟雙方能夠明確地闡述其核心議題。

　　有鑑於國內的法庭採用司法審理處理家事案件，時常面臨當事人因情緒激動而無法在法庭上清楚陳述個人想法的情況，進而使得判決結果不為當事人所接受而陷於抗告或互告的爭訟循環。筆者自 2001 年起，採用前述的第三種服務類型，將諮詢技術積極地運用於國內的家事法庭（鄔佩麗、陳光霓、黃兆慧、劉于華、郭凡琦，2003；Wynne & Wynne, 1986）（見圖 12-1 所示）。一般而言，訴訟中的家事案件的兩造，都有他們述說不清但又糾葛在一起的複雜情緒，因此面對訴訟歷程時，往往會出現陷於情緒而無法以理性面對當前困境的反應，而影響其在法庭上的表達。藉由分別為兩造當事人提供專屬諮詢師的服務模式，可以使諮詢師發揮聆聽、支持與澄清的功能，使當事人的情緒得以平穩，進而能夠做理性的溝通。如此一來，整個衝突事件才能夠就事論事，也才能找到化解紛爭的途徑。

　　根據彭南元（2002）的研究結果指出，將諮詢技術應用於支持家事法庭當事人的服務模式，不僅能使訴訟兩造得以舒緩情緒，並且能有效地協助當事人以理性面對訴訟紛爭。因此，在接受服務的案件中，有高

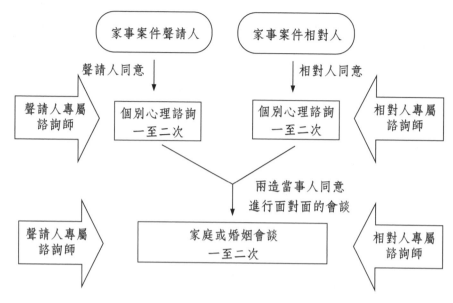

▲ 圖 12-1 　家事案件當事人心理諮詢服務模式

達八成左右的案件最後是以平和對話的方式達成和解。而採用為兩造分別提供個別服務的作法，使諮詢師能夠專心呵護與化解訴訟當事人內心的忿恨情緒，因此不論接下來雙方的選擇是進行會談尋求和解的可能或是回歸司法判決，訴訟的結果較易為當事人所接受，進而降低因當事人不服判決結果而繼續爭訟所花費的社會成本。

　　由此可見，透過靈活運用諮詢技術於司法機構的調解程序中，將可幫助民眾有效地化解爭訟困擾，又可使司法人員的工作負荷量得以降低而減緩工作壓力，提升工作品質。由於此模式的實施成效獲得法院及當事人的雙重肯定，因此已由當初試行的階段發展成為國內家事法庭所正式採用的服務制度。筆者與中華民國社區諮商學會的工作夥伴共同投入此服務模式，至今已累積長達十餘年的實務經驗，期望藉由諮詢技術的應用，拓展心理衛生專業人員靈活運用專業能力的視野與空間，並且使更多的訴訟當事人能在面對使其備感壓力的訴訟歷程中，得到專業的心

理衛生服務。在此必須要提醒讀者的是，在從事家事法庭的專業服務時，有關價值判斷的部分須益加小心，諮詢人員須把握諮詢的基本原則，在尊重當事人意願的情況下安排會談的措施，並且要能採取系統觀點考量當事人及其家庭的權益，避免落入以個人價值判斷誰是誰非的思維方式來從事服務，方能使服務本身對於當事人發揮正向的功效。

四、展望與發展

　　基本上，諮詢的核心工作是在幫助求詢者清除其思考問題的障礙，使其發揮既有的能力，找到適當有效的方式解決問題。對於求詢者而言，諮詢的歷程不僅能夠使其獲得必要的情感支持，但又不至於碰觸其個人的內在隱私。因此，諮詢的服務模式十分適用於同儕團體的情境。根據筆者的經驗，在同儕團體中運用諮詢技術（另見第十章第二節），除了能夠幫助求詢者突破工作中所面臨的瓶頸，也能藉由諮詢歷程增進其工作夥伴對於相關議題的認識，促成同事間的有效溝通與良好的工作關係，進而提高整個團隊的實務能力與工作滿意度。所以，筆者在進行教學或工作坊的專業訓練時，會不時地使用諮詢技術。尤其在受邀協助處理整個機構的問題或困擾時，筆者也會適時地採用諮詢技術，以幫助機構中各個不同的工作角色，找到可以發揮的空間，使之能用自己的力量來化解困境，讓求詢者能從挫敗中再次找到信心與力量。

　　然而，由於諮詢是在求詢者的要求下而進行的間接助人歷程，且是一個短期的專業關係，因此，諮詢師要在最短的時間內幫助求助者找到具體的策略與方向。而求詢者的個人經驗往往是諮詢師的最佳利器，所以，諮詢師最好能善於發掘求詢者原有的能力，以突破因時間或角色所帶來的限制，使求詢者能及時發揮其助人的功能，而諮詢師的專業能力也可充分發揮，更可避免因投入過多時間在諮詢工作上而減少其他的專業活動。筆者建議，諮詢師可以藉由關心求詢者的需求，及看到求詢者

本身的力量，來促進求詢者發揮既有能力──也就是經常運用**增能**的技術，來幫助求詢者找到問題解決的方向，並採取客觀的態度探索其困境，將能使諮詢在短期內有突破性的進展（見附錄十與十一）。

通常而言，諮詢可以在短期內發揮高度的效能，然而讀者亦須了解，此技術在使用時必然會遭遇某些限制。例如，多數專業人員是在危機發生時才會尋求諮詢，因此，求詢者可能會因未做好準備，而必須花費較多的時間來釐清問題。此時，就可能必須增加諮詢的次數，以幫助求詢者做好諮詢的準備工作；專業人員也可能投入較多的時間在此間接的助人工作模式，遂疏於對案主的直接幫助，甚至延緩其在諮商技術上的突破而傷及專業成長；又有時因諮詢過程過於簡化，以致未能達到預定的工作目標等。顯然地，在積極推動諮詢的專業技術時，專業人員應小心評估隨之而來的後續效應，例如要能防範所謂**治療不當訴訟**（malpractice suits）之控訴等（Argyris, 1970b; Dougherty, 1995a），並朝向積極的提高專業服務品質的方向努力。

整體而論，由於諮詢是一種間接式的助人工作型態，因此，諮詢無法取代諮商或心理治療的功能，但是卻可以有效地減少需要直接幫助的人數，因此具有預防性的功效。而在心理衛生工作的多種服務型態中，諮詢技術更是占有極為關鍵性的地位，也是各助人專業未來發展的重要趨勢之一（Brown et al., 2001; Dougherty, 1995b; Gibson & Mitchell, 1999; Malkinson, 2003）。因此，無論從助人者個人的角度，或者是從求助者的需求考量，諮詢均是助人工作者必備的利器，有待各助人專業發現其價值並積極予以發展運用。

參考文獻

中文部分

何長珠（1997）。**心理團體的理論與實務**。臺北市：五南。

林美珠、蔡憶萍、王麗斐（1999）。我國國小輔導人員「諮詢」概念認知之初探。**中華輔導學報，5**，119-149。

邱強（口述）（2001）。**危機處理聖經**。臺北市：天下。

邱獻輝、鄔佩麗（2004）。親子溝通諮詢團體方案之效果研究。**教育心理學報，36**（1），35-57。

連廷嘉（1998）。**國民小學教師諮詢需求與意願之研究**（未出版之碩士論文）。國立高雄師範大學，高雄市。

彭南元（2002）。論家事案件採心理諮詢服務之可行性。**司法週刊，1102**，2。

鄔佩麗（1999）。**青少年心理發展與適應之整合性研究：教師與學生家長之合作關係與諮詢角色之研究**。行政院國家科學委員會報告（NSC86-2413-H-003-007-G10）。

鄔佩麗（2000）。**危機與契機：校園問題行為輔導手冊**。臺北市：幼獅。

鄔佩麗（2005）。**輔導與諮商心理學**。臺北市：東華。

鄔佩麗、陳光霓、黃兆慧、劉于華、郭凡琦（2003）。**臺北家事法庭諮商服務方案之初探**。發表於中國心理學會第 42 期年會，輔仁大學。

廖鳳池、王文秀、田秀蘭（1997）。**兒童輔導原理**（第十五章）。臺北市：心理。

蔡素妙（1990）。**高中、高職導師對輔導室諮詢服務的期望、諮詢模式偏好與滿意度之調查研究**（未出版之碩士論文）。國立彰化師範大學，彰化市。

蔡憶萍（1997）。**國民小學輔導工作諮詢現況之研究**（未出版之碩士論
文）。國立花蓮師範學院，花蓮縣。

韓佩凌（2012）。**正向心理取向家長諮詢之賦能動力模式**（未出版之博士
論文）。國立臺灣師範大學，臺北市。

英文部分

Aguilera, D. C. (1998). *Crisis intervention: Theory and methodology* (8th ed.).
St. Louis, MI: Mosby.

Akin-Little, K. A., Little, S. G., & Delligatti, N. (2004). A preventative model of
school consultation: Incorporating perspectives from positive psychology.
Psychology in the Schools, 41(1), 155-162.

Albet, L. (1996). *Coping with kids* (2nd ed.). Circle Pines, MN: American Guid-
ance Services.

Alpert, J. L. (Ed.). (1982). *Psychological consultation in educational settings*.
San Francisco, CA: Jossey-Bass.

American Association for Counseling and Development. (1988). *Ethical stan-
dards* (Rev. ed.). Alexandria, VA: Author.

American Association for Marriage and Family Therapy. (1984). *Ethical prin-
ciples for family therapists* (Pamphlet). Washington, DC: Author.

American Association for Marriage and Family Therapy. (1991). *AAMFT code
of ethics*. Washington, DC: Author.

American Counseling Association. (1997). *ACA code of ethics and standards of
practice*. Alexandria, VA: Author.

American Psychological Association. (1992). Ethical principles of psychologists
and code of conduct. *American Psychologists, 47*, 1597-1611.

American School Counselor Association. (1986). *Professional development guidelines for secondary school counselors: A self-audit*. Alexandria, VA: Author.

Aponte, H. J. (1976). Underorganization in the poor family. In P. J. Guerin (Ed.), *Family therapy: Theory and practice* (pp. 432-448). New York, NY: Gardner.

Aponte, H. J. (1987). The treatment of society's poor: An ecological perspective on the underorganized family. *Family Therapy Today, 2*, 1-7.

Argyris, C. (1970a). *Intervention theory and method: A behavioral science view.* Oxford, England: Addison-Wesley.

Argyris, C. (1970b). *Integrating the individual and the organization.* New York, NY: John Wiley & Sons.

Babinski, L. M., & Rogers, D. L. (1998). Supporting new teachers through consultee-centered group consultation. *Journal of Educational and Psychological Consultation, 9*(4), 285-308.

Bandura, A. (1977). *Social learning theory.* Englewood Cliffs, NJ: Prentice-Hall.

Bandura, A. (1978). The self-system in reciprocal determinism. *American Psychologist, 33*, 344-358.

Bateson, G. (1972). *Steps to an ecology of mind.* New York, NY: Ballantine.

Bateson, G., Jackson, D. D., Haley, J., & Weakland, J. (1956). Towards a theory of schizophrenia. *Behavioral Science, 1*, 252-264.

Bean, M. (1975). Alcoholics anonymous, Pary I. *Psychiatric Annuals, 5*, 7-61.

Beer, M. (1980). *Organizational change and development: A systems view.* Santa Monica, CA: Goodyear.

Bennis, W. (1970). *Beyond bureaucracy.* New York, NY: McGraw-Hill.

Bennis, W. G. (1965). Theory and method in applying behavioral science to planned organizational change. *The Journal of Applied Behavioral Scieuce, 1*(4), 337-360.

Bergan, J. R. (1977). *Behavioral consultation.* Columbus, OH: Charles E. Merrill.

Bergan, J. R., & Kratochwill, T. R. (1990). *Behavioral consultation and therapy.* New York, NY: Plenum Press.

Bernard, H. S. (2000). The future of training and credentialing in group psychotherapy. *Group, 24*(2/3), 167-175.

Bird, B. (1964). A Mother's paradoxical response to advice. *Journal of Disease of Children, 107*(4), 383-385.

Birney, D. (1981). Consulting with administrators: The consultee centered approach. In J. C. Conoley (Ed.), *Consultation in schools: Theory, research, procedures* (pp. 101-131). New York, NY: Academic Press.

Bloss, K. K. (1995). *School-based family intervention: Current and preferred practices of school counselors.* Doctoral Dissertation, The University of North Carolina, Greenboro, NC.

Borwick, I. (1986). The family therapist as business consultant. In L. C. Wynne, S. H. McDaniel, & T. T. Weber (Eds.), *Systems consultation: A new perspective for family therapy* (pp. 423-448). New York, NY: The Guilford Press.

Bowen, M. (1957). *Family participation in schizophrenia.* Paper read at annual meeting of American Psychiatric Association, Chicago, IL.

Bowen, M. (1960). A family concept of schizophrenia. In D. D. Jackson (Ed.), *The etiology of schizophrenia* (pp. 346-372). New York, NY: Basic Books.

Broderick, C., & Schrader, S. (1991). The history of professional marriage and family therapy. In A. Gurman, & D. Kniskern (Eds.), *Handbook of family therapy.* Volume 1 (pp. 5-38) New York, NY: Brunner/Mazel.

Brown, D. (1985). The preservice training and supervision of consultants. *Counseling Psychologist, 13*(3), 410-425.

Brown, D., Kurpius, D. J., & Morris, J. R. (1988). *Handbook of consultation with individuals and small groups*. Alexandria, VA: Association for Counselor Education and Supervision.

Brown, D., Pryzwansky, W. B., & Schulte, A. C. (1991). *Psychological consultation: Introduction to theory and practice* (2nd ed.). Boston, MA: Allyn & Bacon.

Brown, D., Pryzwansky, W. B., & Schulte, A. C. (2001). *Psychological consultation: Introduction to theory and practice* (5th ed.). Boston, MA: Allyn & Bacon.

Brown, D., Pryzwansky, W. B., & Schulte, A. C. (2004). *Psychological consultation: Introduction to theory and practice* (6th ed.). Boston, MA: Allyn & Bacon.

Brown, D., Spano, D. B., & Schulte, A. C. (1998). Consultation training in masters level counselor education programs. *Counselor Education and Supervision, 27*(4), 323-330.

Brown, D., Wyne, M. D., Blackburn, J. E., & Powell, W. C. (1979). *Consultation: Strategy for improving education*. Boston, MA: Allyn & Bacon.

Caplan, G. (1961). *An approach to community mental health*. London, UK: Tavistock.

Caplan, G. (1970). *Mental health consultation*. New York, NY: Basic Books.

Caplan, G. (1993). Mental health consultation, community mental health, and population-oriented psychiatry. In W. P. Erchul (Ed.), *Consultation in community, school, and organizational practice: Gerald Caplans contributions to professional psychology* (pp. 23-148). Washington, DC: Taylor & Francis.

Caplan, G., & Caplan, R. B. (1980). *Arab and Jew in Jerusalem*. Cambridge, MA: Harvard University Press.

Caplan, G., & Caplan, R. B. (1993). *Mental health consultation and collabora-tion*. San Francisco, CA: Jossey-Bass.

Caplan-Moskovich, R. B., & Caplan, G. (2004). Consultee-centered consultation in low feasibility settings. In N. M. Lambert, I. Hylander, & J. H. Sandoval (Eds.), *Consultee-centered consultaion: Improving the quality of profes-sional services in schools and community organizations* (pp. 187-201). Mahwah, NJ: Lawrence Erlbaum Associates.

Capra, F. (1982). *The turning point.* New York, NY: Simon & Schuster.

Cipani, E. (1998). *Helping parents help their kids: A clinical guide to six child problem behaviors*. Philadelphia, PA: Brunner/Mazel.

Cohen, E., & Osterweil, Z. (1986). An issue-focused model for mental health consultation with groups of teachers. *Journal of School Psychology, 24,* 243-256.

Cole, E., & Siegel, J. A. (Eds.). (2003). *Effective consultation in school psychol-ogy* (2nd ed.). Ashland, OH: Hogrefe & Huber.

Conoley, J. C. (Ed.). (1981). *Consultation in schools: Theory, research, proce-dures*. New York, NY: Academic Press.

Conoley, J. C., & Conoley, C. W. (1992). *School consultation: Practice and training* (2nd ed.). Boston, MA: Allyn & Bacon.

Cooper, P., & Upton, G. (1990). An ecosystemic approach to emotional and be-havioral difficulties in schools. *Educational Psychology, 10*(4), 301-321.

Corey, G. (1995). *Theory and practice of group counseling* (4th ed.). Pacific Grove, CA: Brooks/Cole.

Corey, G., Corey, M. S., & Callanan, P. (1993). *Issues and ethics in the helping professions* (4th ed.). Pacific Grove, CA: Brooks/Cole.

Corey, M. S., & Corey, G. (1987). *Groups: Process and practice* (3rd ed.). Mon-terey, CA: Brooks/Cole.

Corey, M. S., & Corey, G. (1997). *Groups: Process and practice* (5th ed.). Monterey, CA: Brooks/Cole.

Councial for Accreditation of Counseling and Related Educational Programs. (1988). *Accreditation standards of the council for accreditation of counseling and related educational programs*. Alexandria, VA: Author.

Courtois, C. A. (1988). *Healing and incest wound: Adult survivors in therapy*. New York, NY: Norton. 〔中譯本:蔡秀玲、王淑娟(譯)(2002)。**治療亂倫之痛**。臺北市:五南。〕

Davis, K. M. (2003). Teaching a course in school-based consultation. *Counselor Education & Supervision, 42*(4), 275-285.

Dettmer, P., Thurston, L. P., & Dyck, N. (2002). *Consultation, collaboration, and teamwork for students with special needs* (4th ed.). Boston, MA: Allyn & Bacon.

Dinkmeyer, D. Jr. (1968). The Parent "C" group. *Personnel and Guidance Journal, 52*, 252-256.

Dinkmeyer, D. Jr. (1987). *Consultation competency preferences from school teachers*. Unpublished manuscript.

Dinkmeyer, D. Jr., & Carlson, J. (1973). *Consulting: Facilitating human potential and change processes*. Columbus, OH: Charles E. Merrill.

Dinkmeyer, D. Jr., & Carlson, J. (2001). *Consultation: Creating school-based interventions* (2nd ed.). Washington, DC: Taylor & Francis.

Dinkmeyer, D., & Dreikurs, R. R. (1963). *Encouraging children to learn: The encouragement process*. Englewood Cliffs, NJ: Prentice-Hall.

Dinkmeyer, D., Mckay, G., & Dinkkmeyer, D. Jr. (1997). *Systematic training for effective parenting*. Circle Pines, MN: American Guidance Service.

Dougherty, A. M. (1990). *Consultation: Practice and perspectives*. Pacific Grove, CA: Brooks/Cole.

Dougherty, A. M. (1995a). *Consultation: Practice and perspectives in school and community settings* (2nd ed.). Pacific Grove, CA: Brooks/Cole.

Dougherty, A. M. (1995b). *Cases studies in human services consultation*. Pacific Grove, CA: Brooks/Cole.

Dowling, E. (1994). Taking the clinic to school: A consultative service for parents, children and teachers. In E. Dowling, & E. Osborne (Eds.), *The family and the school: A joining systems approach to problem with children* (2nd ed.) (Chapter 4). London, UK: Routledge.

Dreikurs, R. R. (1968). *Psychology in the classroom* (2nd ed.). New York, NY: Harper & Row.

Drum, D. J., & Knott, J. E. (1977). *Structured groups for facilitating development: Acquiring life skills, resolving life themes, and making life transitions*. Oxford, England: Human Sciences Press.

Dugo, J. M., & Beck, A. P. (1984). A therapist's guide to issues of intimacy and hostility viewed as group-level phenomena. *International Journal of Group Psychotherapy*, *34*(1), 24-45.

Duncan, C. F., & Pryzwansky, W. B. (1988). Consultation research: Trends in dotoral dissertations 1978-1985. *Journal of School Psychology*, *26*, 107-119.

Dunst, C. J., & Trivette, C. M. (1987). Enabling and empowering families: Conceptual and intervention issues. *School Psychology Review*, *16*(4), 443-456.

Dustin, D., & Blocher, D. H. (1984). Theories and models of consultation. In S. D. Brown, & R. W. Lent (Eds.), *Handbook of counseling psychology* (pp. 751-784). New York, NY: John Wiley & Sons.

Dustin, D., & Ehly, S. (1984). Skills for effective consultation. *School Counselor*, *32*, 23-29.

Egan, G. (1970). *Encounter: Group processes for interpersonal growth*. Belmont, CA: Brooks/Cole.

Egan, G. (1994). *The skilled helper* (5th ed.). Pacific Grove, CA: Brooks/Cole.

Egan, G., & Cowan, M. A. (1979). *People in systems: A model for development in the human-service professions and education.* Pacific Grove, CA: Brooks/Cole.

Ellis, A. (1992). Group rational-emotive and cognitive-behavioral therapy. *International Journal of Group Psychotherapy, 42*, 63-80.

Erchul, E. P., & Martens, B. K. (2002). *School consultation: Conceptual and empirical bases of practice* (2nd ed.). New York, NY: Kluwer Academic/Plenum Publishers. 〔中譯本：邱獻輝（譯）（2002）。**學校諮詢理論與實務**。臺北市：學富。〕

Erchul, W. P., & Schulte, A. (1996). Behavioral consultation as a work in progress: Reply to Witt, Gresham, and Noell. *Journal of Educational and Psychological Consultation, 7*, 345-354.

Faust, V. (1968). *The counselor-consultant in the elementary school.* Boston, MA: Houghton Mifflin.

Fine, M. J., & Holt, P. (1983a). Corporal punishment in the family: A systems perspective. *Psychology in School, 20*(1), 85-92.

Fine, M. J., & Holt, P. (1983b). Intervening with school problems: A family systems perspective. *Psychology in School, 20*(1), 59-66.

Fisher, L. (1986). Systems-based consultation with schools. In L. C. Wynne, S. H. McDaniel, & T. T. Weber (Eds.), *Systems consultation: A new perspective for family therapy* (pp. 342-356). New York, NY: The Guilford Press.

Fitzgerald, L. F., & Osipow, S. H. (1986). An occupational analysis of counseling psychology: How special is the specialty? *American Psychologist, 41*(5), 535-544.

Foley, V. D. (1984). Family therapy. In R. J. Corsini, & Contributors (Eds.), *Current psychotherapy* (3nd ed.) (pp. 447-490). Itasca, IL: F. E. Peacock.

Ford, D. A. (1977). Group judgments: An analysis of applied methods for the use of experts in sociological inquiry. *Dissertation Abstracts International, 37* (8-A), Feb, 5365.

Ford, G. F. (1978). School organizational climate: Mental health implications and a proposed process for psychological consultation. *Dissertation Abstracts International, 38aa*(7-A), Jan, 4042-4043.

Framo, J. L. (1970). Symptoms from a family transactional viewpoint. In N. W. Acerman, J. Lieb, & J. K. Pearce (Eds.), *Family therapy in transition* (pp. 125-171). Boston, MA: Little, Brown.

Framo, J. L. (1982). *Explorations in marital and family therapy: Selected papers of James L. Framo.* New York, NY: Springer.

Framo, J. L., Weber, T. T., & Levine, F. B. (2003). *Coming home again: A Family-of-origin consultation.* New York, NY: Taylor & Francis.

Frankel, B. (2000). The widening gulf: Group therapy training and traditional training models. *Group, 24*(2/3), 177-184.

Frederickson, N. (1990). Systems approaches in EP practice: A re-evaluation. In N. Jones, & N. Frederickson (Eds.), *Refocusing educational psychology* (pp. 130-164). London, UK: Falmer Press/Taylor & Francis.

Friedman, E. H. (1986). Emotional process in the marketplace: The family therapist as consultant with work systems. In L. C. Wynne, S. H. McDaniel, & T. T. Weber (Eds.), *Systems consultation: A new perspective for family therapy* (pp. 398-422). New York, NY: The Guilford Press.

Friend, M. (1988). Putting consultation into context: Historical and contemporary perspectives. *Remedial and Special Education, 9*(6), 7-13.

Gallessich, J. (1974). Training the school psychologist for consultation. *Journal of School Psychology, 12*, 138-149.

Gallessich, J. (1982). *The profession and practice of consultation.* San Francisco, CA: Jossey-Bass.

Gallessich, J. (1985). Toward a meta-theory of consultation. *Counseling Psychologist, 13*(3), 336-354.

Gallessich, J., & Watterson, J. (1984). *Consultative education and training in APA-accredited settings: An overview.* Paper presented at the 92nd Annual Meeting of the American Psychological Association, Toronto, Canada.

Gazda, G. M. (1989). *Group counseling: A developmental approach* (4th ed.). Boston, MA: Allyn & Bacon.

Gazda, G. M., Ginter, E. J., & Horne, A. M. (2001). *Group counseling and group psychotherapy: Theory and application.* Needham Heigh, MA: Allyn & Bacon.

Gelso, C. J., & Fretz, B. R. (1992). *Counseling psychology.* Orlando, FL: Holt, Rinehart & Winston.

George, R. L., & Dustin, D. (1988). *Group counseling: Theory and practice.* Englewood Cliffs, NJ: Prentice-Hall.

Gibson, D. R. (1977). The effects of the human potential seminar upon school administrators. *Dissertation Abstracts International, 37*(8-A), 4740.

Gibson, R. L., & Mitchell, M. H. (1999). *Introduction to counseling and guidance* (5th ed.). Upper Saddle River, NJ: Prentice-Hall.

Gibson, R. L., & Pope, K. S. (1993). The ethics of counseling: A national survey of certified counselors. *Journal of Counseling & Development, 71*, 330-335.

Gladding, S. T. (2000). *Counseling: A comprehensive profession* (4th ed.). Upper Saddle River, NJ: Prentice-Hall.

Goldenberg, I., & Goldenberg, H. (1985). *Family therapy: An overview* (2nd ed.). Belmont, CA: Wadsworth.

Gurman, A. S., & Knistern, D. P. (1992). *Handbook of family therapy: Vol. I & II*. New York, NY: Brunner/Mazel Publisher.

Gutkin, T. B., & Curtis, M. J. (1990). School-based consultation: Theory, technique, and research. In T. B. Gutkin, & C. R. Reynolds (Eds.), *The handbook of school psychology* (2nd ed.) (pp. 577-611). New York, NY: John Wiley & Sons.

Hays, K. F., & Brown, C. H. Jr. (2004). *You're on!: Consulting for peak performance*. Washington, DC: American Psychological Association.

Heller, K. (1985). Issues in consultation to community groups: Some useful distinctions between social regulations and indigenous citizens groups. *The Counseling Psychologist*, *15*, 403-409.

Helms, J. (1990). *Black and white racial identity: Theory, research and practice*. New York, NY: Greenwood.

Helms, J. (1992). *A race is a nice thing to have*. Topeka, KS: Content Communications.

Hilburt-Davis, J., & Dyer, W. G. (2002). *Consulting to family business: A practical guide to contracting, assessment, and implementation*. San Francisco, CA: Jossey-Bass/Pfeiffer.

Holmes, B. J. (1982). Black students' performance in the national assessments of science and mathematics. *Journal of Negro Education*, *51*(4), 392-405.

Hylander, I., & Guvå, G. (2004). A model fjor consultation with day care and preschools. In N. M. Lambert, I. Hylander, & J. H. Sandoval (Eds.), *Consultee-centered consultaion: Improving the quality of professional services in schools and community organizations* (pp. 65-78). Mahwah, NJ: Lawrence Erlbaum Associates.

Idol, L., Nevin, A., & Paolucci-Whitcomb, P. (1987). *Collaborative consultation* (2nd ed.). Austin, TX: Pro-Ed.

Ingraham, C. L. (2016). Educating consultants for multicultural practice of consultee-centered consultation. *Journal of Educational & Psychological Consultation*. doi: 10.1080/10474412.2016.1174936

Jacobson, E., Ravlin, M., & Cooper, S. (1983). Issues in the training of mental health consultation in community mental health centers. In J. L. Alpert, & J. Meyers (Eds.), *Training in consultation: Perspectives from mental health, behavioral and organizational consultation* (chapter 4). Springfield, IL: Charles C. Thomas.

Jefferson, C. (1998). *Factors that impact parents' engagement and treatment outcome in a school-linked parent consultation intervention for aggressive children*. Doctoral dissertation, Texas A & M University, TX.

Jerrell, J. M., & Jerrell, S. L. (1981). Organizational consultation in school systems. In J. C. Conoley (Ed.), *Consultation in schools: Theory, research, procedures* (pp. 133-156). New York, NY: Academic Press.

Johnson, D. W., & Johnson, F. P. (1991). *Joining together: Group theory and group skills* (4th ed.). Englewood Cliffs, NJ: Prentice-Hall.

Keller, H. R. (1981). Behavioral consultation. In J. C. Conoley (Ed.), *Consultation in schools: Theory, research, procedures* (pp. 59-100). New York, NY: Academic Press.

Kelly, J. G. (1987). An ecological paradigm: Defining mental health consultation as a prevenative service. *Prevention in Human Services*, *4*(3-4), 1-36.

Kerr, M. E., & Bowen, M. (1988). *Family evaluation: An approach based on Bowen theory*. New York, NY: W. W. Norton.

Kitahama, M., & Tanaka, Y. (2003). Significance of teachers sitting in with a mother in counseling: The experience of a visiting counselor. *Japanese Journal of Counseling Science*, *36*(1), 81-90.

Knoff, H. M., & Batsche, G. M. (1993). A school reform process for at-risk students: Applying Caplan's organizational consultation principles to guide prevention, intervention, and home-school collaboration. In W. P. Erchul (Ed.), *Consultation in community, school, and organizational practice: Gerald Caplan's contributions to professional psychology* (pp. 41-55). Washington, DC: Taylor & Francis.

Kolk, C. J. V. (1990). *Introduction to group counseling & psychotherapy*. New York, NY: Wavelan Press.

Kuehnel, T. G., & Kuehnel, J. M. (1983a). Consultation training from a behavioral perspective. In J. L. Alpert, & J. Meyers (Eds.), *Training in consultation* (pp. 85-103). Springfield, IL: Charles C. Thomas.

Kuehnel, T. G., & Kuehnel, J. M. (1983b). Mental health consultation. In S. Cooper, & W. F. Hodges (Eds.), *The mental health consultation field* (pp. 39-56). New York, NY: Human Science Press.

Kurpius, D. J. (1986). Consultation: An important human and organizational intervention. *Journal of Counseling and Human Service Professions*, *1*(1), 58-66.

Kurpius, D. J. (1988). *Handbook of consultation: An intervention for advocacy and approach*. Alexandria, VA: American Counseling Association.

Kurpius, D. J., & Brown, D. (1988). *Handbook of consultation: An intervention for advocacy and outreach*. Alexandria, VA: Association for Counselor Education and Supervision.

Kurpius, D. J., & Fuqua, D. R. (1993a). Introduction to the special issues. *Journal of Counseling and Development*, *71*, 596-597.

Kurpius, D. J., & Fuqua, D. R. (1993b). Fundamental issues in defining consultation. *Journal of Counseling and Development*, *71*, 598-600.

Kurpius, D. J., Fuqua, D. R., & Rozecki, T. (1993). The consulting process: A multidimensional approach. *Journal of Counseling and Development, 71,* 601-606.

Kurpius, S. E. R. (1997). *Current ethical issues in the practice of psychology.* New York, NY: Hatherleigh Press.

Lambert, N. M. (1974). A school based consultation model. *Professional Psychology, 5,* 267-276.

Lambert, N. M. (1983). Perspecitves on training school-based consultant. In J. L. Alpert, & J. Meyers (Eds.), *Training in consultaion: Perspectives from mental health, behavioral and organizational consultation* (chapter 3). Springfield, IL: Charles C. Thomas.

Lambert, N. M. (2004). Consultee-centered consultation: An international perspective on goals, process, and theory. In N. M. Lambert, I. Hylander, & J. H. Sandoval (Eds.), *Consultee-centered consultation: Improving the quality of professional services in schools and community organizations* (pp. 3-20). Mahwah, NJ: Lawrence Erlbaum Associates.

Landau-Stanton, J. (1986). Competence, impermanence, and transitional mapping: A model for systems consultation. In L. C. Wynne, S. H. McDaniel, & T. T. Weber (Eds.), *Systems consultation: A new perspective for family therapy* (pp. 253-269). New York, NY: The Guilford Press.

Larney, R. (2003). School-based consultation in the United Kingdom: Principles, practice and effectiveness. *School Psychology International, 24*(1), 5-19.

Lee, C. M., & Hunsley, J. (2002). Empirically informed consultation to parents concerning the effects of separation and divorce on their children. *Cognitive & Behavioral Practice, 8*(1), 85-96.

Levitt, M., & Rubenstein, B. O. (1957). The fate of advice: Examples of distortion in parental counseling. *Mental Hygiene, New York, 41,* 213-216.

Lieberman, M., Yalom, I., & Miles, M. (1973). *Encounter groups: First facts*. New York, NY: Basic Books.

Lin, J. C. H. (1995). *School-based programs for at risk adolescents*. The Symposia on Counseling and Guidance in Taiwan and USA, Kaohsing, Taiwan.

Lippitt, G. L. (1982). *Organizational renewal* (2nd ed.). Englewood Cliffs, NJ: Prentice-Hall.

Lippitt, G., & Lippitt, R. (1986). *The consulting process in action* (2nd ed.). San Diego, CA: University Associates.

Malkinson, R. (2003). Battling the Black sea despair: Cross-cultural consultation following an air disaster. *Journal of Loss & Trauma, 8*(2), 99-113.

Meyers, J. (1978). Training school psychologists for a consultation role. *School Psychology Digest, 7*(3), 26-31.

Meyers, J. (1981). Mental health consultation. In J. C. Conoley (Ed.), *Consultation in schools: Theory, research, procedures* (chapter 3). London, UK: Academic Press.

Meyers, J., Alpert, J. L., & Fleisher, B. D. (1983). Models of consultation. In J. L. Alpert, & J. Meyers (Eds.), *Training in consultation: Perspectives from mental health, behavioral and organizational consultation* (chapter 1). Springfield, IL: Charles C Thomas.

Minuchin, S. (1974). *Families and family therapy*. London, UK: Tavistock/Routledge.

Minuchin, S., Lee, W., & Simon, G. M. (1996). *Mastering family therapy: Journeys of growth and transformation*. New York, NY: John Wiley & Sons.

Monahan, J. (1993). Limiting therapist exposure to Tarasoff liability: Guidelines for risk containment. *American Psychologist, 48*(3), 242-250.

Mucha, L. (1994). *A Survey of teacher perceptions of school psychologists as consultant: A factor analysis study of evaluation in the consultation process*. Paper presented at the Annual Meeting of the National Association of School Psychologists (ERIC-NO: ED3774122).

Myrick, R. D. (1977). *Consultation as a counselor intervention*. Ann Arbor, MI: ASCA/ERIC.

Myrick, R. D. (1993). *Developmental guidance and counseling: A practical approach* (2nd ed.). Minneapolis, MN: Educational Media Corporation.

Nadler, D. A. (1977). *Feedback and organization development: Using data-based methods*. Reading, MA: Addison-Wesley.

Napier, A. Y., & Whitaker, C. A. (1978). *The family crucible: The intense experience of family therapy*. New York, NY: Harper & Row. 〔中譯本：李瑞玲（譯）（1991）。**熱鍋上的家庭**。臺北市：張老師文化。〕

Newman, D. S., & Ingraham, C. L. (2016). Consultee-centered consultation: Contemporary perspectives and a framework for the future. *Journal of Educational & Psychological Consultation*. doi: 10.1080/10474412.2016.1175307

Newman, J. L. (1993). Ethical issues in consultation. *Journal of Counseling and Development, 72*(2), 148-156.

Nichol, G. T. (1984). *Effects of a parent consultation intervention on self-control behavior of first and second grade students*. Doctoral Dissertation, Memphis State University, Memphis, TN.

O'Callagham, J. B. (1993). *School-based collaboration with families*. San Francisco, CA: Jossey-Bass.

O'Neill, P., & Loomes, P. R. (1977). Building a community group to improve local schools. In J. L. Alpert & Associates (Eds.), *Psychological consultation in educational settings: A casebook for working with administrators, teachers student, and community* (chapter 10). San Francisco, CA: Jossey-Bass.

O'Neill, P., & Trickett, E. J. (1982). *Community consultation*. San Francisco, CA: Jossey-Bass.

Osterweil, S. O. (1987). A structured process of problem definition in school consultation. *School Counselor, 34*(5), 345-352.

Palmer, M. P., & Healey, K. (2002). Family consulting: A new role for therapists. *American Journal of Family Therapy, 30*(3), 203-213.

Papp, P. (1983). *The process of change*. New York, NY: The Guilford Press.

Parsons, R. D. (1996). *The skilled consultant: A systematic approach to the theory and practice of consultation*. Needham Heights, MA: Allyn & Bacon.

Parsons, R. D., & Meyers, J. (1984). *Developing consultation sills*. San Francisco, CA: Jossey-Bass.

Partin, R. L. (1993). School counselors' time: Where does it go? *School Counselor, 40*, 274-281.

Phelps, R., Eisman, E. J., & Kohout, J. (1998). Psychological practice and managed care: Results of the CAPP practitioner survey. *Professional Psychology: Research and Practice, 29*(1), 31-36.

Plas, J. (1986). *Systems psychology in the schools*. New York, NY: Pergamon Press.

Pryzwansky, W. (1974). A reconsideration of the consultation model for delivery of school-based psychological services. *American Journal of Orthopsychiatry, 44*, 579-583.

Rhoades, M. M. (1993). *Parent as managers of homework intervention: An empirical analysis*. Doctoral Dissertation, the University of Wisconsin-Madison, Madison, WI.

Rose, S. D. (1998). *Group therapy with troubled youth: A cognitive-behavioral interactive approach*. Thousand Oaks, CA: Sage.〔中譯本：翟宗悌（譯）（2001）。**青少年團體治療**。臺北市：學富。〕

Rosenfield, S., & Gravois, T. D. (1993). Educating consultants for applied clinical & educational settings. In J. E. Zins, T. R. Kratochwill, & S. N. Elliott (Eds.), *Handbook of consultation services for children* (pp. 373-389). San Francisco, CA: Jossey-Bass.

Rotto, P. J. (1993). *Competency-based parent consultation and training to modify noncomplicance in young children*. New York, NY: Springer.

Russell, M. L. (1978). Behavioral consultation: Theory and process. *Personnel and Guidance Journal, 56*, 346-350.

Satir, V. M. (1972). *People making*. Palo Alto, CA: Science and Behavior Books.

Scharff, D. E., & Scharff, J. S. (1987). *Object relations family therapy*. Northvale, NJ: Jason Aronson.

Schein, E. H. (1969). *Process consultation: Its role in organizational development*. Reading, MA: Addison-Wesley.

Schein, E. H. (1978). The role of the consultant: Content expert or process facilitator? *Personnel and Guidance Journal, 56*(6), 339-343.

Schein, E. H. (1988). *Process consultation: Its role in organization development* (vol. 1) (2nd ed.). Reading, MA: Addison-Wesley.

Schein, E. H. (1989). Process consultation as a general model of helping. *Consulting Psychology Bulletin, 41*, 3-15.

Schein, E. H. (1990). Organizational culture. *American Psychologist, 45*, 109-119.

Schein, E. H. (2003). Five traps for consulting psychologists: Or, how I learned to take culture seriously. *Consulting Psychology Journal: Practice & Research, 55*(2), 75-83.

Schmuck, R. A. (1995). Process consultation and organization development today. *Journal of Educational & Psychological Consultation, 6*(3), 207-215.

Schmuck, R. A., & Runkel, P. J. (1985). Organization development in schools. *Consultation: An International Journal, 4*(3), 236-257.

Sheridan, S. M., & Kratochwill, T. R. (1992). Behavioral parent-teacher consultation: A practical approach. *Journal of School Psychology, 30,* 117-139.

Simon, R. (1992). *One on one: Conversations with the shapers of family therapy.* Washington, DC: The Guilford Press.

Sonstegard, M. A. (1967). Applying Adlerian principles to counselor education. *Individual Psychologist, 5*(1), 22-25.

Splete, H. H. (1982). Consultation by the counselor. *Counseling and Human Hevelopment, 15,* 1-7.

Taverne, A. F. (1992). *Evaluating behavioral consultation as a means of promoting reading in at-risk families.* Doctoral Dissertation, University of Utah, Salt Lake City, UT.

Thomas, C. C., Correa, V. I., & Morsink, C. V. (1995). *Interactive teaming: Consultation and collaboration in special programs* (2nd ed.). Englewood Cliffs, NJ: Prentice-Hall.

Thompson, R. A. (1986). *A comparison of counselor, principal and teacher perceptions of the role and function of the school counselor in Virginia public secondary schools.* Doctoral Dissertation, College of William and Mary, Williamsburg, VA.

Tichy, N. M. (1983). *Managing strategic change: Technical, political, and cultural dynamics.* New York, NY: John Wiley & Sons.

Truscott, D. M., & Truscott, S. D. (2004). A professional development model for the positive practice of school-based reading consultation. *Psychology in the Schools, 41*(1), 51-65.

Umansky, D. L., & Holloway, E. L. (1984). The counselor as consultant: From model to practice. *School Counselor, 31,* 329-338.

Unger, D. G., Park, E. A., Antal, P., Tressell, P. A., Rigney, K., DeRasmo, K., & Kassess, J. (2000). Serving children with special social and emotional needs: A practical approach to evaluating prevention programs in schools and community settings. *Journal of Educational & Psychological Consultation, 11*(2), 273-296.

Weinstein, R. S. (1982). Establishing a mental health team in a middle school. In J. L. Alpert & Associates (Eds.), *Psychological consultation in educational settings: A casebook for working with administrators, teachers, students, and community* (chapter 4). San Francisco, CA: Jossey-Bass.

Whitaker, C. A. (1986). Family therapy consultation as invasion. In L. C. Wynne, S. H. McDaniel, & T. T. Weber (Eds.), *Systems consultation: A new perspective for family therapy* (pp. 80-86). New York, NY: The Guilford Press.

Wynne, A. R., & Wynne, L. C. (1986). At the center of the cyclone: Family therapists as consultants with family and divorce courts. In L. C. Wynne, S. H. McDaniel, & T. T. Weber (Eds.), *Systems consultation: A new perspective for family therapy* (pp. 300-319). New York, NY: The Guilford Press.

Wynne, L. C., Weber, T. T., & McDaniel, S. H. (1986). The road from family therapy to systems consultation. In L. C. Wynne, S. H. McDaniel, & T. T. Weber (Eds.), *Systems consultation: A new perspective for family therapy* (pp. 3-15). New York, NY: The Guilford Press.

Yalom, I. D. (1985). *The theory and practice of group psychotherapy* (3rd ed.). New York, NY: Basic Books.

Yalom, I. D. (1995). *The theory and practice of group psychotherapy* (4th ed.). New York, NY: Basic Books.〔中譯本：方紫薇等人（譯）（2003）。**團體心理治療的理論與實務**。臺北市：桂冠。〕

附錄

附錄一　有效的傾聽：以家長與教師的對話為例

　　在諮商輔導工作中，要能達到工作目標，助人者的真誠與關懷是首要的條件，事實上，求助者對於助人者是否是真的關心他們，具有極為敏銳的觀察能力。所以，從事助人工作的人一定要是一個很真誠、很自然的人，才有可能在此工作中發揮功能。

　　其次，助人者必須學習會談技術。其實每個人原本就有這些能力，但是由於每個人的生活環境迴異，因而所採取的人際互動習慣也會有所不同，再加上各人所經歷的遭遇，使原本的能力不見了，必須把這些原本具備的能力再找回來或做一些修改的動作，因此，就有所謂的會談技術。

　　這些技術是怎麼來的？很多助人的工作者或專業的學者從實務中抽絲剝繭，去看什麼是有用的，然後把這些有用的東西變成技術。事實上這些技術你本能就會的，所以有些人會認為「這些話我都會講啊！」可是你知道什麼時候講？為什麼講嗎？這就需要學習。

　　助人工作者需要不斷地學習，而一個助人工作者一定要學會有效傾聽。我們都在與人溝通，但是為什麼好像總有一些人是很難溝通的？因為他們已有既定的想法，我們就需要去了解他們的想法是什麼？好像有些夫妻，先生與妻子都是很不錯的人，為什麼到頭來兩個人無法相處？先生有先生的抱怨，太太有太太的苦楚。其實雙方都很用心的在經營這個家，對自己也都有一些期待。但是他們好像都沒有聽到對方在說什麼。所以我就要扮演一個能幫助他們能對話的角色，我不能跟先生說：「你要好好聽太太講話！」我不能跟太太說：「你要好好聽先生講

話！」因為他們會說：「我有在聽啊！」我的責任就是，如何製造機會讓他們聽到對方想要說的話，那就需要有技術。用技術讓先生能夠聽懂太太想要說什麼，用技術讓太太能夠聽懂先生想要說什麼。

舉個例子，小明是小學一年級的學生，雖然在學習上有些障礙，但是小明很能適應學校的生活，甚至會喜歡到學校來上課。這次學校舉辦郊遊，小明的媽媽為了小明「容易對食物過敏」而有所顧慮，不想讓小明參加。以下是小明的媽媽和小明的導師之間的對話。我們知道小明的媽媽有焦慮，老師要用什麼方法讓媽媽的態度有改變？這個老師到底用什麼態度與媽媽對話，讓家長願意改變？助人者是用技術讓個案願意改變，助人者不能要求個案配合演出，否則這個助人者就是沒有會談的專業技術了。以下為這個案例的對話，請大家注意老師是用什麼技術與家長互動。

媽媽：林老師，你知道嗎？我有些擔心這次的郊遊活動。我不知道小明是不是適合參加這樣的活動。我是在想，或許把他留在家裡比較好，這樣子的話，你也不會那麼累，你說是不是？

老師：我不太懂你的意思，你是不是擔心小明到動物園郊遊會發生什麼事嗎？

媽媽：嗯，有很多事都可能會發生呀！如果我不在旁邊陪他，到時候你又忙不過來的話，那怎麼辦呢？尤其是，如果有人的東西，讓小明的過敏毛病又犯了，讓他一下子氣上不來，那怎麼辦？我想我還是把他留在家裡好了。

老師：喔！我知道了，你是擔心他會因為沒有人照顧而出事，是嗎？

媽媽：對啊！我擔心要命！但是你一定認為沒有必要這麼擔心吧？我的意思是，沒有我在身邊，他幾乎是沒辦法和別人到任何地方的。去年，他到任何地方都有四個老師跟著，他們總是隨身帶著藥照

顧他，以防有事情發生。可是在大巴士上，好像有些危險，他還沒有大到可以自己處理事情。

老師：王太太，要怎麼做才能讓你比較安心呢？

媽媽：嗯！我不知道。或許我應該也一起去。因為我可以和他坐在一起，隨時處理他可能發生什麼問題。嗯……但是那天我又不能請假，不過我母親可以在家陪他。

老師：我懂了，你是希望有人能跟他在一起，能照顧到他，這樣你會比較放心。當然，最好是能由你自己來照顧他。是嗎？

媽媽：對，因為我最了解他，我知道怎麼照顧他。我知道怎麼分辨他發病的徵兆。通常，當他快要喘不過氣來的時候，他總是會開始很急速地呼吸，我就知道他不舒服了。

老師：所以你擔心他會吃到一些不該吃的東西。這是不是你最擔心的事情呢？

媽媽：是啊！或者在巴士上有些灰塵，他可能會將灰塵吸進去。

老師：所以你很擔心這次郊遊會讓小明不舒服。

媽媽：喔！對啊！我的確擔心他。他過去沒有和團體一起出去過。

老師：我知道了。你是說如果你能陪著他，就比較放心。

媽媽：對啊！我想他應該也會比較高興。

老師：我知道。

媽媽：這不僅是我一個人在擔心。我認為他或許……他是沒說過什麼，但是我覺得他可能也在擔心，因為他從來沒有離開我身邊那麼久。在這個新學校，嗯，如果郊遊那天，我不能在他身邊，時間又比較久，我想還是讓我跟著他，會比較好。

老師：所以你認為：他會因為要單獨去郊遊，沒有你陪伴，所以就開始害怕。

媽媽：喔！是的！我是說，他曾經跟你說過什麼嗎？

老師：沒有，他從來沒有跟我說過他對這次旅行有什麼害怕的地方。事實上，當我拿動物的圖片給他看時，他非常興奮地指著說：「你看！大象耶！」

媽媽：（第一次微笑）嗯……他很喜歡動物。我很想要他去，可是你知道，或許明年他們班也會去，那個時候，或許他也比較大了。

老師：嗯哼……好吧！讓我們一起想想看，是不是可以找到一個可以讓你放心的辦法來？

媽媽：好吧！你能想到什麼解決的辦法嗎？我的意思是如果我不能去，還有沒有別辦法呢？有沒有人可以跟著去陪他，我會告訴他該怎麼照顧小明。

老師：嗯！好，我們來一起想想看誰可能適合？

媽媽：嗯！我想學校的護士小姐或許最適合，因為她比較懂得用藥的問題，因為我好擔心小明的呼吸問題。

老師：的確，校護是最佳人選。這是一個辦法。還有其他的人可以讓你放心的？例如你的母親。你剛才說，她可以在家裡照顧他，或許她可以跟我們一起去玩。

媽媽：對！沒錯！可能可以。只是她的年紀有點大了，可能沒辦法在動物園來來去去。不過或許我可以問她。我不知道，我還沒想到其他的辦法。

老師：好，你會問她嗎？

媽媽：我有點想讓小明去，因為就像你說的，他的確跟我談到那些動物。或許他還可以親自餵牠們，我也希望他可以這麼做。他多少會覺得不太一樣，如果全班只有他一個人沒去，也是不太好。不知道其他的孩子會怎麼樣呢？

老師：我們全部的學生都會去。

媽媽：全班都會去？

老師：另外還有兩三位媽媽們會跟去，但是校護不會去。如果你可以讓
　　　你媽媽來就好了，如果不行的話，我們也會挑選高年級的學生來
　　　照顧小明。我想應該可以做得到的。

媽媽：嗯！那很好。你認為他會願意特別照顧到小明嗎？帶著藥，隨時
　　　準備給小明嗎？

老師：我想我們能了解你的顧慮。我們會注意這件事。

媽媽：嗯！我再想想看，什麼時候你必須知道我的決定？

　　　雖然這位老師是在談小明的事，但你會發現老師是在關心媽媽這個
人。例如老師說：「你是不是擔心小明到動物園會發生什麼事？」這能
讓媽媽覺得：「我覺得老師很聰明，就知道我在擔心。」還有一句話讓
媽媽很窩心：「讓我們一起想想看，是不是可以找到一個可以讓你放心
的辦法來？」老師不是直接告訴媽媽，你這樣做就好了。他會先問媽媽
那你要怎麼樣，媽媽會覺得老師有聽到她的聲音，會尊重媽媽的顧慮與
想法。助人者是要關心當事人，老師在看這位媽媽，是把這位媽媽當作
有用的人，而不是單純的教她。

　　　老師說了一句話讓媽媽有些鬆動。他沒有告訴媽媽，小明該不該
去？而是提供資訊說：「小明很喜歡動物。」老師提供了這個資料讓媽
媽對孩子有更多的了解，因而使媽媽的態度有所改變。

　　　所以我們將心比心，如果我們是小明的媽媽，一定是二十四小時牽
腸掛肚，而且是壓力很大。壓力使然，所以這位媽媽內心會有許多的懷
疑和盤算。當她面對老師時，老師常以自己看過這麼多孩子的經驗去回
應家長，以這樣的想法來看，大部分老師都覺得沒這麼嚴重。但是這位
媽媽只有一個孩子，媽媽的焦點都在自己的孩子身上，如果老師覺得媽
媽擔心沒必要，而叫她不必擔心，那麼這位媽媽可能會說你都不了解我
們做媽媽的心情，會質疑老師到底有沒有生過孩子，沒有當媽媽才會如

此等。

　　或許這位媽媽的擔心是過多了，可是我們仍舊要體諒他的心情。就是夫妻間的相處也是一樣的；夫妻一方可能會說：「我今天好累喔！」另一方回話說：「叫你不要做這麼多事都不聽！」你會覺得對方都不在乎你的想法。另一個情況：「看你這邊那邊忙也不知道你在忙什麼？」回答說：「跟你講你又會罵我，那我幹嘛跟你講！」日積月累，當初二十四小時巴不得黏在一起，現在卻落到如此地步！有些夫妻分房各住各的房，甚至不同桌吃飯，還有各煮各的，要不然就是一個住樓上，一個住樓下。住在同一個房間可以不說話，吃飯各吃各的；或者，同住在一個屋簷下，不知道對方在做什麼！這個關係本來是自己最在乎的親密關係，到最後卻死心了？當一個人死心，就是對自己最大的殘忍，會對自己和未來感到失望。所以，在人際間的互動中，傾聽是一個非常重要的條件，這位老師用幾句話就讓家長的態度有所改變，真的是很神奇，是不？

　　老師也是助人的行業，我們不難發現，幾乎所有的服務業都是這樣，誰在你面前就關心誰。大家都有到百貨公司買衣服的經驗，都有面對各種專櫃小姐的經驗。像我們這種年紀的人，有些衣服是穿不下的，有些專櫃小姐就直接對你說：「這個尺寸你穿不下！」雖然知道穿不下，但我們都會有一些幻想，希望能穿小一號的衣服！一些專櫃小姐遇到這種客人會冷冷的說：「這個適合你嗎？」有些更毫不客氣直接就說：「這個你不適合！」不過有些專櫃小姐就會關心到你的感覺，或許她們受過一些訓練。這些專櫃小姐會對你說：「我也很喜歡這件，另外還有一些衣服也都很適合你，你可以比較一下。」這些專櫃小姐很貼心，關心到你的需要，你可能就會多買幾件。雖然回到家之後發現，自己必須開始做運動以使自己有可能穿得上它們！

　　傾聽是助人工作中最基本的技術，希望今天的內容對大家在工作上能夠幫得上忙，謝謝大家！

附錄二　Myrick 的個案諮詢案例

　　王老師是一位中學教師，教授打字與商業教育課程，教學經驗豐富，但是個性內向的她很難掌握班級活動。例如有的學生會公然違抗她的要求，也有的學生會不做指定的作業，並且在教室內聚集談天。甚至有的學生會離開教室，在走廊上散步。當她去勸阻學生時，學生還說：「妳要怎樣嘛！」或者說：「妳很煩哎！」班上沒有多少學生會聽課。王老師很沮喪，學校的行政單位也很苦惱，而有些原本聽話的學生也開始變得不安。

步驟 1　確認問題

　　確認問題通常是諮詢最困難的部分。諮詢師必須專心做好聆聽和促進的工作，特別是在一開始的時候。求詢者所提出的問題在最後並不一定都受到特別的注意，但不管什麼問題，都必須讓求詢者把它說出來，並且「走出」因那個情境或個案所產生的情緒、印象及反應。在求詢者發洩情緒，將注意集中在重要的爭端上的時候，諮詢師就逐步建立起協助的關係。一般愈緊張的危機，聆聽與建立起這樣的關係就愈重要。通常花在這個步驟的時間會與問題的性質與情緒的激烈程度成正比。

諮詢師：王老師，能談談妳的處境嗎？讓我了解一下發生了什麼事。

王老師：那些孩子快把我逼瘋了。沒有一件事情是對勁的。我知道我是個好老師，可是他們就是不聽話。如果他們不好好聽課的話，我怎麼教呢？太可怕了。

諮詢師：妳真的很失望⋯⋯好像也已經無計可施。

王老師：嗯，實在是糟透了。（王老師的眼淚在眼眶中打轉。）

諮詢師：真是令人洩氣的事……妳現在一定很難過。

王老師：是啊。我不知道該怎麼辦。我已經盡力了，真的，已經盡力了。可是什麼都沒有用。我知道副校長已經對我把孩子送到他的辦公室的事覺得很煩了，可是他們（校方）什麼忙也沒有幫。他們只是把孩子給送回來，什麼也沒有變。製造問題的是那些孩子，倒楣的卻是我。我知道我的記錄不怎麼好看。

諮詢師：好像對妳並不公平……現在妳一定覺得沒什麼人支援妳。

王老師：妳會很難相信出了什麼事。那些孩子像發了瘋似的，也不在乎他們傷害了誰。

諮詢師：哪個班級最讓妳操心？

王老師：第三節課上的那個班。班上有陳明珠和吳美麗。還有劉玉芳。他們真古怪……而且會作弄我。

諮詢師：舉個例子說說這些女孩做了些什麼事。

王老師：嗯，我要叫陳明珠去做件事情，而她就只是瞪著我看，什麼話也不說。她動都不動，不照我的吩咐去做──只是瞪著我。然後吳美麗開始傻笑，當我叫她不要笑，回去做事時，她的粗話就脫口而出，像是「去妳的」，或是用挖苦的語氣說：「是，老師。」班上的其他學生於是大笑，接著事情就完了。這種事每天都發生。她們是主謀……而且……

諮詢師：就是說她們挑起某件事，然後其他人很快也都加進來，妳覺得無法控制。

王老師：沒錯，就是這樣。我沒辦法把所有時間都花在和這幾個女孩交談，同時又要教班上其他的學生。我不知道怎麼做。

諮詢師：好，她們還做了些什麼嗎？

王老師：前幾天陳明珠一面修指甲一面和吳美麗談天。我叫她們回座位

做她們的作業，她們說她們已經做完了，我問她們作業在哪
裡，她們又在那裡推託。我知道她們在說謊，也這樣對她們
說。她們就說我不公平，又說我是她們遇見過最差的老師。她
們離開教室，說要到樓下的辦公室告我的狀。妳能想像這種情
形嗎？

諮詢師：（在問過一些其他問題後）好，讓我看看我是不是對妳說的都
已經了解了。最讓妳煩惱的是你第三節課上的那個班，說得更
詳細一點，是那個班上兩個會打斷課堂進行的女孩子。她們拒
絕做作業，在教室裡插科打諢，有時候還離開教室。她們對妳
回嘴，在指導她們時讓妳難堪。而你們在爭執的時候，班上其
他學生就停下她們的作業在笑。

王老師：嗯，就是這樣。

　　諮詢師在這部分一面做筆記，一面回應求詢者的情緒，問問題，把
事情釐清。王老師需要一個機會把事情說出來，她也需要有人幫她確認
造成這個問題的一些具體行為，而避免用泛泛的描述和標記來談論問
題。

步驟 2　釐清求詢者所處的情境

　　大部分的人談事情的時候會用很快的方式談起一堆想法。他們會在
許多主題間跳來跳去，凌亂地呈現各種信息。通常是把各種想法串在一
起，從一個觀點換到另一個觀點，有時候說出來的信息之間沒有什麼關
聯。因此求詢者在解釋問題的時候，諮詢師就有可能迷失線索。同樣
的，求詢者也可能覺得困惑。

在第二步驟中，諮詢師要做選擇性的聆聽。以高度催化反應（high facilitative responses）來鼓勵求詢者談話且更精確地思考問題。諮詢師要特別去聆聽：(1)求詢者愉快及不愉快的感受；(2)影響求詢者所做結論與一般性描述的第三者特定的行為；(3)求詢者對第三者的期望；(4)到目前為止求詢者做了什麼；(5)在這個情境中有哪些正面的態度及行為，特別是由求詢者所體驗的。

在第二步驟中這些考慮每項多半是接續而來的。而高度催化反應則是銜接與催化各個部分的行動。例如，求詢者希望聽到別人對自己正面的評價，故在談論過個案裡不愉快的事情後，以讚揚當作有助於個案的回饋顯然是適當的。對聽到的或注意到的事予以讚揚能給予求詢者額外的激勵。鼓舞尋求諮詢者自情緒與想法的發洩中超脫，並免於懷疑是否說得太多，表現不合宜。

在打字與商業教育課程老師王老師的案例中，諮詢師記下了在第一次會談中提到過的七個特定行為表列。這些行為提供了注意的焦點，他們在 Likert 五點量表中，也構成一個基準，求詢者就是以此展開諮詢的（參看附表一）：

(1)指定作業後開始做作業

(2)完成指定作業

(3)遵循指示

(4)留在座位或工作站上

(5)與老師爭執

(6)大聲說話使其他學生分心

(7)說粗話（如「白癡」，「閃邊去」）

以下摘要來自諮詢師與王老師的第二次會談，他們嘗試要確認某些標的行為。

諮詢師：這是上次我們談過的一些事情。（給王老師看行為列表，重複
　　　　寫在三張紙上。）這次可以仔細研究一下。請評定陳明珠、吳
　　　　美麗，與劉玉芳這三個女孩，然後對這個班做整體的評分。

王老師：我不知道。這很難做。這只是她們做過的行為一部分，就好像
　　　　昨天整個班上都坐在一起聊天。我叫她們開始動作，陳明珠就
　　　　說：「嘿，現在是舞會啦，要不要一起樂一下？」還跳了一段
　　　　舞。我叫她坐下，她坐了。可是我一轉過頭，她就跑去跟 Julie
　　　　聊天。如果能把她調離這個班，事情就好辦多了。

　　諮詢師知道王老師在防衛自己。她可能擔心有誰會看到這份評分
表，或是懷疑評分表的用途。也許看到列出來的行為項目加重了她的挫
折感，刺激她更加發洩她的情緒和一廂情願的想法。諮詢師用一些時間
對她的情緒做回應，確認說過的事情，然後再把列表拿出來。

諮詢師：好像發生了很多事，這張表只列出其中一些讓妳心煩的事。要
　　　　不要再加上一些？（王老師看了看列表，以量表中的數字對每
　　　　一個女孩做評分。）

諮詢師（稍後）：好，從妳所說的看起來，第四項和第五項最讓妳操
　　　　心。我在想也許從這張表中先挑出一到兩項來處理是最好的。
　　　　其他有些可能也會跟著改進。當然，所有的這些行為我們都會
　　　　注意到。

王老師：好啊，我看就挑最後一個，第七項。你打算怎麼做呢？我又該
　　　　怎麼做？

步驟 3　設定目標並預期結果

　　目標可以分為一般性的或具體的。在諮詢中，具體的目標通常集中於可觀察的行為或結果。用正面的方式表示所要達成的結果會比較有效，以想要完成的事情取代不想發生的事來表示（亦即「別插隊」可用「每個人都有機會」或「想做的請舉手」來取代）。

　　在王老師的案例中，她似乎在尋求別人勸告的意見。一般來說，最好不要急著給勸告的意見或救急的祕方。主要是求詢者可能會懷疑專家，時常有這樣的報告：「他們的意見都沒有用」或是「他們不了解狀況」以及「他們的意見不錯，可是有點不切實際。」

　　既然大部分的人易於排斥忠告，所以即使有人在問，也不要急著給意見。諮詢師也要避免太早對行為做詮釋，不管是求詢者的或是案主的（例如「陳明珠反抗妳是因為她極力要獲得別人的注意，而且相信她對妳的頂嘴會得到班上其他人的另眼相看」）。在作為一個行動計畫理論基礎的部分時，這些詮釋會有幫助；不過就像忠告一樣，他們太常被人看作是簡單的教科書答案，且被認為對問題不重要。

　　諮詢師可以首先對求詢者的感受做回應，弄清楚各種想法，使求詢者能將問題的每一面都對你談，而不是給予不成熟的勸告或傳統的解釋（像是「陳明珠來自一個破碎的家庭且對這世界給她的不公平待遇感到憤怒，所以需要他人的諒解」）。這包括對求詢者與案主兩方面的感受與行為的注意。

　　在我們的例子中，王老師曾要求諮詢師告訴她該如何做。諮詢師沒有急著在此時給予意見，而是幫她將精神集中在她已經做過的事上。如果這位老師已經試過我們想要建議的方法，還要我們多此一舉嗎？而如果她曾試過一些法子，知道她是怎麼做的，結果如何就很重要了。

諮詢師：好，問妳一下。妳到目前為止試過哪些方法？

王老師：嗯……我想想看……我曾經對陳明珠說如果她再不改的話，她的這門課會被當掉，不過好像沒什麼差別。我寫了幾份風紀報告送到主任那裡，他什麼也沒做。我也曾試著不理她，只是好像反而讓吳美麗和其他人有樣學樣。我想我並沒有意思要在她幹那些蠢事的時候就去注意她，使她更想這樣做，可是很難不去理她。有時候我會氣得趕快走開，免得我去甩她耳光……嗯（有點不好意思），我會做的就這些了。

　　諮詢師促成一些討論，討論做過什麼事，怎麼做的，結果如何。然後做了總結，強調與問題有關的幾個事件，老師與學生的感受，以及這些感受和老師、學生的行為之間的關係。

諮詢師：好，妳還能做些其他的方式嗎？

王老師：我不確定。事情看來都不太可能。

諮詢師：要想到其他可能的方法並不容易。目前看來情況有點黯淡。

王老師：是啊，不過我或許可以打電話給她們的父母，跟他們談談。這對吳美麗可能有效。只是就我所知陳明珠甚至已經不再和她的父母同住。那女孩有許多問題，其實，你知道嘛，她夠聰明，做那些作業不成問題。

諮詢師：雖然妳很沮喪，不知道接下來要怎麼做，妳還是看得出即使陳明珠無法得到家裡許多的支援，她也有能力做更多的事。

王老師：沒錯，有時候她滿令我驚訝的。她會一進教室就坐下來做她的作業，什麼話也沒說。過一天，哇！……一切又開始了。她又抓狂了。

諮詢師：所以也有一些日子，事情比較順利一點，陳明珠沒有那麼搗
　　　　蛋。妳喜歡這樣的時候。

王老師：對啊，可是很久才有一次。陳明珠如果可以調到別班，我大部
　　　　分問題就解決了。不過還有吳美麗和劉玉芳，她們也是小搗蛋
　　　　鬼。可以把事情弄得和陳明珠一樣糟。

步驟 4　觀察並記錄行為

　　基準資料在諮詢的過程中能有所幫助，像王老師交給諮詢師的一般
評分表。這是以第一次會談所產生的行為表列為基礎。你若不知道行動
的起點，就很難評估事情的進展。

　　諮詢師聆聽過王老師的話，製作出一份行為評分表作為基準資料，
因此她可獲得對行為發生頻率的描寫。所知覺到的頻率是可以接受的基
準資料，也會增加老師對問題限度的了解。製作一個檢核表不用花多少
時間，而且可以強調須注意的標的行為。

　　王老師對七個行為都做了評分。在行動計畫引進後又對它們做了預
測性的評分。附表一是對那三位女孩所做的諮詢前／諮詢後評定。

步驟 5　發展行動計畫

　　有許多筆者已經建議由諮詢師與求詢者一起分析情況和共同發展行
動計畫。雖然求詢者要負起主要的責任去實行計畫，但讓諮詢師合作參
與其中是可行的。

　　諮詢師通常以詢問：「什麼是妳想要立刻完成或看到它發生的事？
（通常在一到兩個星期內）」開始這個步驟。接下來要問的是：「妳可
以做些什麼讓這事發生？」此時諮詢師也可以將之加入可行之事的列表

內（像「妳可以考慮的一件事是……。」「妳覺得這件事的可能性是……？」）

在研究過可行之事的列表後，對每件事都可以問這樣的問題：「這個事情怎麼去做？」「那如何進行？」

最後由求詢者從列表中挑出下一步要做的事，然後回答諮詢師最後的問題：「妳想什麼時候做？」選擇緊接下來要做的事，與確認開始的時間，在諮詢的過程中都很重要。

諮詢師：好，王老師，我們已經縮小妳能做的事的範圍了：(1)班上在做作業的時候要稱讚她們；(2)當妳注意到陳明珠有在做作業而且準時開始，下課後可以把她叫到一旁稱讚她；(3)設計一些有趣、簡短，或者需要班上同學一起合作完成的作業──因此妳可以稱讚那些女孩，還有一起參與的班上同學；(4)全班換位子讓每個學生都在新的站臺上，把一些愛聚在一起聊天不做功課的學生分開；(5)對全班宣布妳為她們計畫好的變革，包括一些新的打字技巧遊戲。

王老師：事情還真多。這些我們都討論過嗎？

諮詢師：現在看起來好像很多。妳可以從哪裡開始？選一個妳能首先開始做的。

王老師：你會跟這些女孩子談嗎？我需要有人幫忙對她們解釋一些事情的後果。我會試著改變，可是她們也要有所改變。

諮詢師：在妳跟她們談的時候，妳要我也出席嗎？

王老師：對，我沒有把握她們會聽我的。我知道她們會聽你的。

諮詢師：好（同意一起合作），我們帶一些妳班上的學生到我的辦公室，包括陳明珠，我們談談每個人的心事。聽完後，妳可以說說妳的感受以及妳打算做的改變。我們可以知道她們的反應，

也可以獲得每個人對改進這個班級狀況的承諾。

王老師：聽起來不錯。那就下個星期一如何？這個時間對我來說最好。

諮詢師：王老師，妳過了一段難過的時間，也曾經沮喪過……足夠讓妳想要放棄。不過妳還是堅持下去，而且也曾開放自己去尋求一些改變，改變妳自己和改變妳的學生。妳正試著用正面的看法看事情。對妳肯花下時間和擁有這樣的勇氣與我一起探究問題的情況，我都為妳感到驕傲。這讓我願意多花點心思與妳一起改進事情的狀況，直到事情對妳，以及對妳的學生都變得比較好為止。

　　王老師需要別人的支持，但除了支持以外，她也需要別人的理解、關心、接受，以及與一位她能信任的人建立起共同探究難題的關係。她需要時間思考整個問題，也需要機會去確認造成問題的原因。她還需要可以促成行動的計畫，促成一些可以在短期內達成與評估的事。她需要知道下一個步驟該做什麼，而不是一個複雜的架構，要去改變每件事情、每個人。個案諮詢的系統取向給了她所需要的東西。

▼附表一 教師評分：諮詢前／諮詢後

（個案舉例）

行為	陳明珠		吳美麗		劉玉芳	
	前	後	前	後	前	後
1. 指定作業後開始做作業	1	(3)	1	(3)	2	(3)
2. 完成指定作業	3	(3)	3	(3)	3	(4)
3. 遵循指示	1	(3)	1	(3)	2	(4)
4. 留在座位或工作站上	1	(3)	1	(4)	3	(4)
5. 與老師爭執	5	(3)	4	(2)	3	(1)
6. 大聲說話使其他學生分心	5	(2)	5	(3)	3	(1)
7. 說粗話（如「白癡」，「閃邊去」）	5	(2)	4	(1)	1	(1)

五點量表：	5	4	3	2	1
	幾乎總是	經常	有時候	不常	幾乎沒有

資料來源：譯自 Myrick（1993, pp. 281-287）。

附錄三　教師的個案諮詢案例

　　以下的諮詢過程乃是加上技巧解析的範例。提供於此，並不代表這是完美的諮詢案例，而是為諮詢互動提供更進一步的例子。每個範例代表不同操作層次或不同目標的諮詢方式。技巧解析乃是用來強調那些代表重要的諮詢歷程的對話過程。為了保護範例中的所有人的真實身分，所以這個範例並不是一字不漏的報告。然而這個的確是真實的諮詢過程。

　　這些對話是發生在諮詢師（C）與求詢者（T）的前幾次會面。

第一次諮詢	技巧解析
C：你好！我是王中原。	拉近關係
T：很高興見到你，王博士。我聽過你很多次了。	
C：請叫我中原。我可以叫你美玉嗎？	體貼
T：喔！當然可以。	
C：現在適合談小華的事嗎？我有空但是如果現在不好談這件事的話，我可以換個時間來找你。	拉近關係，體貼
T：嗯……不……我現在沒辦法談。事實上，我不知道我們是否還有必要再談。我找過校長，他說可以把小華轉介去做測驗。我想我已經試過所有的辦法了。	

（續下表）

（承上表）

第一次諮詢	技巧解析
C：由你決定。我可以下次再來幫你看看轉介上的問題， 　　或是想想在你等待評估結果出來之前，你可以做些什 　　麼？或者任何你覺得最有用的方法？ T：這主意不錯！我想測驗最少得花上六到八星期。如果 　　你可以的話，我希望你明天這時候有空。 C：好。到時候見。	

第二次諮詢	技巧解析
C：我來了。告訴我小華怎麼了？	開始問題的陳述
T：問題出在他的態度。他簡直是令人難以相信地叛逆。 　　我從沒看過他服從命令。他總是和我爭辯他該做什 　　麼，不該做什麼。而他媽則是明顯地站在他那一邊， 　　叫他不必聽我的。	
C：聽起來你至少有兩個問題。案主和他媽。	確定、摘要
T：是的。	
C：對於你碰到這樣的情形，我感到很遺憾。沒有家長的 　　支持，會加倍地困難；我曉得憤怒、叛逆的小孩子會 　　令我神經緊張。	支持、正常化
T：我已經漸漸有點習慣這個事實了。家長已不像過去那 　　樣幫忙。我開始教書時，小孩子不敢向父母抱怨求詢 　　者。他得祈禱父母不會發現任何問題，因為，一旦發 　　現之後，他在家就會像在學校一樣倒大楣。	老師因時代改變而沮 喪感傷
C：我懂你的意思。我家裡也是這樣。多告訴我一些有關 　　小華的事。你上他的課時發生了什麼事？請詳細地告 　　訴我他的行為。	確定問題

（續下表）

（承上表）

第二次諮詢	技巧解析
T：嗯，他不交作業。如果我罵他，甚至僅僅是提醒他這些規範，他就會反抗我。他會對我及其他小孩子罵一些令人難以想像的髒話。雖然很奇怪，但他總是個大孩子，在很多方面他看起來相當聰明，但是不肯做學科作業。他和他那個性情難測的母親住在一起。她並不比我更會管教他，但她不肯送他去做測驗，或是接受任何特殊教育的服務。我想她有吸毒，或是一些相當恐怖的問題。他的父親比較好些，但是沒有他的監護權。	
C：我們的工作是幫小華發展出一些教室行為，並不會改變他的課程，所以儘管他母親會擔心，但我想我們可以很安心地討論他。所以小華的主要問題就是拒交作業，用反抗及不堪入目的字眼，在家及在學校的問題，與缺乏合作。好的一面，則是他很聰明，他的父親可能會是助力。我不知道要從哪一部分開始。由你來看什麼問題是最核心或最重要的呢？	解釋保密權及父母的權利 摘要、確定問題
T：那是個好問題。它們真的都很糟。我想如果我可以使他交作業，我至少會覺得他有在學東西。	呈現問題解決的歷程
C：所以我們可以花一些時間討論交功課的問題，這樣我們就有焦點。看起來小華有許多困難，我想把這個問題攤開是個好主意，看看我們是否能找到頭緒而有所改善。你已經試過哪些方法來使他多做些作業？	
T：如果他沒做完，我就不讓他休息。如果他真的做完了，我就讓他在資源教室待一些時間。我會記一些紙條給他媽，請她幫他完成沒在學校做完的功課。	

（續下表）

（承上表）

第二次諮詢	技巧解析
C：用這些辦法你有沒有看到一些進步，即使是暫時的？對一些小孩子，這些辦法真的有用。	增強老師分析問題
T：是有用，他不喜歡在休息時間被留下來，但為了要做完他就會在紙上亂寫一氣，如果我要他做好，他就會變得十分敵意。他不在乎這些資源教室，而他媽也根本幫不上忙。如果我寫信給她，她可能就會來，表現得很不舒服卻又很散的樣子。滿令人討厭的。	
C：所以休息對他很重要囉！他最好的科目是什麼？有沒有一種功課是他比較喜歡做的，或者他真的拿手的科目？	忽視對母親的評論，此刻停在小華的問題上
T：比起其他科目，他比較拿手的是數學，而且他唸課文真的唸得很好。我忘了告訴你，他和他爸爸一起去參加自行車比賽。他騎的不是機車——我想是 BMX 賽車。他很少會把數學考卷做完，但前五六題經常能夠答對。	
C：小華和年紀較大及較小的同學相處得怎樣？我知道你說他和同學相處有困難。	分析與同儕相處的問題，擴展問題的領域，包括小華生活中的幾個部分
T：沒錯，他很敏感，看起來總是要找人打架。他和年紀比較小的孩子處得比較好。我不知道和年紀大的怎麼樣。他有一個繼妹，而且對她非常好。我從沒看過他在操場上欺負較小的孩子，但我可能錯過某些事情。	
C：所以另外有一堆可能的優點。他對朗讀與數學很在行，如果他嘗試的話。有一個活動是他喜歡和父親一起做的，這可以當作增強物，而他對較小的孩子可能有不錯的社交技巧。	重點放在優點上，提供一些不具懲罰性的介入方法的資料

（續下表）

（承上表）

第二次諮詢	技巧解析
T：說實話，我沒想過他有什麼優點。如果你在教室裡一再被他的髒話攻擊，就很難記得這些所謂的優點。	
C：我知道你的意思。因為我不是歷經其境，所以比較不會受到干擾，較容易想到一些他的優點。不過如果一直停留在那種不愉快的情緒，就很難找到可以採取的步驟了。	承認老師的情緒，替老師打氣
T：沒錯，當他一再地講髒話，那個情形真的是令人很有情緒。一個小孩子是在哪裡學到像那樣的髒話？這三年來他媽都不同意做一些測驗，老師一直在換，卻不知道該怎麼樣和他相處，也幫不上忙。	
C：我想我們得找個方法讓他多做一些，讓他體驗到一些成功的經驗，以避免他會生氣；另外要將他爸爸拉進來，而不找他媽；還得討論出一些策略，好在他發作時，你不會因為他而失去控制，讓班上其他學生看好戲。	摘要、確定介入目標
T：這真的是需要做的，但我不知道怎麼做。	
C：嗯，讓我們看看你已經知道的。他有時願意做五六題數學題。如果當你分派這些題目時，他沒有抱怨或鬧事，而做完六題，他可不可以得到額外休息時間呢？ 他必須願意每天做六題，做三天；接下來兩天做七題，然後八題，直到做十題都沒有鬧事。	摘要、介紹策略
T：我可以一對一跟他談，而不在全班面前。有觀眾在時他絕不會合作。我必須單獨和他安排這個計畫。	
C：我想那是很聰明的作法。看起來他必須對同學擺出一張嚇人的臉孔。他可能在某方面很怕他們。	增強老師，重新詮釋小華的行為

（續下表）

（承上表）

第二次諮詢	技巧解析
T：可是他休息時要去哪兒？他不想去資源教室。我不能讓他單獨留在操場上，或是讓他一個人早點走。	
C：低年級學生是不是比你們先走？如果他的行為特別好時，小華可不可以和低年級一起走？這是不是可以用來控制他的行為？	產生計畫
T：我確定他四年級的級任老師不喜歡他提早走，即使是早一點點。但我可以想想看是否可以做些安排。聽起來有點複雜，我得看看他和低年級的小孩喜不喜歡這個辦法。	
C：好主意。我想我可以幫忙。或許我可以觀察他，從別的老師的報告，讓你知道他的表現。你覺得在操場上二三年級的老師幫得上忙嗎？	增強老師，與之合作，分析計畫
T：每個人都知道這狀況有多糟，只要不再有麻煩，大家都可能會幫忙。	
C：這真的是有些壓力。我想我們得進行這些計畫，好讓你輕鬆點，不再一肩扛起所有的責任。	突顯老師的責任感，協助老師尋求抒解
T：已經有其他老師加入，韋老師負責他的社會學科，何老師則是體育，金老師則是負責科學。如果我們可以一起進行這個計畫，就會非常棒。	
C：讓我們把這些人一起找來，看我們是不是可以進行一些簡單的計畫，這會讓小華更願意合作。我也想聯絡他的父親，從他這邊找到一些合作的方法。你覺得聯絡他父親好嗎？有沒有問題？	產生計畫，個案管理
T：沒有，我想沒有，他父親以前都會來參加親師懇談，比跟母親好談。	

（續下表）

（承上表）

第二次諮詢	技巧解析
C：如果所有的老師都對他的髒話採取同樣的反應（我們得決定什麼才是最好的反應），而所有的老師都在他有好的學業行為時，給他一些休息時間，我們可能就會有些進展。我想讓他父親進來是很關鍵的因素。	
T：不用再和他媽講話，我就覺得很輕鬆了。你曉得，我很不喜歡這樣講，但我覺得她真的有問題。我想她精神是有點不對勁。	
C：我猜這多少造成案主的一些問題。我想他很難跟她相處，或者是她沒有辦法採取比較一致的管教方式。負責監護的那一方，有心理健康的問題，真的會讓小孩比較容易有嚴重的問題。	說明老師對母親的擔心並用來解釋小華的行為
T：我真為案主覺得難過。	
C：你做得很對，你運用正向積極的方式，來幫助他解決他的困難。用我們剛才討論的方法，他就可以控制他的空閒時間，而這個是很重要的。	增強老師的行為問題分析

第三次諮詢	技巧解析
C：嗨！美玉！五年級有沒有發生什麼事？	追蹤計畫的實行產生策略
T：有一大堆事，但有一件事沒發生，就是小華的暴怒。有件有趣的事發生，當我打電話給小華的爸爸，尋求他的幫忙時，他告訴我他計畫要求小華的監護權，因為一直有來自學校的壞消息，讓他相信他必須多和小華接觸。我只能想這對小華是個好消息。	
C：對小華而言，有什麼已經改變了？就是說，他已經和他父親有比較多的相處時間嗎？	

（續下表）

（承上表）

第三次諮詢	技巧解析
T：我想是的。我知道小華告訴他媽他要和爸爸住，他媽氣死了，就把他送去，他已經待在那兒整個禮拜了。	
C：那倒有趣了。你和小華的其他老師怎樣了？你們計畫一起對小華進行一些共同的策略。做了嗎？	
T：嗯！上個禮拜我們談完之後，我和這群夥伴見過。我們都同意要求小華只要完成部分的作業，就讓他有額外的時間和二年級一起下課，以此來獎勵他。我們還決定如果他沒辦法冷靜而講髒話，我們就會護送他去安靜的房間，當他準備好的時候，才叫他回來。我們還沒帶他進安靜室過，但他已經每天都得到額外的休息時間了。	
C：我希望這是小華進步的開始。他的家庭及教室的情形都已經改變了。我想我們應該藉這個機會讓他父親知道這些進步。你有沒有時間打電話給他，讓他知道？	
T：他今天會來聽報告，所以那時候我會告訴他。	
C：你跑在我前面呢！	拉近關係

資料來源：譯自 Conoley 與 Conoley（1992）。

附錄四　組織發展諮詢案例

　　以下的諮詢過程乃是加上技巧解析的範例。提供於此，並不代表這是完美的諮詢案例，而是為諮詢互動提供更進一步的例子。每個範例代表不同操作層次或不同目標的諮詢方式。技巧解析乃是用來強調那些代表重要的諮詢歷程的對話過程。為了保護範例中所有人的真實身分，所以這個範例並不是一字不漏的報告。然而這個的確是真實的諮詢過程。以下為諮詢師（Ｃ）、校長（Ｐ）與教師會的委員（Ｔ）間的部分諮詢過程。

第一次諮詢	技巧解析
Ｐ：我聽過你在另一間學校所做的事，我想要看看你是否願意在我們學校做同樣的事。	
Ｃ：很榮幸你聽到一些關於我的好話。我很喜歡和那間學校的工作人員共事。然而每個學校都很不同，你看到貴校的工作夥伴們有什麼問題呢？	認清問題
Ｐ：我想，說「問題」是言重的。這群人很強的，非常有經驗又全心奉獻給孩子們。	
Ｃ：和他們一起工作一定很愉快。	順著校長的說法，不將問題歸咎於工作人員
Ｐ：嗯……大部分是如此，但是他們之間有些摩擦。今年是我當校長的第一年，雖然幾年前我當過副校長。在這段時間裡，有位校長做了許多改變，有些非常不受	

（續下表）

（承上表）

第一次諮詢	技巧解析
工作人員的歡迎。他僱用一些同意他計畫的人，現在他走了，這些新人覺得很害怕，而舊人又認為每件事都將回到王校長以前的樣子。	
C：哇！你真是接了一個棘手的狀況。	同理、證實對方的說法
P：沒錯！許多老師都很了解我。我在這裡教書，同時也當校長。我想他們覺得一切都還是像過去一樣，每個老師都只要做自己的工作，不需要合作，也不需要調整課程。	
C：你看起來很清楚整個狀況的互動過程。告訴我這些老師間發生了什麼，是怎麼一回事？	澄清校長所提的第一個問題，諮詢師避免說這裡有什麼問題
P：有些老師會令你難以相信。他們似乎反對每件事，我的意思是說，如果有一方說這個主意不錯，我幾乎可以保證另一方就會反對。有些人根本彼此不講話，這對提倡不同的教學風格是一大問題，因為他們對彼此的教學方法有一大堆的批評。	
C：所以這些人因為過去的事情，而相當不信任彼此，並逐漸試著建立一個制度，將人分成好傢伙和壞傢伙兩派。	摘要、再結構
P：這個說法不錯。	
C：我想你可以在互動這部分發揮很大的影響力，因為你對新人和舊人這兩方都很開放並且接納他們，而不讓任何一方對你有特別的影響力。如果人們發現認同他們的小團體，並無法影響你，那麼待在小團體的需要就會不見了。	賦與校長力量；強調他必須成為這個改變過程的一部分
P：我不太了解你所說的。	

（續下表）

（承上表）

第一次諮詢	技巧解析
C：我扯得有點遠了，是嗎？我想我對這件事很樂觀，因為你剛才所描述的狀況，看起來是受到過去的一些行政事件所左右，所以我想你的行動也同樣能夠產生正向的影響。	解釋並繼續強調校長的力量
P：我不希望讓你有種印象是，我反對前任校長的方案。相反的，我覺得他是對的；我們真的必須接受活在這個世界上，必須要協調合作的事實，而這個學校不單只有中上階級、活潑可愛的學生而已。	
C：我知道，所以困難的是你和前任校長有一些相同的目標，你必須找到一個方法來這個改變的過程，而不會像過去一樣引起同樣的騷動。更麻煩的可能是，有經驗的老師們希望你站在他們那邊，而新進的老師則覺得被排斥。	將校長的顧慮化為問題，強調校長所面臨的情境的困難度
P：沒錯，正是如此。你可以怎麼樣幫我們呢？	
C：我認為我們必須將這個問題分成幾部分。一個是面對他們要求你選邊的壓力時，你要如何反應；另外一個是了解老師們如何看待這個問題。我們可以從去年老師們所做的組織氣氛量表，得到一些資料。這份資料給他們看過嗎？	呈現問題解決策略，蒐集資料
P：沒有。	
C：公開給老師們知道，或許可以提供一些回饋給他們，也可以找出一些問題解決的辦法。有沒有一個教師委員會，來負責做這個組織氣氛的調查？	產生策略；找出可作為教師橋樑的組織策略──與校長以及與工作人員
P：有一個小組協助選擇去年的問卷。他們已經看過印出來的結果，但不覺得有能力來解釋這些結果。	

（續下表）

（承上表）

第一次諮詢	技巧解析
C：我不知道我是否可以和你們討論如何處理新舊老師間的分裂，並且能夠與這個委員會會面，徵詢他們對接近教職員的建議？ P：我想他們會願意加入。我今天會要求他們加入我們。	

　　在與這個教師委員會面之前，諮詢師先研讀過這區的「教師意見調查」──這個量表測量幾個向度，包括教師對校長的支持程度，教師對彼此的支持程度，對特定服務的滿意程度等。然而，在這個調查的電腦報表顯示，評鑑處已將題目分組過，但並不是按照原來的量表來分，而是用一種奇怪的方式。這使得能夠解釋的部分很薄弱，因為分組的題目間相關很低。換句話來說，這個被老師們再設計的量表，無法測到想要測的內容。

第二次諮詢	技巧解析
T：我們對了解報表都很感興趣。你以前用過這份問卷嗎？	
C：我曾和用這份量表的學校工作過，但是你們所要的是比較獨特的分析。我從報表上看出你們並沒有按照這份問卷原有的分量表或主題，而是把你們覺得合理的題目放在一起來分析。這樣子結果就有點難懂，不過的確是針對你們特殊的狀況。	接受他們先前的工作成果，雖然並不是想得很清楚；增強他們的努力
T：我們和這區的評鑑處討論過，而決定我們對某些部分的資料比較感興趣，而不管其他的部分。	

（續下表）

（承上表）

第二次諮詢	技巧解析
C：為了了解老師們所想要表達的，我一題一題的分析，挑出得分很高或很低的題目。我也看了這些反應結果的平均數、中位數及全距，看看你們大多數贊成什麼，哪裡特別有歧異？這裡有個概略的說明，這些問題是被老師們挑出來，代表貴校的優點，而這些則是需要注意的。	提出明列優點及顧慮的清單
T：哇！真有趣！這些真的是大家在煩的事。	
C：當然，這是去年五月做的，而現在你們有了新校長。這提醒我或許現在大家有不同的答案了。	問題分析
T：有些是已經改變了，但是三年來所增長的壞感覺還是在那兒。在許多老師之間，還是有種不信任感，不願意一起工作。	
C：從我在教職員問卷中所找到的問題中，你們認為哪一個是最重要而必須處理的，不管是要再增加的優點，或是必須克服的問題？	問題澄清，排優先順序
T：讓大家最煩的是決策的過程。誰可以決定什麼？決策時誰應該參與？這混亂影響到每個人。	
C：關於這點請多告訴我一些。有沒有什麼議題是老師們比較想要參與的？曾經有過特別的問題嗎？	問題澄清，排優先順序
T：嗯……每件事！大家不曉得這些過程是為了什麼。我們不知我們是否應該參與。如果一組人馬計畫某些事情，其他老師因此受到影響或被包括進去，卻又未曾參與這項決定的過程，有時這些老師們就會很生氣。這真的是很煩人。	

（續下表）

（承上表）

第二次諮詢	技巧解析
C：所以你看到老師的角色在決策上是很模糊的。教職員代表委員會的角色是什麼？這些團體在學校的決策上是否占有一席之地？	問題分析
T：好問題，我不清楚。	
C：我們可能要查查這件事，也可能不必。我正試著了解目前的組織結構，好知道如何探究這個問題。	拉近關係，公開問題解決的歷程
T：我不曉得委員會在這個問題上，有什麼重要的。我覺得問題是在這所有的教職員身上，及我們與對方溝通及達成決定的方式。校長是個好人，但是他未曾討論到這些重點。	
C：這是很好的意見。我不會多花力氣在委員會的結構上。或許我們需要校長的意見。	增強意見，開始發展策略

　　繼續和這個小組討論的結果是，提出一個計畫來呈現教職員對決策的意見。例如，有關教職員角色的意見可以分為：(1)接受決定；(2)提供有關決定的諮詢；(3)將決策委派給他們；或是(4)參與決策。在會議中，上述的意見被轉為下列的型式：(1)由行政人員決定；(2)諮詢過教職員後，由行政人員決定；(3)由教職員做決定；或是(4)諮詢過行政人員後，由教職員做決定。

　　經過簡短的說明後，教職員被分為幾組，討論學校的各種決策方式的優缺點。每組將他們的建議記下來，由諮詢師彙集並摘要整理後，於會議的數天後，交由教職員來運用。

資料來源：譯自 Conoley 與 Conoley（1992）。

附錄五　案主中心團體諮詢案例

　　以下的諮詢過程乃是加上技巧解析的範例。提供於此，並不代表這是完美的諮詢案例，而是為諮詢互動提供更進一步的例子。每個範例代表不同操作層次或不同目標的諮詢方式。技巧解析乃是用來強調那些代表重要的諮詢歷程的對話過程。為了保護範例中所有人的真實身分，所以這個範例並不是一字不漏的報告。然而這個的確是真實的諮詢過程。

　　這個範例是諮詢師在學校組織外，因家庭的要求而進行的。這個家庭一直與一位社區健康心理學家（或是獨立開業的心理學家）合作，因為他們七歲的男孩，小德，在家和學校都有些困擾。家長認為主要的問題是來自學校。這家人認為小德的二年級導師很嚴格又不夠關心小孩。家長曾和這個老師有過很不愉快又沒建設性的會面。家長說小德的老師指控小德在教室裡製造太多的麻煩，並且抗拒她的教導。在家裡父母覺得小德是有些愛搗蛋，不總是照著命令做，但這些都算是典型男孩子的所作所為啊！心理學家老查建議與學校的人員接觸——特別是這位老師，與他們合作來協助小德。老查拿到了家長簽署的同意函，上面允許他與老師及其他學校人員討論。因為這家人與小德信任老查，所以他們很高興地答應。

　　老查寄了一封信給這名老師，並附上家長同意函的影本，上面註明了這個家庭已經允許學校人員與老查一同來處理小德的問題。

親愛的羅老師：

　　首先我想先介紹我自己，因為我目前正和你的一名學生，小德，一同努力，來幫助他在家裡、在學校都能表現得更好。雖然他的父母在描述他的居家行為上，提供了相當大的幫助，但我仍需要您提供您專家的見解，來幫助我了解他在學校裡的困難。

　　隨信附上小德及其家長允許我們一同討論小德狀況的同意函。我會打電話給您，請教您何時方便見面。我已經與貴校校長——王女士，以及貴班的其他學生討論過。如果您認為有幫助的話，可邀請王女士，和其他您認為對小德的困難有所了解的人一同參與，這樣會更好。

　　謝謝您的協助！敬祝教安！

　　　　　　　　　　　　　　　　　　　　　　　　心理學家查浩博士

　　四天後，老查（C）打電話給這位羅老師（T），以約定會面的時間。

第一次諮詢	技巧解析
C：你好！羅老師！ T：你是…… C：你好！我是查浩。我就是那個協助你的學生小德、及他的家人的心理學家。你好嗎？ T：還好！謝謝！	

（續下表）

（承上表）

第一次諮詢	技巧解析
C：我打來是想與您約個時間見面，談小德的事情。不知您是否方便？你收到我的信及小德父母的同意函了嗎？	
T：有！我收到了！	
C：那好！我希望可以找出一個時間是你和其他你認為對我了解小德的在校行為有幫助的人，都方便見面的時間。	
T：嗯……我和王校長提起過你，她說她也願意和你見面。星期四放學後，大概三點可以嗎？	
C：讓我看看！我那時有個約會，不過可以挪開。好！這樣就可以了！我真的很想得到您的協助，好處理小德的狀況。我一直覺得我並沒有完全了解小德。	示範權宜、彈性
T：嗯……我想的確是如此吧！	
C：是的……那麼謝謝你了，這麼快就幫我安排時間。我很期待見到您本人。	尊重老師繁忙的工作行程
T：好！再見，查博士。	
C：請儘管叫我老查，再見。	拉近關係

　　第一次諮詢訪談的目的在尋求合作、了解問題，並尋求任何對介入方式的意見與建議，以及使對方可以開放地接受諮詢師往後的措施。整體的用意在使老師對改變抱有期待，並微妙地暗示老師可以用老查的方式和這個孩子相處。

　　星期四的下午，老查（C）與王校長（P）、導師（T）會面。老查很準時地早了五分鐘到達，由辦公室的接待員來招呼他。

第二次諮詢	技巧解析
C：你好！王校長！很高興再次見到你。今天過得還好嗎？	創造一個友善的情境
P：你好！老查！我今天過得不錯，還好你昨天不在這裡。我要你見見羅美雲老師，她是小德的導師。	
C：你好！羅老師。很高興可以當面見到你。	
T：你好！查博士。	
C：喔！請叫我老查吧！我真的很感激你願意花時間和我討論小德的事。	
P：那麼……老查，小德在學校有些問題。在他的教室行為上，他不肯跟我們合作，而他的作業一直都落後。他的父母也打電話來和我們談過，但仍然沒有進步。	
C：能夠聽到學校的觀點，對我來講實在是很有幫助。因為家長及小德這邊，要保持客觀好像有點困難。就好像沒有什麼問題是在小德身上。	
P：我想你說中了問題的核心。	
C：嗯！當家長不了解子女在校的困難，就很棘手了。如果每個家長都能夠和你們合作，我想我就沒生意做了。	
P：對啊！我也這麼想。	
C：羅老師，我希望你可以告訴我一些你在教室裡所觀察到的小德比較特殊的行為。	要求具體的問題敘述
T：好！基本上，小德沒辦法在上課或是在家裡完成他的作業。當我試著跟他談，他又不願意談。	
C：小德在學校或家裡都不做他的作業？	
T：嗯！小德只會坐著看窗外，或是玩弄他偷帶進教室的文具。如果我提醒他做作業，他就會大聲地嘆氣，做一下，然後又開始做他的白日夢。	

（續下表）

（承上表）

第二次諮詢	技巧解析
C：聽起來他能夠做，但是他沒辦法等到這項作業做完。	
T：正是如此，但是他要是不做作業，就會落後更多。	
C：嗯！聽起來還不錯，他還沒有落後太遠。我們依然能在問題造成更大的問題之前，及時幫助小德。	
T：我希望如此。	
C：我已經和他的家長開始進行，好幫助小德在家完成作業。當然，還沒有進步，但我想如果他能學會如何在家做作業，對他在學校也會有幫助。	表達合作參與的意思
P：這是很大的幫助。	
C：從小德和他父母那邊，我知道小德和其他的孩子處得並不好。	試探性地打開另一個問題範圍
T：不好，我注意到他沒有任何朋友。上課時他不跟任何人講話。	
C：那在午餐時或是操場上呢？	
T：小德會和其他的孩子坐在一起，因為規定。但我從沒看過他找其他的小孩。體育課也是，他不會去找其他的小孩。	
C：我擔心他的社交能力，即使小德的父母認為這只是年級的問題。你覺得呢？	藉著將老師當作專家，創造一個合作的情境，同時幫助她看到另外一個問題，而且她如果了解，也幫得上忙
T：沒錯，他不和其他小孩講話或玩在一起。他好像不屬於他們，而是在另一個世界，但是當我提醒他他需要搞好這事時，他似乎很生氣。	
C：我注意到當我跟他討論到他的學校作業時，他的眼睛裡有淚水，濕濕的。這在學校發生過嗎？	創造一個對小德較友善的氣氛
T：我不曉得。或許……	

（續下表）

（承上表）

第二次諮詢	技巧解析
C：嗯……麻煩您以後幫我注意一下他掉眼淚的情形。有時小孩很沮喪時，比較容易表現出生氣，而不是難過的樣子。我猜想或許小德就是這樣子。當然，這也說不定。我和家長合作的第一步是幫助他們好好規劃小德的時間，讓他可以把功課做完。同時，我希望能讓他們與小德有比較正向的互動，幫助他增加對自己的好感。或許這可幫助他有自信做學校的作業，並學著和朋友交往。你覺得這個方法怎麼樣？	呈現一個介入的策略，暗藏一個平行的學校介入策略；有些壓力的合作
T：我真的沒這樣想過他的問題……聽起來這主意不錯。	
C：你不覺得我做得過頭了？	
T：不會，我不覺得。	
C：嗯！好！你知道他家長的態度，他們目前對約束孩子，或表示溫暖關心，並不太在行。我是這麼覺得。	進一步將孩子與父母劃分開來，企圖增加對孩子的正向感受
T：對啊！我也同意。我想你或許是對的。	
C：謝謝你的意見。如果你有任何意見，可以幫助他在課業上或交朋友上，覺得比較好過，我會很感激你的幫忙。	
T：我很高興可以幫忙，但是現在我不知道可以做什麼。	
C：謝謝！任何你想得到的想法，我都會很感激。請打電話給我，幾週後，我會再與您聯繫，看看小德在學校怎樣了，也讓你知道我們做了什麼。這樣好嗎？	
T：當然，我確定這樣很好。	

　　當老查回到辦公室，他寫了一封信給王校長及老師，回顧談過的主題，並謝謝他們的協助。老查與父母幫助小德在家表現得更合作的策略，已經開始了。然後，老查會與老師聯繫，提供她這個在家裡已經有

效的計畫。這個方法的好處是心理學家可以利用家長對老師的憤怒,及幫助小德的願望,當作是鼓勵他們改變的動力。家長發現幫助小德的方法,又可以「教這個老師」,便會心滿意足。然後心理學家與老師分享這個計畫時,家長便會比較有耐心,不容易生氣,因為他們覺得比較能掌握狀況了。

小德在交友上有困難,透過負向的行為來獲取注意(否則他的父母是不會注意的),而且他沒辦法完成家庭作業或是家務。老查發現,或是說將小德的外顯行為貼上一個標籤,認為這是他不覺得自己在學業上、社交上有什麼好的表現,而感到沮喪的徵兆。家長被要求來幫助小德學習用正向的行為來獲得注意,而不是用負向行為。此外,家長幫助小德完成他的作業,安排社交活動,並交朋友。

兩週後,老查寄了一份小德與父母的進步情形的摘要。當父母及老查注意到小德在家的進步時,他們愈來愈確定:正向的注意,及在家中的約束,的確減輕他的沮喪,而他的行為也逐漸改善。

然而小德仍然認為他的老師不喜歡他,他不會跟她合作,因為她對他那種態度。老查再次聯絡小德的老師,安排一次會面。這次,老查對時間的訂定仍很彈性。

第三次諮詢	技巧解析
C:羅老師!很高興再見到你!你今天怎麼樣?	
T:嗨!不好意思讓你久等。今天實在是很忙。	
C:我猜你一定很忙。我很高興坐在這裡看看辦公室周圍的活動。學校真是個十分熱鬧的地方。	避免責備老師的拖延
C:我很想知道小德最近和你處得怎麼樣?	
T:嗯……在做家庭作業,及做好學校的事情上面,都已經有進步。	

(續下表)

（承上表）

第三次諮詢	技巧解析
C：那不錯，他的進步真的令我感動。	小心不將改變歸因到
T：是啊！我原本也不認為他會變這麼多。	自己身上
C：嗯！我也曾這樣擔心。我很高興聽到他漸漸做得比較好。關於小德你還有沒有其他的擔心？	
T：在學校裡，他看起來還是不快樂的樣子。他不和其他的同學來往。	
C：所以，在他的社交關係上還是沒有什麼改變。那他跟你相處得如何？他曾嘗試對你比較友善點嗎？	談小德的社交問題，就比較容易要求老師
T：沒有。他看起來不太喜歡我。	改變，而不讓她覺得
C：我們一起來幫他對你及同學，表現得比較熱絡友善點，你覺得怎麼樣？	被指責
T：應該不錯，你想要怎麼做呢？	
C：喔！你的意思是我們要如何幫助他？嗯……我希望我們可以一起想出個辦法來。有沒有什麼方法是你曾經用在其他你喜歡的學生身上？	
T：沒有，我從來都沒試過讓孩子多說一點，通常都是剛好相反。	
C：我知道你的意思，當我們要幫助他變得比較友善點，我們需要小心別做過頭了。	
T：沒錯。	
C：或許先說說小德出了什麼問題，就我們所想得到的。你覺得讓小德沒辦法和同學及你相處的最大障礙是什麼？	
T：他看起來甚至不願嘗試和其他小孩，或是和我相處。	
C：你知道這跟他說的是很吻合的。他說他怕沒有人喜歡他。	

（續下表）

（承上表）

第三次諮詢	技巧解析
T：他的作為倒像是他不喜歡任何人。 C：嗯……這就變得很困難，不是嗎？他把別人推開因為他認為別人會推開他。 T：那倒是真的。他不在乎別人，或是表現得很踐的樣子。 C：所以，我們得讓他知道他覺得被人討厭是錯的。但是你曉得他現在可能已經讓別人不理他了。 T：對啊！我想你說的是。 C：你來當這個讓他知道他想錯了，別人並不討厭他的人，怎麼樣？一開始讓別的小孩來做這工作，太重了。 T：當然，我覺得這想法不錯，但是上課時間我還有其他二十四個學生。 C：這是當然的。小德不能期待得到你所有的注意力。你有沒有什麼點子，是可以讓小德很清楚地知道你喜歡他，不會錯過，但是同時又不會用掉你太多的時間？ T：有，我可以讓他更常發考卷或用具。他好像很喜歡做這件事。 C：好主意！這對他來說相當的明顯。你知道當我拍他的背或肩膀，這對他好像有些特別的意義。當他做了一件不錯的事情，去拍拍他或告訴他他做得不錯，你覺得怎麼樣？ T：聽起來滿容易的。 C：我應該告訴你那是我從另一個學校的老師那兒偷來的點子。他告訴我他僅僅是一天拍五次孩子的背，告訴他「幹得好」，就真的有了很大的不同。這真的很有趣，不知道對小德有沒有效果。	

（續下表）

（承上表）

第三次諮詢	技巧解析
C：我很樂意試試看。不會花很多時間，而且我也可以用在別的學生身上，這樣別的小孩子就不會覺得被忽略，小德也不會起疑心。	
T：這是個好點子，我應該告訴另一個學校的老師。那麼，讓我們再看看。我們第一個目標是讓小德相信別人並不排斥他。或許接下來他便願意對自己好一點。你會讓他常發教材，並且一天拍他五次，對他說「做得好」。這樣好嗎？	
C：聽起來很容易。我希望這有所幫助。	
T：我確定如果這個方法沒用的話，我們可以想出其他的方法來，但是我也希望它有效。我會和他討論要更友善些，並確定他注意到你所做的。	
C：好！	
T：所以，我可以在一週後打電話給你，看他表現得怎麼樣嗎？在你和他進行一個禮拜之後，我想要和小德見面。	
C：好啊！	

　　老查和小德談他的老師，說她真的喜歡他，但是她並不認為他喜歡她。老查告訴小德他跟他的老師說，小德真的喜歡她。現在小德可以看看當老師認為小德很友善時，發生了什麼事。

　　當小德繼續改變時，老查也持續和小德的老師諮詢。

資料來源：譯自 Conoley 與 Conoley（1992）。

附錄六　目標行為檢核表

學生姓名：＿＿＿＿＿＿＿　年級：＿＿＿　班級：＿＿＿　性別：＿＿＿

填寫人姓名：＿＿＿＿＿＿　與該學生關係：教師／同學（請圈選）

填寫日期：＿＿＿＿＿＿＿

具體的行為描述	幾乎沒有	偶爾發生	有時發生	常常發生	總是發生
1.＿＿＿＿＿＿＿＿＿＿＿＿＿	1	2	3	4	5
2.＿＿＿＿＿＿＿＿＿＿＿＿＿	1	2	3	4	5
3.＿＿＿＿＿＿＿＿＿＿＿＿＿	1	2	3	4	5
4.＿＿＿＿＿＿＿＿＿＿＿＿＿	1	2	3	4	5
5.＿＿＿＿＿＿＿＿＿＿＿＿＿	1	2	3	4	5
6.＿＿＿＿＿＿＿＿＿＿＿＿＿	1	2	3	4	5
7.＿＿＿＿＿＿＿＿＿＿＿＿＿	1	2	3	4	5
8.＿＿＿＿＿＿＿＿＿＿＿＿＿	1	2	3	4	5

本表內容不宜外洩，請尊重受評學生的權益，請勿將此表中的內容陳述於他人。

附錄七　求詢者滿意量表

填表人：＿＿＿＿＿＿＿

日期：＿＿＿＿＿＿＿

請圈選最符合目前諮詢互動的選項。您的回答對本諮詢方案的進步與諮詢師的專業成長，十分的重要。謝謝您的協助！

	1 非常同意	2 同意	3 不同意	4 非常不同意
Ⅰ.諮詢的有效性				
1.目標設定明確完整、相當具體	1	2	3	4
2.資料蒐集過程能提供必要的訊息	1	2	3	4
3.介入計畫有助於我的處境	1	2	3	4
4.介入計畫容易執行	1	2	3	4
5.介入計畫有效地切中要點	1	2	3	4
Ⅱ.諮詢師的專業能力				
1.諮詢師知道自己在做什麼	1	2	3	4
2.諮詢師對我的問題本身與助人的歷程都很擅長	1	2	3	4
3.諮詢師能夠清楚地表達訊息並做出指示	1	2	3	4
Ⅲ.諮詢師的行政能力				
1.諮詢師能夠有效地運用時間	1	2	3	4
2.諮詢師能夠適時加以回饋	1	2	3	4
3.諮詢師能夠有效地分派工作事項	1	2	3	4

請圈選最符合目前諮詢互動的選項。您的回答對本諮詢方案的進步與諮詢師的專業成長,十分的重要。謝謝您的協助!

	1 非常同意	2 同意	3 不同意	4 非常不同意
IV.人際互動的風格				
1. 諮詢師是位易於交談的對象	1	2	3	4
2. 諮詢師是一個很好的傾聽者	1	2	3	4
3. 諮詢師大體說來令人感到很愉快	1	2	3	4
4. 諮詢師能夠表達自己但又不會過分強硬	1	2	3	4
5. 諮詢師會鼓勵我主動積極地投入諮詢過程之中	1	2	3	4

V.你的意見

(包括你所喜歡與不喜歡的,有關改進這次諮詢和往後的諮詢的建議都可以寫下來)

資料來源:參考 Parsons 與 Meyers(1984)。

附錄八　求詢者附帶受益量表

填表人：＿＿＿＿＿＿＿＿

日期：＿＿＿＿＿＿＿＿＿

客觀

1. 我更能了解我的學生。

　　是　　　　不是　　　　不確定

2. 對學生的行為我會從另一個角度來看。

　　是　　　　不是　　　　不確定

3. 我個人的偏見不再影響我對學生的態度。

　　是　　　　不是　　　　不確定

問題解決

1. 我對事情更能做出緩急的判斷。

　　是　　　　不是　　　　不確定

2. 我會採用系統化的角度來解決問題。

　　是　　　　不是　　　　不確定

3. 我可以比較確定我能做一個好的決策者。

　　是　　　　不是　　　　不確定

角色能力

1. 我成為較為理想的老師（父母、行政人員……等等）。

是　　　　不是　　　　不確定

2. 我對於我做一名老師（父母、行政人員……等等）的能力，更加有信心了。

是　　　　不是　　　　不確定

3. 我比較能夠有效地處理班級（家庭、學校）事務。

是　　　　不是　　　　不確定

了解人類的行為

1. 我對人類行為的原理原則有更多的認識。

是　　　　不是　　　　不確定

2. 我更有自信能將學自諮詢師的原理原則自行靈活運用。

是　　　　不是　　　　不確定

促進人類的發展

1. 我較能夠設計一些有效的措施來幫助我的學生。

是　　　　不是　　　　不確定

2. 我已經建立起有利於學生整體發展的策略措施。

是　　　　不是　　　　不確定

3. 我確定我可以為學生的未來發展擬定各種介入方案。

是　　　　不是　　　　不確定

資料來源：譯自 Brown 等人（1979）。

附錄九　求詢者回饋問卷

填表人：＿＿＿＿＿＿

日期：＿＿＿＿＿＿

1. 諮詢師幫助我認清今天的問題所在。

   非常不同意　　　不同意　　　不確定　　　同意　　　非常同意

2. 諮詢師幫助我更了解問題。

   非常不同意　　　不同意　　　不確定　　　同意　　　非常同意

3. 諮詢師了解我說話的涵義。

   非常不同意　　　不同意　　　不確定　　　同意　　　非常同意

4. 諮詢師幫助我更了解我的感覺。

   非常不同意　　　不同意　　　不確定　　　同意　　　非常同意

5. 如果諮詢師真的有幫助你了解問題，他是怎麼做的？（可複選）

   ＿＿＿分享他類似的經驗

   ＿＿＿告訴你別的老師曾遇過的問題

   ＿＿＿說明學生會有的問題

6. 諮詢師用我可以懂的話，為我重述問題。

   非常不同意　　　不同意　　　不確定　　　同意　　　非常同意

7. 在這次討論過程中，諮詢師是否會讓你自己決定要怎麼做？

   從未如此　　　幾乎沒有　　　經常如此　　　偶爾如此　　　總是如此

8. 你和諮詢師是否共同討論你所提出的問題？

   從未如此　　　幾乎沒有　　　經常如此　　　偶爾如此　　　總是如此

9. 我認為諮詢師對於我們今天所討論的問題相當地敏銳。

   非常不同意　　　不同意　　　不確定　　　同意　　　非常同意

10. 我喜歡諮詢師和我在一起時的風格。

    非常不同意　　　不同意　　　不確定　　　同意　　　非常同意

11. 諮詢師是否說些什麼或做些什麼,而影響到你的看法或行為?

　　一點也不　　　影響不多　　　有些影響　　　影響甚鉅　　　影響很多

　　a.如果對你有影響,那是諮詢師說了或做了什麼?

　　b.你在那個時候有沒有做出什麼反應?

12. 整體來說,我很滿意今天與諮詢師的談話過程。

　　非常不同意　　　不同意　　　不確定　　　同意　　　非常同意

13. 對今天的討論結果,你是否有想到要在下次的諮詢會議中提出來的事情?

　　有　　　沒有　　　(如果有,請你具體地寫下來。)

資料來源:譯自 Brown 等人(1979)。

附錄十　危機處理案例

　　小君經由其導師轉介到輔導室，輔導老師小敏運用諮詢技術來協助小君處理強烈的情緒，以化解危機事件。以下為諮詢師（CO）與求詢者（CL）的會面過程。

案例提供：林詩敏、謝未遲

	內容	危機處理技術說明
CO1	我是輔導室的小敏老師，我可以怎麼稱呼妳呢？	
CL1	小君。	
CO2	小君，妳知道今天為什麼來到這嗎？	建立關係
CL2	導師叫我過來的。	
CO3	導師是怎麼告訴妳這件事的呢？	
CL3	導師覺得我找輔導老師聊一聊比較好吧？她覺得比較好。	
CO4	那妳自己呢，妳知道導師是為什麼覺得妳來這裡比較好嗎？	建立關係
CL4	大概知道啦。	
CO5	那妳可以幫助我了解大概發生了什麼事情嗎？	探索問題
CL5	就……也沒有怎樣啦……（遲疑）……就是……我上次就在教室裡面拿刀子劃手。	
CO6	那時候是不是發生什麼事了？	蒐集資訊
CL6	就覺得在班上……心情很不好，所以想要拿刀子劃手看看。	
CO7	班上那時候是不是有發生什麼事了呢？	蒐集資訊
CL7	我也不知道班上是幹嘛，反正可能他們也不太喜歡我吧。	
CO8	老師剛才聽到妳會劃自己，那妳現在傷口還好嗎？	關心小君

（續下表）

（承上表）

	內容	危機處理技術說明
CL8	還好啊，傷口會有一點癢，現在可能……可能在結痂吧。（聳聳肩）	
CO9	嗯，看來跟那時候的心情有關，是嗎？	澄清
CL9	對啊。	
CO10	而且剛剛聽妳說，導師覺得讓妳來這邊可能比較好？	
CL10	嗯。	
CO11	那或許我們可以試試看有沒有幫得上忙的地方！（個案點頭）只是我到現在還沒有完全了解在班上發生什麼事情了，也許我們可以一起看看那些讓妳覺得心情不好的事，然後看看怎麼讓妳覺得比較好。妳會希望在這裡說說看嗎？	確定工作目標
CL11	可以啊！反正就是……我們班的女生就不太喜歡我吧。我是不知道他們怎麼樣，他們就是很喜歡……我要怎麼講……反正我不管做什麼事，她們都不喜歡我！我本來也覺得沒差啊，大不了我就跟我們班男生比較好，我覺得女生都很心機欸，很喜歡搞小團體，男生他們就比較不會計較。	
CO12	嗯嗯。	
CL12	然後我常常會收到男生的情書，我之前收到一封情書，是隔壁班的男生寫的。然後我就是滿喜歡他的，所以本來我滿高興的，後來才知道……（低下頭）就是我們班的男生和女生……就是假的情書。	
CO13	是說他們講好了寫假情書給妳？	澄清
CL13	對啊，我才發現原來不管男生或女生都一樣，我真的是很白癡，我還當真。我現在有時候就覺得大家在班上都很虛偽……也覺得沒有什麼人會在意我吧，大概我死了他們最高興吧。	

（續下表）

（承上表）

		內容	危機處理技術說明
CO14		那真是對他們很大的失望，本來覺得班上的女生滿不容易相處的，後來發現男生也不好相處，一下子在班上都不知道要相信誰了。	反映
CL14		嗯。	
CO15		而且妳說到在和他們互動的時候，妳明明也沒做什麼事情，但他們還是不喜歡妳嗎？	
CL15		對啊，女生真的很愛計較，如果我能死一死的話，我下輩子就可以當男生。而且女生都很喜歡造謠啊，所以這一次一定也是我們班那幾個女生提議的。	
CO16		哪些女生啊？	具體化
CL16		就是那兩、三個女生吧。	
CO17		是特別有兩、三個女生比較有號召力嗎？	具體化
CL17		對啊，他們就是……大家都會聽他們的，然後聽說他們在外面關係都很亂，反正就是認識一些黑道什麼的。反正在我們班就很像大姐頭，所有人都要聽他們的，誰惹到他們就會像我現在這樣。	
CO18		所以妳可能是班上那個不聽他們的話的人，所以好像大家就沒有辦法跟妳當好朋友，反而聯合起來欺負你了？	澄清問題
CL18		對啊！反正就是……我原本以為班上男生都還不錯，但我現在有種感覺……就是我現在發生了這件事情，才發現原來我相信的這些人都很虛偽，反正我有沒有在教室都沒差。	
CO19		那種感覺……是不是就像是被全班同學聯合起來欺負的感覺？好像這件事只有你不知道，現在好像原本對男生是有信任的，但現在也沒了。	同理小君

（續下表）

（承上表）

	內容	危機處理技術說明
CL19	對啊，對啊。我覺得很丟臉，我還相信那個情書是真的，本來還比較主動一點想要回應他，可是他可能覺得我是花癡吧，就很丟臉。我現在每次上課經過他們班，然後他們班都會在那邊笑，覺得很煩。	
CO20	他們製造假情書這件事讓妳很尷尬，但也是因為妳之前都被蒙在鼓裡，聽起來這幾天都不好過呢，妳都是怎麼度過的呢？	同理小君探索過去因應策略
CL20	就這樣過啊……（聳聳肩）不然咧？	
CO21	我剛剛聽妳說妳在班上原本跟男生相處的還不錯，但是自從情書這件事情發生之後，開始覺得在班上沒有可以相信的人……甚至覺得不管妳怎麼了，他們好像都無所謂了？	
CL21	對啊，我覺得班上那些男生，雖然他們不是主導這件事的人，但是他們就是一起在看笑話。我覺得現在在班上的感覺就是……他們每天都想要看我的笑話。	
CO22	那想必是很不舒服的感受吧……	同理小君
CL22	就一直都是這樣啊。從那件事情之後都好像是想看我笑話，我現在每天都這樣覺得。我現在也常常收到情書，可是我都覺得是假的。	
CO23	那妳在學校有朋友和妳一起承擔這件事情嗎？	探索支持系統
CL23	之前都是男生，但我現在覺得他們都是一掛的。	
CO24	所以聽起來現在的朋友裡面沒有人可以讓妳傾訴這件事情帶來的委屈了。	探索支持系統
CL24	嗯……其實有一個女生，她現在坐在我前面，她有跟我說過她也不喜歡班上這樣，但她應該也無能為力，如果跟我太好應該也會被那些人討厭，我也不是很想害她。	

（續下表）

（承上表）

	內容	危機處理技術說明
CO25	雖然妳現在的處境很為難，但妳仍然是一個想替身邊的人著想的孩子。除了這個同學之外，身邊有其他人都知道這件事情嗎？	探索支持系統
CL25	全班都知道啊！	
CO26	嗯嗯，應該是問說……身邊有其他關心妳的人知道這件事嗎？像是爸爸、媽媽？	探索支持系統
CL26	應該不知道吧。	
CO27	妳爸媽並不知道……其實妳現在過得挺辛苦的。	同理小君
CL27	他們根本沒有在管我啊。	
CO28	妳說爸爸媽媽沒有管妳啊？那是什麼意思呢？	探索支持系統
CL28	就爸爸很忙啊，常常在大陸工作，然後我媽（哼），她根本沒有在管我吧。	
CO29	那導師呢？我想她建議你過來這裡，她應該知道吧？她會是關心妳、可以支持妳的人嗎？	探索支持系統
CL29	我覺得導師還是不要管這件事情比較好。（個案笑了，輔導老師也跟著笑一笑）導師就也沒什麼用……怎麼說啊，有時候就是導師在班上講啊，可是他們會覺得我去告密還是怎樣，然後更討厭我。真的莫名其妙，我有時候會覺得導師到底會不會處理啊？	
CO30	（微笑）所以可以這麼說嗎，妳感覺得出來導師想要幫忙，可是又擔心導師在這件事情沒有辦法幫助妳解決這件事情。	
CL30	對啊，所以我才覺得她還是什麼都不要做比較好……	
CO31	我聽起來好像……家人沒有辦法支持妳或保護妳，然後來到學校，老師也沒有幫助到妳，感覺滿孤單的，好像都是妳一個人要去面對，處理這些事情。	同理小君處境

（續下表）

（承上表）

	內容	危機處理技術說明
CL31	對啊……	
CO32	當妳要去獨自面對這件事情的時候，會帶給妳什麼樣感覺？	
CL32	就覺得很想死啊。	
CO33	嗯嗯……我聽到妳提了兩、三次感覺很想死了，這樣的念頭一直都在妳的心裡嗎？還是在這次的情書事件後讓妳才特別有這種念頭的？	評估危機程度
CL33	其實我以前就有割腕過了。	
CO34	以前？	
CL34	國小我就有割腕過。然後，有時候心情很不好就會想說……如果我再割深一點是不是我就會死了？	
CO35	嗯……聽起來那是用很痛的方式來抒發妳的情緒。	
CL35	其實第一次會比較痛，但多割幾次好像就沒那麼痛了，而且割下去就覺得心情感覺好一點……	
CO36	妳每次大概都會割哪裡，然後到什麼情況的時候會停下來呢？	評估危機程度
CL36	每次我大概就從外面割，然後越割越沒有感覺，就會更深一點。反正就是心情不太好的時候就會割一下。	
CO37	嗯嗯，都割同一手嗎？	
CL37	對啊，用右手比較好使力，都割左手。有一次看新聞說，割腕就是血就這樣流，如果放在溫水裡血就不會凝固，就可以死，我覺得還不錯。	
CO38	所以聽起來，有時候當妳真的有不想活了的念頭的時候，新聞上的內容就會浮現在腦中，彷彿這是一個可行的作法？	評估危機程度

（續下表）

（承上表）

	內容	危機處理技術說明
CL38	其實目前還沒有真的下定決心要做做看，只是不知道會不會哪一天光是割手也沒有覺得比較好過了，不知道那一天會不會真的忍不住想這樣做。	
CO39	所以聽起來……主要是想要找到可以讓自己比較好過的方式，我想每個人都會希望自己的心情可以好過，對吧！平常除了割手可以讓心情比較好一點以外，妳還有什麼法寶可以讓心情會比較好過嗎？	探索過去因應策略
CL39	導師有建議我割報紙，可是割報紙一點都沒有用好不好！我要的不是割東西，而是痛的感覺！	
CO40	嗯～！謝謝妳讓我知道這一點。痛會帶給你什麼感覺呢？	
CL40	就是暫時不會有心裡的感覺，會被痛的感覺帶過去。	
CO41	嗯嗯，聽起來好像就是當妳心情不好的時候，劃下去很痛，可是就是那種痛的感覺讓煩惱不見了，因為只剩下痛的感覺了。	同理小君
CL41	嗯！對啊，割久了之後心情不好就會很想割。之前我在家裡割，現在也會想在學校割。	
CO42	那我可以想像……心裡的痛一定更難以承受吧。	同理小君
CL42	（點點頭）而且如果在學校啊，班上同學看到我割手之後，好像會收斂一點。	
CO43	所以割腕好像當下可以讓妳忘記心裡的痛，然後又可以讓那些欺負妳、排擠妳的同學不那麼過分？	理解小君行為背後的需求
CL43	嗯，對啊！我覺得他們好像就是想看我鬧笑話，我就想說如果我今天真的死給他們看的話，他們會怎麼樣。	

（續下表）

（承上表）

	內容	危機處理技術說明
CO44	那妳覺得呢？我們來想像看看……如果他們真的看到了，他們可能會怎麼樣呢？	
CL44	他們應該會……其實我好像沒有想過……我也不知道欸！我不知道他們是會很開心還是會怎麼樣？	
CO45	那我們就利用這個機會來想一想好了……以他們現在就是很想鬧妳的笑話，妳會想說若是真的死了，他們會有什麼不一樣呢？	溫和引導
CL45	我也不知道我到底希望看到什麼……	
CO46	這好像是個滿值得思考的問題呢！對啊，妳會希望看到什麼呢？或許……讓他們反省這樣對妳很不好嗎？	
CL46	我才不想管他們怎麼想咧，我覺得他們都是滿虛偽的，即使表面看起來內疚，誰知道他們心裡會怎麼想？其實我覺得人都滿虛偽的。	
CO47	聽起來妳也不想把自己的生命浪費在不值得的人身上吧。	重新框視
CL47	但是……老師……你覺得人活著要幹嘛啊？	
CO48	這是個很好的問題耶，而且我在想啊，每個人應該都會有自己的答案吧，我相信妳也有你的答案啊，像是妳一直以來，沒有讓自己真的離開這個世界的原因是什麼呢？	引導
CL48	我不知道是什麼，也不知道是不是因為這樣，我才心情不好就會有乾脆一了百了的念頭。	
CO49	其實在這麼艱難的處境下，心情可能常常會受到別人的影響吧，但一直以來，彷彿有一個力量一直支撐著妳呢，妳想得出來是什麼力量撐著妳沒有真的那麼做嗎？	發掘內在力量

（續下表）

（承上表）

	內容	危機處理技術說明
CL49	可能之前還有些朋友吧，但是現在……我不知道什麼是朋友了，我覺得對人好失望，覺得人都是虛偽又自私的，都還是只顧自己，我好像怎麼樣都沒差了，我覺得就連爸爸、媽媽也不會覺得怎麼樣……（流眼淚）。	
CO50	這種彷彿在別人心中無足輕重的感覺讓人很心痛。	同理小君
CL50	對……	
CO51	如果在他們的心中沒有看到妳的重要性，表示妳真的不重要嗎？	溫和面質
CL51	我不知道……因為他們都只聽從班上那些人的指示。	
CO52	對啊（笑），聽起來他們也都是聽從特定兩、三個女生的意見，不代表他們真的很有自己的判斷力呀～如果要依照他們的標準來評量自己重不重要，對妳也不公平。	重新框視
CL52	可能是因為我真的很失望吧……我本來覺得班上有些男生可以跟他們處得比較好，之前我心情不好都找他們講，我事後才知道他們都有跟別人說。而且，他們還去跟導師說，說他們覺得我很奇怪，為什麼有事就要一直找他們。	
CO53	妳當時把他們當成朋友，並且真心對待他們。	簡述語意
CL53	對啊，可是他們根本沒有把我當朋友，我覺得我就是個自作多情的人，我就是很花癡啦（乾笑兩聲），唉！反正我覺得人都是這樣啦，滿虛偽的。	
CO54	剛聽妳說了很多次，覺得人都滿虛偽的，好像妳有這樣的想法也滿久一段時間了？	
CL54	對啊。	

（續下表）

（承上表）

	內容	危機處理技術說明
CO55	是什麼時候開始的？好像把人看得很透澈的？	澄清
CL55	對啊，老師你不覺得嗎？	
CO56	我很想聽聽看妳觀察到了什麼啊。	
CL56	像這件事好了，也許有些人他們一開始沒這麼討厭我，但現在全班都不跟我說話啊，他們可能就……利益吧，他們跟我說話沒有好處，他們幹嘛跟我說話？他們可會覺得既然全班都在欺負我，他們跟著做也覺得沒差啊，然後那幾個男生我之前覺得他們人很好，但後來聽起來也都是假的嘛。	
CO57	聽起來同學之間這種……妳說的「利益結合」的關係，妳看得滿不習慣的，看懂了他們的互動模式之後，妳發現他們跟妳原先想的不一樣了！	
CL57	對啊，而且這樣有點幼稚吧？一直在那邊誰不喜歡誰的。	
CO58	會不會是妳比較成熟，妳不喜歡用這樣的方式跟別人互動呢？	重新框視
CL58	不知道欸，成不成熟是怎麼樣？	
CO59	因為我聽起來妳對人的觀察還滿仔細的，妳也看到現在班上同學的互動模式，那並不是妳想進去攪和的。所以當妳在描述這些的時候，我覺得妳好像站在一個旁邊的角色觀察他們怎麼互動呢！	增能
CL59	我覺得我是很想站在旁邊看啦，我也覺得我的某些觀察還滿常發生在我們學校的，我之前有聽說過別班有人被排擠，其實就也是差不多的事，只是他們今天排擠的對象是我，我即使想當個旁觀者也無法置身事外。	

（續下表）

（承上表）

		內容	危機處理技術說明
CO60		妳不想理他們，只想旁觀就好，但他們現在排擠的對象是妳，讓妳也不得不回應了。	簡述語意
CL60		對啊，但我也不知道怎麼回應，所以很想遠離，我又不能不來學校，反正我有時候覺得有沒有我沒差啦，你看學校為什麼叫我來，還不是因為什麼義務教育，不來對學校的利益也有害啊，如果不是因為這樣的話，學校哪會理我啊？	
CO61		我覺得妳說的很好啊，遠離確實也是一種回應的方式，只是妳也說到本來想遠離這群人，卻不得不來學校，妳也讓自己穩定的出席了，這點老師真的很敬佩妳的努力呢。	增能
CL61		不得不啊……義務教育（翻白眼）。	
CO62		剛剛聽到妳說，學校是為了義務教育，所以才要妳來，感覺好像會覺得沒有人是真的關心著妳？	
CL62		嗯。	
CO63		我做一個總結，妳在班上的處境其實滿辛苦的，所以有時候會想要遠離，可是妳仍然努力讓自己盡可能到學校來。有時候快要受不了了，妳會割手讓自己暫時放鬆，當妳這麼做的時候，同學也不會太過分的欺負你，所以妳一直以來都是獨自一個人在面對和解決這些問題。妳並沒有逃避這些問題，割手是妳面對這些問題的時候，抒發情緒的一個方法。	總結
CL63		對，就覺得沒什麼人在意我，常常覺得很孤單……有時候在割的時候，想說割深一點我會不會就死在那邊了（搓手）。	
CO64		我看到妳在搓手，是不是想到什麼了呢？	協助小君貼近並宣洩情緒

（續下表）

（承上表）

	內容	危機處理技術說明
CL64	我不知道欸……老師，我不知道欸…只是會覺得講出來有點難過。	
CO65	其實難過的情緒沒有什麼不好啊，我們每個人都有難過的經驗，可以感覺到自己正在難過，就表示妳正陪伴著你自己，當我們一次一次的陪伴自己經歷這些難過，我們也會發現心裡的痛一次一次沒那麼痛了。	同理並增能
CL65	嗯……我好像很久沒有哭了。	
CO66	沒關係，妳知道嗎，哭其實也是很勇敢的，不論是誰遇到這樣的事，都會對身邊的人滿失望的吧，我相信世界上有些人是真的滿虛偽的，但也有些人是真的願意關心妳的，就像妳說到坐在前面的同學，反而是妳想要保護人家呢，這都讓我看到妳的勇敢啊！	重新框視並增能
CL66	（哭了一下）	
CO67	現在覺得還好嗎？	
CL67	嗯，老師謝謝妳。	
CO68	如果之後有機會在這個地方，讓妳可以像今天一樣抒發一下妳的心情、聊聊妳的心事。而且我人不在你們班上，所以妳不用擔心班上同學會怎麼看我，妳會願意跟我一起花時間在這邊聊聊天嗎？	約定未來諮商
CL68	好啊。	
CO69	這樣或許妳下次覺得心情不好、受不了了，或是再次出現很想要割手發洩情緒的時候，妳可以過來找我，我們試試看一起安慰那個心裡的痛，讓我們去聽聽看那個痛在說些什麼，就不用讓手上的痛蓋過心裡想說的話了？	

（續下表）

（承上表）

	內容	危機處理 技術說明
CL69	那如果我常常心情不好呢？	
CO70	就像剛剛說的呀，難過沒有什麼不好，誰被同學寄假情書嘲笑心情很好呀！我都做不到！可是或許我們可以慢慢找到一些方法來看待同學的惡作劇，而且我覺得妳可以做得到喔，妳是班上同學的小小觀察家！	
CL70	對啊，有時候真的覺得他們很幼稚欸。	
CO71	等一下回到班上之後，孤單的感覺又會出來了，妳會怎麼辦呢？	效果評估
CL71	那沒差啦，我已經習慣了。	
CO72	那也許我們每個禮拜可以約一個固定的時間聊聊妳的心情？	
CL72	老師，我可以每天來嗎？如果我覺得心情很不好？	
CO73	那你看這樣好不好，也許我們可以利用每天吃午餐的時間或是下課的時間聊聊妳的近況，但每個禮拜二午休時間是安排給你的，所以那個午休我們會在旁邊的晤談室，比較安靜可以談談心事，可是如果有臨時發生一些讓妳不知道怎麼應對的事情，沒辦法忍到禮拜二的話，我們就另外加排時間，這樣的安排妳覺得怎麼樣？	
CL73	好，那老師，我可以中午帶便當來這裡吃嗎？	
CO74	當然可以啊！妳可以帶午餐過來，記得跟導師說一聲，不要讓她找不到妳就好了。	
CL74	好，謝謝老師！	

附錄十一　督導案例

案例說明：

　　求詢者（李實習諮商心理師）目前在大專院校的諮商中心進行諮商實習，他因為個案連續請假與缺席的狀況前來尋求諮詢。他的一位大一個案在第一次諮商時預告了第三週會請假，但後續卻發生第四週諮商臨時請假、第五週失約未到的狀況，讓求詢者感到非常困擾。他希望透過諮詢來了解如何面對與因應個案連續請假與失約的情形。在以下三次的諮詢情境中，簡稱諮詢者為「C」，求詢者為「T」（本案例由陳凱婷心理師提供）。

第一次諮詢	技巧解析
T：老師您好，我想要諮詢一個個案的狀況，我有點困擾，不知道該怎麼辦，想麻煩老師提供一些幫忙。	
C：不客氣，你可以說說看，希望透過這個諮詢可以幫上一些忙。	
T：好的，很謝謝老師。我想要問的是關於個案請假的狀況。我和這個個案總共約六次諮商，在第一次諮商時，我跟他確認後續的諮商次數，他說六次可以但第三次的那一週他要請假。我當時聽了就想說：好啊，你先跟我講了我就知道了，沒有多問。但其實，當碰到個案請假的時候，我常常不太確定他跟我請假我是要直接接受就好，還是需要去多了解一下，但如果要多了解，會不會就管太多了？	

（續下表）

（承上表）

第一次諮詢	技巧解析
C：所以雖然他第一次就跟你請假，你心理上好像覺得可以，不用問他理由也沒關係，但好像又有一點擔心，你可以再多說說你是怎麼想的嗎？	蒐集資料
T：嗯……其實我現在又想到另外一個個案，所以也許我想討論的重點不是單一個案，而是當個案事先就告訴我他未來的某個時候要請假時，我總是不知道該怎麼辦。	
C：嗯嗯，聽起來不僅是單一個案的狀況，而是每當你遇到這個情形的時候，心裡都不太確定該怎麼做。	同理
T：對對對……	
C：每次當他事先告訴你他未來要請假的時候，你都怎麼理解或怎麼做？	蒐集資料
T：通常如果他事前告訴我，我就會覺得，好，那我知道了，不會多問什麼。像我另一個個案，我們已經談了一陣子了，在持續的約後續諮商時，他也事前告訴我未來兩週要請兩次假。我總覺得……好像他們提前告訴我了，我就不能多問一些什麼……我覺得這件事情好像沒辦法討論。	
C：你覺得討論或不討論的差異是什麼？對諮商會有什麼樣的影響嗎？	聚焦並蒐集資料
T：嗯…如果不去討論的話，我會有一些擔心，一個擔心是會去想，是不是在專業上我應該要去跟個案討論，但我沒做到……然後，另一個是擔心是，我會不會因此沒有 follow 到個案重要的事情。但如果真的要去討論，我心裡的另一個聲音是覺得應該不需要這麼緊迫盯人，如果是重要的議題它就會再出現。我覺得我每次面對個案請假的時候，這三個原因我會搞不定，不知道到底該怎麼辦。	

（續下表）

（承上表）

第一次諮詢	技巧解析
C：看起來你其實想到了幾個不同的作法，只是不確定哪一個比較適當，那我們一個一個來討論。第一個，你有提到諮商專業好像應該要去討論個案請假的議題，你覺得如果要討論請假這件事，是為了什麼？對這個諮商或個案會有什麼樣的幫助嗎？	肯定求詢者並蒐集資料
T：嗯，我會想說，說不定他不來是跟對諮商的感覺有關。這種情況就會覺得就要去討論，因為請假可能只是行動化的表現，這時候我覺得就專業上來講，應該要去討論。	
C：嗯嗯嗯，所以這可能反映了他對諮商的感受，可能沒有辦法用口語來表達，所以用請假的方式來表示。	簡述語意
T：對對對……	
C：聽起來如果單就「個案請假」這件事情，你是可以看到裡面其實是有一些意義或意思的。	肯定求詢者的內在能力
T：嗯嗯嗯，講到這邊我會想到說，如果案主是在一開始就跟我請假，我也許不用這麼快就這樣想。	
C：怎麼說？	澄清
T：就是他一開始就提前請之後的假，所以如果這個狀況真的跟個案本身的人際關係議題有關，他沒有辦法跟人靠得太近，而他在我們還沒有建立起關係就已經出現了這個模式，我第一時間就要去討論它的話，也不見得有辦法討論起來，我可以先把這個感覺放在心裡面，然後去觀察，看到後續有類似或相關的狀況時，再來跟他討論。	
C：聽起來，你知道你可以把第一次觀察到的狀況先形成一個概念放在心裡，然後持續的評估跟觀察，等待適當的時機，或有出現相關議題時再提出來討論。我想，透過持續地觀察，你也可以確認或修改你的這個假設。	反映

（續下表）

（承上表）

第一次諮詢	技巧解析
T：對對對，因為我現在說的這些個案才剛開始沒多久。	
C：是的。其實從你剛剛的描述中，你自己好像也回應了第二個問題，就是如果第一時間沒有去跟他討論的話，會不會錯失了個案的重要議題。	肯定求詢者，指出求詢者自我解答的能力
T：對對！	
C：所以雖然這一次你沒有在第一時間就去跟他討論，就你所說，若將這個觀察當成後續諮商的材料，持續的評估，有機會的話就和他討論，好像也是一個作法，不會錯過個案重要的議題。	摘要與增能
T：嗯嗯，是啊。也許有的時候不需要這麼快就去處理。可能我在當下真的有感覺到什麼，或看到什麼，但不一定要這麼快的就去切入。	
C：是啊。看來你好像對於討論請假這件事情的時機有一些掌握了。	肯定求詢者
T：對啊對啊。然後我會想剛剛提到的第三個問題，就是關於如果真的要跟他討論，我好像都不太會問，或不知道該怎麼問，會很擔心。	
C：我在想，你剛剛有提到你擔心自己如果去討論請假的事情，是不是在緊迫盯人，你好像是在擔心這樣問是不是在窺人隱私，害怕造成對方的不舒服。	同理與澄清
T：對對對，我就是有這個擔心。	
C：但其實諮商中討論的焦點是在於個案對諮商是怎麼想的，當諮商和其他事情的時間衝突的時候，他如何抉擇，這代表了什麼。這是關於個案對諮商的感受與想法，而非要刻意的去探究他更多私密且未準備要說的事情。	提供專業知能，降低求詢者的焦慮，並將焦點回到問題所在

（續下表）

（承上表）

第一次諮詢	技巧解析
T：我其實知道是這樣，但就是會有點擔心，「多了解」的這件事，我好怕會變成一種指責，怕在個案聽起來會好像是他就不能在這個時間安排其他的事情。	
C：我想，在諮商中你的問話應該是出自於希望對這個人有更多的理解，了解他對諮商的感受、反應，但無意要指責他。如果是這樣，那你就可以試著跟個案澄清，所以這個其實聽起來比較是你自己的擔心。	同理與支持、指出求詢者在諮商中出現的個人議題
T：對對，這好像比較是我自己的擔心。	
C：所以個案是不是有如你所說的感覺，你是可以在諮商中跟他確認與澄清的。那有關你對於害怕指責別人的擔心，也許就是你的個人議題了，這需要去面對和處理，不要讓這個擔心導致你錯失了一些關於個案的重要議題。	指出求詢者的個人議題及其對諮商可能產生的影響
T：講到這個擔心，我的確感受到這對我的影響滿大的。剛剛前面討論的，是有關請假的議題我可以怎麼去討論，但現在在討論的，是即使我知道我需要去討論，但我卻不敢。	
C：我想這個擔心應該是一體兩面的，一方面應該會讓你對個案的回應更加細膩、謹慎，但有時候也會讓你無法清楚的區辨是自己還是個案的議題，影響了你在諮商中的判斷和決定。	同理與澄清
T：對對對，是這樣沒錯。	
C：有時候，當你在詢問個案的狀態時，你好像會感覺到是在為了你自己的需求，但你要試著將焦點回到個案的身上，理解這些探索是為了幫助個案更了解自己，這樣才能讓諮商對個案有所幫助。諮商是一個合作的過程，個案和你雙方都是有責任的，所以當你和個案討論請假的議題時，其實也在幫助他面對他自己在諮商中應該負起的責任。	提供直接的指導，幫助求詢者釐清自己的個人議題與將諮商中的焦點回到個案身上

（續下表）

（承上表）

第一次諮詢	技巧解析
T：嗯嗯，那我了解了。我發現我自己在看一些事情的時候，很怕我自己是不是讓別人覺得有負擔，但其實對方也是有一些責任的。	
C：看起來你對你自己的擔心及這個擔心對諮商可能產生的影響有更清楚的了解了。	肯定與支持
T：是啊！我想，區辨我自己的議題和個案的議題是個重要的課題，我要持續地去覺察它，以避免它對諮商產生不客觀的影響。謝謝老師！	
C：不客氣！	

　　求詢者的個案除了在第三週諮商請假之外，也在第四週，原定進行諮商的早上突然來電請假，總共連續缺席了兩次。

第二次諮詢	技巧解析
T：這一週，當我到中心的時候，工作人員才告訴我說個案當天早上打電話來請假，所以他連續兩週沒來了。這時候，雖然上次有跟老師討論過，但我還是在思考說，我是要接受這件事情就好，還是要不要打個電話去詢問或關心一下個案。我知道有些心理師會打個電話去說：「喔，我知道你請假了，那我們下個禮拜再約同個時間。」可是，我後來又是選擇什麼都沒有做。我不確定這樣是不是對的……	
C：我想你在那個時候心情會有點錯愕吧。	同理
T：有！有錯愕！	
C：是啊，同時也很為難，不知道在那個時候採取哪個行動會是最好的。	同理

（續下表）

（承上表）

第二次諮詢	技巧解析
T：是的，真的又陷入了兩難。不知道保持沉默、被動的被告知就好了，還是要再有一點主動性，去關心他：「你是怎麼了嗎？」……還是說，也不用問他怎麼了，就打個電話跟他說：「我收到你的訊息了。」然後就確認他下個禮拜是否會過來。	
C：嗯嗯。	
T：腦袋那時候也有跑出這些想法。	
C：聽起來，你那時候心裡有三個方向，一個是接受；一個是打電話問問他發生什麼事，約下一次；最後一個是只回電話約下次時間。說說你怎麼思考，所以選擇了第一個作法。	摘要與蒐集資料
T：我想想……不採用第二個方式的原因是想說，我不需要這樣緊迫盯人吧。也想到過去的某個老師說，不需要這樣緊迫盯人啊。所以我就想，他既然有打電話來，就對這個關係有負責，所以就不需要再問他怎麼了，所以剩下一跟三這兩個選擇。……（思考，沉默）我那時候……有點不敢做第三個。	
C：怎麼說？你用「不敢」來形容。	澄清
T：我覺得第三個跟第二個也很像，因為他都告訴我他不要了……唉，這是不是又是我的個人議題……因為第二個是去明問他怎麼了，對他可能是一個壓力，好像他要對我交待；第三的話……（笑）我就在擔心他是不是想說我還是想要問他不來的原因，只是拐了個彎而已。	
C：你還是會很擔心你的詢問對他造成了壓迫感，讓他不舒服。你自己的想法呢，你好奇他請假的原因嗎？還是你是怎麼決定的。	同理與澄清

（續下表）

（承上表）

第二次諮詢	技巧解析
T：其實我自己的想法應該是偏向第一個，就是「好啊，我知道了」，真的有什麼狀況就下次再來討論就好了，我們之前也已經約好會進行六次，他應該下次會來。其實我自己最想的是……就不用問啊……	
C：看來你心裡其實有一個偏好的作法，可是還是有一點不確定。你會擔心什麼，如果你都不問的話？	同理與澄清
T：我不確定自己這樣做對不對？或我不確定我這樣做是不是 ok，會不會因為我決定不多問，所以沒有看到那些被我忽略掉的議題。其實我好像只是想要確定我這麼做會不會忽略掉一些非常重要的事情……怎麼辦，會不會又是我的個人議題？	
C：沒關係，繼續說說看，我們總是要透過討論才能夠愈來愈清楚自己的感覺與想法，才會有機會繼續成長。	提供支持、鼓勵求詢者進一步的表達
T：我擔心，自己會不會不是一個稱職的諮商心理師。我覺得不用回電話、不用馬上多問一些什麼，但又怕自己這樣不專業；但如果真的要回電話去問，也怕自己好像在質問對方。	
C：在一些時候，好像只要有任何一點限制，你就會覺得自己變成一個不好的人。	澄清
T：這是問他的話，但不問他的話……也會覺得……好像不管問不問，我都會是一個不夠好的諮商心理師。因為無論我基於什麼理由問他，我都怕對他有壓迫感，怕他感覺到不舒服……但如果不問我也擔心我是不是漏掉了什麼……	
C：你很擔心自己不管怎麼做都不夠好。	同理
T：對……	

（續下表）

（承上表）

第二次諮詢	技巧解析
C：完美並不容易，在諮商中有一些通則，但並沒有絕對的標準答案，如何面對個案的狀況往往是因人而異的。在諮商中，你要謹慎地做決定沒錯，但更重要的是能不能再回去持續地跟個案討論。這個擔心看起來好像是我們上次討論過的，你的個人議題。	提供普同的經驗降低求詢者的焦慮與完美主義、指出求詢者的個人議題
T：嗯嗯，是啊！我發現我有時的擔心是，我有看到個案的議題或現象，我會想跟他談，但當我要跟他談的時候，我也會擔心我會不會讓他覺得不舒服，或是我在指責他。我的初衷可能本來想跟他談這個議題，但是卻因為我擔心他會不會不舒服，反而聚焦在這個感覺或諮商關係上，無法去討論我最初想跟他討論的重要議題。而有些時候，更因為我害怕發生這樣的狀況，所以就對一些事情視而不見，沒有去討論，或者失焦了以後一直回不來。	
C：這裡面其實有一個部分是你的個人議題，而有一部分是投射性認同。	幫助求詢者了解自己的感受可能是來自自身的個人議題或對個案的投射性認同
T：投射性認同，對對，有可能，我沒有想過可以用這個角度去理解自己的感受，但的確有可能有一些感覺其實是個案的，他投射到我這裡來，而我接住了。	
C：是啊，看來你很快地就可以思考投射性認同的可能性。所以當你在諮商中感覺到這些害怕或擔心的感受時，可以去跟個案澄清，透過這個澄清你可以去做一個評估，看看這些感受真的是你的個人議題所引起的，或者這是你對個案的投射性認同，個案透過一些語言或非語言的訊息再讓你感覺到如果你多問他一些問題，你就像是一個壓迫者一般，所以變得你不敢問，擔心自己像個壓迫者。	提供技術與概念，幫助求詢者理解如何區辨個人議題與投射性認同

（續下表）

（承上表）

第二次諮詢	技巧解析
T：嗯嗯嗯，所以其實我擔心自己變成一個指責或壓迫人的人，可能來自兩個方面，一個是我的個人議題，一個是投射性認同。	
C：是啊，你說的沒錯。所以當你能夠覺察到這些，你就能夠在發生相同狀況的時候，審慎的去分辨這到底是你的個人議題還是投射性認同，再來往下討論。	肯定求詢者，指出後續可行的方向
T：好，那我比較清楚明白了。	
C：這次和上次都有聽到你提到個人議題對自己的影響，看起來你好像可以愈來愈快的覺察到它了。對自己的個人議題能有所覺察是一件很重要的事，它對你的影響力不小，你如果有在接受諮商的話，可以好好跟諮商師進行討論，減少它對你做諮商的影響。	肯定求詢者，給予增強。鼓勵求詢者處理個人議題以減少其對諮商的影響
T：謝謝老師的提醒，這個部分我有持續的覺察和思考，我也會和我的諮商師持續地去討論。	
C：嗯嗯。	
T：最後，我想請教老師的是關於個案打電話請假的部分，通常的作法是該不該回電話，或者該怎麼做會比較好呢？我不知道怎麼做比較好的原因，除了剛剛提到的擔憂之外，也是因為不常遇到這樣的經驗，不知道別人的作法是什麼，所以總是不太會處理。	
C：這樣啊，那我想我可以分享一些實務上的經驗給你當參考。通常當個案打電話請假時，有一些作法是會直接回電話給他的，就如同你前面有想到的，回電話有兩種方式，一個是簡單的詢問一下請假的緣由，然後確認下次諮商的時間；一個則是不問原因，直接表達知道請假的訊息，約妥下次的時間。如果要問緣由，就像我們先前討論的，主要是幫助你了解與評估個案目前對諮商的感受與反應。	實務經驗分享

（續下表）

（承上表）

第二次諮詢	技巧解析
T：嗯嗯，了解。	
C：另外一個作法就是不回電話，但是等他下次來的時候，還是可以問問他：「上個禮拜發生什麼事情，怎麼突然請假了」或者「隔了一段這麼長的時間回來諮商，感覺怎麼樣」等等，去了解他這段時間的歷程。無論你問了什麼，都可以等等他的回應，從他的回應再去進一步的理解他與調整你的評估。這個過程你可以用比較開放式的、關心的問法，不帶著挖他的隱私的企圖。	實務經驗分享
T：哇啊，謝謝老師！我很想知道的就是這個，就是當我碰到這個事情的時候，有哪些其他作法及這些作法有哪些優缺點。	
C：每個心理師的風格或對個案的考量都不一樣，重點是大家會有個共同的目標是不要漏掉個案在這些非語言的行為中可能出現的重要議題，但在理解的過程中也持續的尊重個案。所以你現在雖然選擇了不打電話，但你在想一想之後仍然可以在下次諮商時去問問他與關心他，當你問他這些問題的時候，他會不會不舒服。	實務經驗分享，指出可行的方向
T：嗯嗯嗯。	
C：你當然可以拋出一些問題之後，等等他的回應，觀察他的情緒反應，如果他對你的問題的反應是焦慮的，你就可以知道這也許是他的一個議題。	提供未來的方向與技術建議
T：嗯嗯嗯。	

（續下表）

（承上表）

第二次諮詢	技巧解析
C：如果你下次的選擇是打電話給個案，也可以。但因為在電話中我們不會談很久，也許他下次來的時候，你就可以問問他：「你上次請假的時候，我打了電話回去給你，你接到我的電話感覺怎麼樣？會緊張嗎？會不會覺得你已經打電話來請假了，我怎麼還回電話問你為什麼呢？」不管講電話的過程是什麼，回到諮商中時都可以再去澄清，重點是他對這個諮商或過程的感受。	實務經驗分享，指出未來可行方向
T：然後透過這些感覺去幫忙看他的議題。	
C：是的，沒錯，你看見了重點。這樣你就會知道這到底是他現實的考量，還是他對諮商的一種無法用口語表達的反應。	肯定求詢者，給予增強
T：你這樣講會讓我覺得，其實我打不打電話都沒有關係，如果等到下次再見面，我感覺到什麼，我都可以再跟他澄清、確認看看，就是我上次打電話甚至沒有打電話，他的感受是什麼。	
C：是的，只要記得，重點是把焦點再回到個案身上去，而不是擺在自己的個人議題上，就可以看見請假這件事情所代表的意義，幫助個案更了解自己。	未來諮商工作的提醒

　　求詢者於原定會出席的第五週諮商再次缺席，並且沒有請假也連絡不上，造成連續三次缺席的情形。

第三次諮詢	技巧解析
T：這次個案完全失約了，我等他等了二十分鐘他都沒有來，中心的工作人員也說他沒有請假。我後來有打電話給他，結果沒有接通，也沒有語音信箱可以留言，所以他就完全失約了。	

（續下表）

（承上表）

第三次諮詢	技巧解析
C：聽起來滿意外的，但好像也透露著一些訊息。	同理
T：是啊！是啊！真的！	
C：這個個案失約了，你的感覺是什麼？	蒐集資料
T：其實我覺得心裡有點不舒服，他好像不太在意這個諮商，但同時我也在想，他是怎麼了？發生了什麼所以讓他來了兩次諮商之後，缺席了三次。而且他的缺席也會影響到後面等候的個案，實在是……不知道之後怎麼跟他討論才好。	
C：聽起來你的心裡頭真是百感交集，一方面對他持續的缺席會感覺到不舒服，一方面很納悶或擔心他的狀態，一方面也擔心這樣會不會浪費時間，影響到等候的個案的權益。	同理與摘要
T：是啊！我想問的問題大概可以分為兩個部分，一個是個案失約的時候有哪些處理方式。一個是，扣在個案的身上，從一開始提前請假、後來是當天請假，到今天甚至直接失約，我不知道這個個案……他是不是在透過這個行為跟我溝通一些事情。	
C：你想討論的問題有兩個，一個好像是諮商行政工作上的問題，一個是個案發生了什麼事，所以從連續請假變成了失約。	整理、確認諮詢方向
T：對對對。	
C：那我們從諮商行政工作上開始討論。	聚焦
T：好好。	
C：諮商中心有沒有什麼樣的規範？比如說，當他缺席幾次之後，就失去了這個資格？	聚焦並蒐集資料
T：啊……我不知道耶……	

（續下表）

（承上表）

第三次諮詢	技巧解析
C：沒關係，你可以回去確認看看，如果中心沒有這麼明確的規定的話，我建議你可以思考看看有關諮商架構的規範。有了這個規範之後，一方面你不會浪費時間在等待，讓有需要的學生也有機會遞補上來，這個明確的規則，你可以回去思考。未來也許在第一次諮商的時候，就可以跟個案討論或確認這件事情。	提供未來可行方向
T：那如果我現在一開始沒有設立這個架構該怎麼辦呢？	
C：就是現在你遇到的這個狀況。	
T：對對！	
C：當然是需要討論的，這可以等他下次來的時候，跟他討論這個缺席是發生了什麼事情。你剛剛有提到，會不會個案透過行為在跟你溝通某些事情，我想溝通這件事情大概就是他的困難，所以無法用說的，直接以行動的方式來表達。	提供概念與未來可行方向
T：是，這的確是前兩次在諮商中，我們曾經討論過的，是他的議題。	
C：看起來你從先前跟他的晤談中也有發覺到這個議題，而且還記得，那我們就可以明確的知道這是他一個重要的議題，所以他會出現這樣的行為，是值得停下來好好討論的。	肯定求詢者，增強
T：所以我可以回去跟他討論，這個沒有辦法去講出來的是什麼。	
C：是，除了發生了什麼事情讓他連續選擇放棄諮商而選擇其他，他對諮商的感受和看法是什麼之外，在前兩次諮商中有沒有什麼感受是影響到他來諮商的意願的，是不是有什麼困擾、壓力，或他其實還沒有準備好呢？	提出後續思考的方向

（續下表）

（承上表）

第三次諮詢	技巧解析
T：嗯嗯，了解，我想這些是我可以試著跟他談談看的。然後……關於個案的部分 ok，我想問另一個結構上的問題。我一開始沒有訂這個規範（缺席幾次就取消諮商），那我可以在諮商進行到一半的時候補加這個規則嗎？	
C：你有沒有什麼想法，可以先說說看。	
T：我擔心好像突然對他有很嚴格的要求，會不會讓他不舒服。	
C：你擔心他覺得他自己好像被處罰或剝奪了一樣，是嗎？	同理
T：是啊是啊！	
C：當我們談到規範或規定時，很容易覺得好像就是一個不友善的限制，但其實這個限制是為了讓雙方的合作能夠更為穩定與順暢。	提供資訊
T：嗯嗯，明明限制是一個重要的事情，但是當他是發生在我要對個案做的事情時，我常常覺得自己就會像壞人在要求他一樣。	
C：我想，首要的，是我們要注意與確認我們不會隨意拋棄我們的個案，而將規範、架構說清楚，其實就是在確保我們不會隨意地拋棄個案。而我們同時也要知道，諮商其實是需要合作的，當個案無法合作的時候，你也會感覺到困擾。所以，你可以先去聽聽個案在這過程中發生了什麼事情。	提供資訊與後續可行方向
T：嗯嗯。	
C：所以你並不是忽然立了一個獨裁的規則，不是要壓迫他或處罰他，你擔心如果設立限制，會有這樣的感覺是嗎？	透過說明以減輕求詢者的壓力與疑惑

（續下表）

（承上表）

第三次諮詢	技巧解析
T：是啊，沒錯。	
C：所以有關限制的這件事情，是可以跟他討論的。	
T：老師我想再確認一下，那可以討論的是什麼？	
C：這是一個關於雙方如何合作的問題，所以應該是為了往後的合作，雙方一起來訂一個規則，例如：如果連續兩次失約，那這個諮商就會自動結束，無法繼續為他保留時段。這是互相的，你為他保留了時間、空間與人力，所以他也必須要為這個諮商負起責任來。如果遵循一個規範或為自己發聲正是他的議題的話，當你在跟他討論後續的合作方式時，就是一個很好的機會，去討論他對這些事情的感受或困難。	提供資訊
T：所以不知道我可不可以這樣理解，這好像可以從兩個層次來說，一個部分是，我要去了解他的內在，無論是透過我們的互動關係去了解他，或從他的故事中去了解他；另一部分則是，在我們的合作中，有一部分也是現實的，有架構跟限制，要去討論它。	
C：對，你說的沒錯。這個架構是要去講清楚的，也因為這個架構，所以你可以跟他去討論他面對這個合作、架構或規範的感受是什麼，他怎麼去解讀，透過他的感受和想法，就可以去探索他的內在。	肯定求詢者，持續說明後續可行方向
T：太好了，謝謝老師，這樣我清楚多了。我覺得這一陣子以來的諮詢對我而言是一種整理跟提醒，一個是現實架構的部分，一個是他內在的議題。之前當我還沒有分清楚這兩部分的時候，我就會這邊談一下那邊談一下，有的時候現實的東西都還沒有談清楚，就又跑掉去談一些感覺了。	

（續下表）

（承上表）

第三次諮詢	技巧解析
C：是啊，有的時候討論現實規範也是會有壓力的。 T：現在我比較有概念了，知道可以分成兩個層次來討論，就比較不會模糊成一團。謝謝老師。 C：不客氣！	同理與支持

國家圖書館出版品預行編目（CIP）資料

諮詢的理論與實務／鄔佩麗、黃兆慧著. -- 二版. -- 新北市：
心理, 2020.09
面；公分. --（輔導諮商系列；21125）

ISBN 978-986-191-925-6（平裝）

1. 諮商

178.4   109012422

輔導諮商系列 21125

諮詢的理論與實務（第二版）

～～～～～～～～～～～～～～～～～～～～～～～～～～～～～～～～～～～～

作　　者：鄔佩麗、黃兆慧
執行編輯：高碧嶸
總 編 輯：林敬堯
發 行 人：洪有義
出 版 者：心理出版社股份有限公司
地　　址：231026 新北市新店區光明街 288 號 7 樓
電　　話：(02) 29150566
傳　　真：(02) 29152928
郵撥帳號：19293172　心理出版社股份有限公司
網　　址：https://www.psy.com.tw
電子信箱：psychoco@ms15.hinet.net
排 版 者：辰皓國際出版製作有限公司
印 刷 者：辰皓國際出版製作有限公司
初版一刷：2006 年 1 月
二版一刷：2020 年 9 月
二版二刷：2024 年 3 月
Ｉ Ｓ Ｂ Ｎ：978-986-191-925-6
定　　價：新台幣 450 元

～～～～～～～～～～～～～～～～～～～～～～～～～～～～～～～～～～～～